ALTE ABENTEUERLICHE REISEBERICHTE

Häuptling der Mandan-Indianer

David Thompson

Im wilden Norden Amerikas

1784–1812

Herausgegeben von
Frank Auerbach

Mit 25 Abbildungen und Karten

EDITION ERDMANN

Die Abbildungen auf den inneren Umschlagseiten zeigen Ausschnitte aus Nordamerika-Karten aus den Jahren 1823 bzw. 1825 (Stielers Handatlas, 1829).

Herausgeber und Verlag danken der Württembergischen Landesbibliothek Stuttgart und der Universitätsbibliothek Tübingen für die Bildvorlagen.

Nach der Erstausgabe des bis dahin unveröffentlichten Manuskripts
von David Thompson
DAVID THOMPSON'S NARRATIVE OF HIS EXPLORATIONS IN WESTERN AMERICA 1784–1812
(Edited by J. B. Tyrrell, The Champlain Society, Toronto 1915/1916)
aus dem Englischen übersetzt von
Frank Auerbach
und
Gertrud Marotz

CIP-Kurztitelaufnahme der Deutschen Bibliothek

Thompson, David: Im wilden Norden Amerikas: 1784–1812 / David Thompson. Hrsg. von Frank Auerbach. – Stuttgart; Wien: Edition Erdmann in K. Thienemanns Verl., 1988.
(Alte abenteuerliche Reiseberichte)
Einheitssacht.: Narrative of his explorations in Western America ›dt.‹
ISBN 3 522 60700 7

Umschlag- und Einbandgestaltung besorgten
Hilda und Manfred Salemke in Karlsruhe.
Gesetzt aus der 10 p Garamond.
Printed in the German Democratic Republic.

Inhalt

David Thompson: Pelzhändler, Abenteurer und Entdecker

Man könnte diese Geschichte für einen klassischen Abenteuerroman bester englischer Tradition halten – wäre sie nicht das nüchterne Dokument einer tatsächlich erlebten Wirklichkeit: Ein vierzehnjähriger Schuljunge wird – buchstäblich von der Schulbank weg – zu Schiff in den wilden und unerforschten Norden Amerikas geschickt. Von den britischen Niederlassungen an der Hudson Bay aus reist er als Pelzhändler 50 000 Meilen, also über 80 000 Kilometer weit, in Kanus, zu Pferde, mit dem Hundeschlitten und zu Fuß durch damals weitgehend unbekanntes und überhaupt noch nicht kartographiertes Land. Er entdeckt die Quelle des Mississippi, überquert die Rocky Mountains, gelangt bis zum Pazifik und kehrt später in den Osten Kanadas, nach Montreal, zurück.

Jahrelang lebt er unter den eingeborenen Indianern, in deren Hand sich das gesamte Land im Nordwesten Amerikas noch befindet; staunend lernt er ihre Lebensweise und ihre fremdartigen Gebräuche kennen, und mehr als einmal gerät er durch die Stammesfehden und kriegerischen Auseinandersetzungen der Indianer – etwa zwischen Piegans und Kutenai – in höchste Gefahr. Kaum geringer sind die Bedrohungen seitens der ungezähmten Natur dieser Regionen. Und doch gelingt es diesem jungen Mann, mit den Beobachtungen, Vermessungen und Aufzeichnungen auf seinen Erkundungsfahrten einen wesentlichen Beitrag zur Erweiterung des geographischen Wissens über den Kontinent Nordamerika zu leisten. Als Landvermesser und Kartograph füllt er die weißen Flecken auf der Landkarte Kanadas aus, und in späteren Jahren wird er von der britischen Regierung beauftragt, den Verlauf der Grenzlinie zwischen Kanada und den Vereinigten Staaten von Amerika festzulegen.

Mit 14 Jahren hat der kleine DAVID THOMPSON London verlassen, 28 Jahre lang durchstreift er den wilden Nordwesten Amerikas, ehe er – mit 42 Jahren – in den östlichen Provinzen als Landvermesser mehr oder minder seßhaft wird. Mit über 70, ja fast 80 Jahren macht er sich schließlich an die Arbeit, nimmt seine alten Tagebücher und Aufzeichnungen noch einmal zur Hand und schreibt einen großangelegten Bericht über seine Forschungsfahrten, Erlebnisse und Reiseabenteuer der Jahre 1784 bis 1812 nieder: ein Manuskript, das später bei seiner ersten und noch nicht einmal vollständigen Buchveröffentlichung 560 Seiten ergibt. Welch eine Leistung, welch ein Leben! 1857, im hohen Alter von fast 87 Jahren, stirbt dieser DAVID THOMPSON, den man einst aus einer Internatsschule für arme und begabte Knaben – ganz in der Nähe von Westminster Abbey – geholt hatte, in seinem Haus in der Gegend von Montreal. Die Welt hat sich in den neun Dezennien seines Lebens nicht unbeträchtlich verändert (JAMES COOK erkundete die Weltmeere; die Vereinigten Staaten von Nordamerika sagten sich von der britischen Krone los; die Französische Revolution und NAPOLEON verwandelten und verwüsteten Europa; das britische Weltreich befand sich noch auf dem Höhepunkt, als die industrielle Revolution von England aus die Entwicklung eines neuen Zeitalters in Gang setzte) – und DAVID THOMPSON hat seinen Beitrag dazu geleistet.

Und doch: Wer hätte schon jemals seinen Namen gehört? Es mag wohl an der Bescheidenheit THOMPSONS liegen, die er mit manchen teilt, die Ungewöhnliches erlebt und Großes geleistet haben. Seine kartographischen

Aufzeichnungen wurden späterhin vielfach verwertet, ohne daß sein Name dabei Erwähnung fand. In seinem großen Bericht paart sich zudem jene Bescheidenheit mit einer Nüchternheit, der es nur um die Sache selbst, niemals aber um seine Person zu tun ist. Lieber hält sich Thompson mit einer möglichst genauen geographischen Ortsbestimmung auf, seitenlang kann er sich der Beschreibung bestimmter Tier- und Pflanzenarten widmen – doch das Sensationelle und Spektakuläre seiner abenteuerlichen Erlebnisse tut er zumeist mit wenigen Zeilen ab.

So blieb denn auch das Manuskript mit Thompsons großem Reisebericht 70 Jahre lang unveröffentlicht liegen, bis die *Champlain Society* in Toronto es wiederentdeckte und als Buch herausgeben ließ. Doch die Entdeckungsgeschichte der Welt war zu dieser Zeit bereits geschrieben – und festgeschrieben. In den Jugendjahren Thompsons hatte noch Captain Cook die Küsten Australiens und die Nordwestküste Amerikas erforscht; jetzt, wenige Jahre vor der Veröffentlichung von Thompsons Bericht, war Robert Scott zum Südpol gelangt und auf dem Rückweg umgekommen. Konnte da ein Buch, das minutiösen Beobachtungen und peniblen Beschreibungen mehr Aufmerksamkeit schenkt als dem Überlebenskampf in der Wildnis und der Exotik gefährlicher Indianerstämme, konnte da ein solcher Bericht Furore machen?

David Thompson macht es denjenigen seiner Leser nicht leicht, die nur von einem spannungsreichen Geschehen zum nächsten eilen wollen. Er setzt vielmehr die gleiche Geduld, die gleiche beobachtende Aufgeschlossenheit voraus, mit der er dieses neue Land kennengelernt hat. Und hierin entfaltet sein Bericht den eigentlichen und unvergleichlichen Reiz. Wer es versteht, sich in die Person des Erzählers zu versetzen, in

11

einen vierzehnjährigen englischen Internatsschüler, der noch nichts von der Welt gesehen hat und seine ersten fremden Eindrücke ganz naiv mit seinem Londoner Erlebnisraum vergleicht, wer also wie dieser unvoreingenommen und mit staunenden Augen die – im wahrsten Sinne des Wortes – Neue Welt betritt, die landschaftlichen Eindrücke in sich aufnimmt, den Tieren zusieht, die doch so anders sind als in Europa, das Verhalten der Menschen unter ungewöhnlichen Lebens- und Klimabedingungen beschreibt, die Welt der Indianer und ihrer Vorstellungen nach und nach entdeckt – der wird mit einem intensiven, reichhaltigen Miterleben belohnt, mit einer eigenen, persönlichen Entdeckungsfahrt in eine noch unberührte Fremde.

1492 hatte COLUMBUS Amerika entdeckt – aber dieses Datum bedeutet nicht mehr als einen geschichtlichen Fixpunkt, denn COLUMBUS wollte sich nicht darüber im klaren sein, was das für ein »Indien« war, das er da – nach Westen fahrend – erreicht hatte. Lange Zeit waren es zunächst nur die Spanier, die plündernd und mordend hinter dem Kreuz durch Mittel- und Südamerika zogen. 1585 begründete Sir WALTER RALEIGH, Günstling von Queen ELIZABETH I., die erste englische Kolonie in Nordamerika. Von den heutigen Neuenglandstaaten an der amerikanischen Ostküste aus erfolgte die britische Besiedlung nach und nach in Richtung Westen, während die Franzosen das Gebiet des Sankt-Lorenz-Stromes erschlossen und sich hier, in der Südostecke Kanadas, einen bleibenden Einflußbereich schufen.

JOHN CABOT hatte bereits 1497/98 von England aus die Küsten Neufundlands und Labradors entdeckt, und HENRY HUDSON sollte 1610 die Nordwestpassage in den Pazifik suchen, wobei er – nach einer Meuterei seiner Mannschaft – in der heute Hudson Bay genannten

Douglas-Hafen und Wasserfall in der Wager Bay (Nördliche Hudson Bay)

Bucht ausgesetzt wurde und umkam. Das weite Land westlich der Hudson Bay bis hinauf ins arktische Kanada blieb jedoch weitere anderthalb Jahrhunderte lang, bis über die Mitte des 18. Jahrhunderts hinaus, unbereist, unerforscht und unbesiedelt. Erst um das Geburtsjahr von DAVID THOMPSON (1770) herum und etwa zeitgleich mit JAMES COOKS großen Umsegelungen, deren eine ihn auch an die amerikanische Nordwestküste führte, wurden größere Fortschritte erzielt. SAMUEL HEARNE – auch auf der Suche nach der Nordwestpassage – stieß 1770 bis 1772 im Auftrag der *Hudson's Bay Company* (um Möglichkeiten für den Pelzhandel sowie Kupfererzvorkommen zu eruieren) von der Hudson Bay nach Durchquerung der Nordwest-Territorien Kanadas zum Polarmeer vor. Sir ALEXANDER MACKENZIE gelang es 1789, als DAVID THOMPSON auch bereits »im Lande« war, vom Athabasca-See aus über den Sklaven-Fluß und den Großen Sklavensee auf dem später nach ihm benannten Mackenzie River zum Nördlichen Eismeer vorzudringen. Kenntnisse über die riesigen Gebiete im Norden und Westen waren dennoch minimal und ebensowenig vorhanden oder verfügbar wie irgendwelche brauchbaren Karten.

Kanada war im 16. und 17. Jahrhundert längs des Sankt-Lorenz-Stroms zunächst von den Franzosen besiedelt worden. Im Frieden von Paris, der Großbritannien als führende See- und Kolonialmacht bestätigte, ging Kanada 1763 ganz in britischen Besitz über. 20 Jahre später, 1783, besiegelte ein weiterer Friedensschluß zu Paris den Abfall der amerikanischen Kolonien – außer Kanada – von Großbritannien. Das war das Ende des amerikanischen Unabhängigkeitskrieges (Unabhängigkeitserklärung 1776), in dem folgerichtig der »Erzfeind« Frankreich kräftig mitgemischt hatte. Um so wichtiger mußte es für Großbritannien nun sein, seine Interessen in Kanada wahrzunehmen – auch durch eine Institution wie die *Hudson's Bay Company*. 1812 – in Europa macht sich der große Feldherr NAPOLEON zu seinem verheerend scheiternden Rußlandfeldzug auf – versuchen die

USA in einem Krieg gegen Großbritannien, Kanada zu erobern: ein Versuch, der 1814 scheitert. Der nächste große Krieg auf dem nordamerikanischen Kontinent, der Sezessionskrieg zwischen den Nordstaaten und den Südstaaten, bricht erst vier Jahre nach DAVID THOMPSONS Tod, 1861, los.

Was geschieht sonst auf der Welt in den Jahren, in denen DAVID THOMPSON auf seinen einsamen Erkundungsfahrten den Norden und Westen Kanadas durchstreift? GOETHE vollendet den ersten Teil des »Faust«, BEETHOVEN die Oper »Fidelio«; in England dichten die *Lake Poets*, die Romantiker WORDSWORTH und COLERIDGE; GEORGE III. aus dem Hause Hannover ist englischer König; CHARLES DICKENS wird erst 1812 geboren, in dem Jahr, in dem THOMPSONS hier vorliegender Bericht schließt. CONSTABLE malt seine so ganz aus der Atmosphäre lebenden englischen Landschaften; und 1814 baut STEPHENSON die erste Dampflokomotive. ROUSSEAUS Kulturkritik wirkt allenthalben nach; KANTS »Kritik der reinen Vernunft« ist gerade erschienen. Es ist das Zeitalter der Französischen Revolution und NAPOLEONS. 1806 wird Bayern Königreich; 1814/15 tagt (und tanzt) der *Wiener Kongreß*.

DAVID THOMPSON kam 1784 als Lehrling und Angestellter der *Hudson's Bay Company* nach Churchill Factory, einer Faktorei ebendieser Handelsgesellschaft an der Einmündung des Churchill River von Westen her in die Hudson Bay. Diese Handelsniederlassung war in unmittelbarer Nähe des 1782 während des amerikanischen Unabhängigkeitskrieges von den Franzosen zerstörten Fort Prince of Wales neu errichtet worden. SAMUEL HEARNE war 1782 Gouverneur des Forts gewesen und hatte es kampflos den mit den rebellierenden Amerikanern verbündeten Franzosen überlassen – die es unverzüglich plünderten und zerstörten.

13 Jahre – bis 1797 – blieb THOMPSON in den Diensten der *Hudson's-Bay-Gesellschaft*, bis er sie verließ, weil man den von ihm als dringend erforderlich erachteten weiteren Erkundungs-, Vermessungs- und kartographischen Arbeiten keinen Raum mehr neben der Haupttätigkeit, der Ausdehnung des Pelzhandels ins Landesinnere, gewähren wollte. THOMPSON beklagt sich in einer der wenigen sehr persönlichen Stellungnahmen in seinem Bericht über die nachlässige und kurzsichtige Politik der von der britischen Krone mit besonderen Privilegien ausgestatteten Handelsgesellschaft. Seines Erachtens war die Erkundung des Landes, seine Vermessung und kartographische Aufzeichnung, die wichtigste Voraussetzung für eine dauerhafte Erschließung der weiten Gebiete und für eine erfolgreiche Ausdehnung des Pelzhandels.

Mehr Weitblick schien ihm die konkurrierende *North West Company* zu beweisen und zu praktizieren, eine Handelsgesellschaft der nach 1763 (als der Frieden von Paris den Siebenjährigen Krieg beendet und auch das ehemals französische Kanada England zugeschlagen hatte) ins Land geströmten englischen und schottischen Abenteurer und Pelzhändler, die von hier aus weit ins nordwestliche Kanada vordrangen und den Pelzhandel mit den dortigen Indianerstämmen ausbauten. THOMPSON begab sich 1797 in die Dienste dieser *Nordwest-Gesellschaft*, für die er bis 1812 als Landvermesser, nicht minder aber als umsichtiger und tüchtiger Pelzhändler tätig war.

Die *Hudson's Bay Company* gehörte seit 1670 zu den *Chartered Companies*, die (wie etwa auch die *East India Company*) von der englischen Krone mit einem Freibrief und weitreichenden Privilegien (Handelsmonopol, Flaggenführung, Gerichtsbarkeit) ausgestattet worden waren, um auf privatwirtschaftlicher Basis britische Kolonialinteressen in den überseeischen Besitzungen zu vertreten. In Kanada war es vor allem der Pelzhandel, insbesondere der Handel mit Biberfellen, der der *Hudson's-Bay-Gesellschaft* zu wirtschaftlichem Aufschwung verhalf. Sie hatte jedoch stets gegen die Konkurrenz der Franzosen anzukämpfen, die vom Mündungsgebiet des Sankt-Lorenz-Stromes aus über die Wasserwege ins Landesinnere vorstießen und den Pelzhandel mit den Indianern ausweiteten; in gleicher Weise tat dies nach 1763 die *Nordwest-Gesellschaft*. Hingegen saßen die Vertreter der *Hudson's-Bay-Gesellschaft* mit ihren staatlichen Privilegien in ihren Forts und Faktoreien an den Flußmündungen im Westen der Hudson Bay und warteten auf die Indianer, die dorthin kamen, um Handel zu treiben.

Es gehört auch zu den besonderen Leistungen DAVID THOMPSONS, weit ins Landesinnere vorgeschobene Handelsposten errichtet zu haben: Blockhäuser, in denen man den arktischen Winter verbringen konnte, ohne zu den Niederlassungen im Osten zurückkehren zu müssen, die vor allem aber als Treffpunkte für den Handel und Warentausch mit den Indianern dienten. Mobilität und eine genauere Kenntnis des Landes waren die maßgeblichen Voraussetzungen für ein erfolgreiches Wirken – und THOMPSON folgte diesem Gebot seiner eigenen Einsichten auf seinen 80 000-Kilometer-Wegen kreuz und quer durch den Nordwesten Kanadas, mit seinen Beobachtungen, Vermessungen und Aufzeichnungen.

Dabei muß man sich immer wieder vor Augen halten, wie beschwerlich das Reisen in dieser Wildnis ohne Wege und Straßen damals war. Man konnte sich nur mit dem Kanu die Wasserläufe auf- oder abwärts bewegen, und man konnte die Seen befahren. Beides war jedoch nur in der verhältnismäßig kurzen eisfreien Sommerperiode möglich. Und da die Ströme, Flüsse und Bäche nicht immer ganz in der Richtung verliefen, in die man eigentlich vorankommen wollte, mußte man an geeigneten Landübergängen von einem Flußlauf zu einem anderen oder zu einem See überwechseln. Die Kanus und alles Gepäck mußten dabei getragen werden. Genauso war es an den sogenannten Tragstellen entlang der Flußläufe. Wo immer Wasserfälle, Stromschnellen und ähnliches das Befahren mit dem Kanu zu gefahrvoll oder ganz unmöglich machten, ging man ans Ufer und trug dort – auch über noch so unebenes Gelände – die Kanus und alles Gepäck: die persönliche Ausrüstung, Proviant, Jagdwaffen, Zelte, Felle, Handelsgüter, THOMPSONS Vermessungsgeräte und Aufzeichnungen. Im Winter kam man mit Hundeschlitten und zu Fuß (auf Schneeschuhen) voran. Manche Reisen wurden auch – soweit es die unwirtliche und unwegsame Wildnis zuließ – zu Pferde unternommen.

Diese Möglichkeiten der Fortbewegung hatte die Natur den Menschen zugelassen und aufgezwungen, und so reisten die Weißen ebenso wie die Indianer und auch die Eskimos vorzugsweise im Kanu auf dem Wasser. Verständlicherweise lagen deshalb auch alle Handelsposten, Niederlassungen und Siedlungen am Wasser, dem natürlichen Verkehrsnetz des Landes.

DAVID THOMPSON beschreibt alles, was er sieht und erlebt, mit ebenso naiver wie nüchterner, aufgeschlossen-interessierter Unvoreingenommenheit: Landschaft und Klima, Pflanzen und Tiere, die Eingeborenen und das Leben der Weißen unter den dortigen Bedingungen. Man muß sich dabei stets vor Augen halten, wie jung der Berichterstatter war, als er die ersten Eindrücke in sich aufnahm und seine Aufzeichnungen notierte. Viel von der Erfahrung und der Weisheit eines langen, ereignisreichen Lebens in diesem Lande mag später in die Niederschrift der Erinnerungen eingeflossen sein.

Doch muß er sich auf seine frühen Notizen aufgrund der ersten Erfahrungen und Eindrücke gestützt haben, da er nach 1812 – trotz seiner Vermessungsarbeiten zur Festlegung der Grenzlinie zwischen den USA und Kanada – nie wieder in seine alten »Jagdgründe« im fernen Westen oder an den Ufern des Saskatchewan oder Columbia River zurückkehrte.

Wenn THOMPSON über die Eingeborenen spricht, zeigt er sich ganz als ein Mensch des Zeitalters der Aufklärung, mag er nun ROUSSEAU gekannt haben oder nicht. Sein Urteil über diese andersartigen Menschen ohne christlichen Glauben und ohne zivilisatorischen Fortschritt wird eher von einer christlichen Humanität als von der Hybris eines Kolonialherrn bestimmt. Das macht ihn offen für alle Eindrücke und erleichtert ihm den Zugang zum Verständnis dieser Menschen. Die Eskimos, die nach Norden hin an der Hudson Bay leben, weiß er deutlich von den Indianerstämmen zu unterscheiden; er vermutet sogar, daß sie europäischen Ursprungs seien. Nordwestlich der Hudson Bay trifft THOMPSON auf die Chipewyan-Indianer, auch Dinnie oder Dene genannt, die zur großen Gruppe der Athabasken gehören. THOMPSON grenzt sie klar als »Nördliche Indianer« (wie sie von den Pelzhändlern der *Hudson's-Bay-Gesellschaft* genannt werden) gegen die »Südlichen Indianer«, die Nahathaways oder Cree-Indianer, ab. Diese von THOMPSON sehr ausführlich beschriebenen Stämme gehören zur Gruppe der Algonkin und sind ebenfalls Indianer der Great Plains wie die von THOMPSON erwähnten Chippewa (Ojibway), Mandan, Sioux. Zu den Plains-Indianern gehören auch die mehrfach genannten Piegans. Weiter nach Westen hin begegnete er den Kutenai und über die Rocky Mountains hin den Salish-Indianern.

Wie schon aus diesem knappen Überblick zu ersehen

ist, gab und gibt es keine einheitlich standardisierte Namengebung und Schreibweise für die einzelnen Indianerstämme. Auch untereinander kannten die Indianer keine genauen Stammesbezeichnungen, ja sie wußten oft nur von ihren unmittelbaren Nachbarn und nannten diese nach dem jeweiligen Lebensraum beispielsweise »Wald-Indianer« oder »See-Indianer«. Darauf kommt THOMPSON ebenso zu sprechen wie auf die in steter Bewegung befindlichen Gebietsverschiebungen, etwa zwischen den Nahathaways und den Chipewyans. Eine Karte der Lebensräume der Indianerstämme vor der Verdrängung durch die Weißen (wie man sie beispielsweise als Karte der Great Plains in dem 1973 erschienenen Werk »Dog Soldiers, Bear Men and Buffalo Women. A Study of the Societies and Cults of the Plains Indians« von THOMAS E. MAILS findet) konnte nur noch kurzlebige Gültigkeit haben, dort auf den Zeitraum 1750 bis 1850 begrenzt.

Die Benennung der Indianerstämme und ihre Schreibweise bereitete ebenso wie die Schreibung der Orts- und Eigennamen bei der textlichen Gestaltung der vorliegenden deutschen Ausgabe gewisse Schwierigkeiten. Wo es einigermaßen gebräuchliche deutsche Schreibungen gab, wurden diese verwendet. Soweit andernfalls standardisierte Schreibweisen aufgrund des »Handbook of the Indians of Canada« (Geographic Board of Canada) vorliegen, kamen diese in Betracht. Ansonsten wurde die gültige englische Schreibung übernommen oder – wenn ein solcher Name nur von THOMPSON gebraucht wurde – seine Schreibweise beibehalten. So kann es zu scheinbar uneinheitlichen Schreibungsvarianten für ein und denselben Eigennamen oder Wortstamm oder geographischen Begriff kommen. Der Text der deutschen Ausgabe ist aber so gehalten, daß der Leser ohne Zweifel den Zusammenhang von selbst erkennen kann; andernfalls wird er durch eine kurze Erläuterung in Klammern an Ort und Stelle darauf hingewiesen. So heißt der Nelson River auch Kissiskatchewan, und Kootanae House wird in der deutschen Übersetzung wegen des klaren Bezugs zu den Kutenai-Indianern Kutenai-Haus geschrieben.

Die Verdrängung der heimischen Indianerstämme aus ihren angestammten oder durch natürliche Verschiebungen in Besitz genommenen Lebensräumen war auf dem Gebiet der Vereinigten Staaten schon in vollem Gange, als THOMPSON seinen Bericht aufzeichnete, und nicht ohne Grund verweist er – sehr weitblickend, wie sich bis heute gezeigt hat – auf die Nordwest-Territorien Kanadas als ein mögliches Refugium für die Indianerstämme, denn hier sei das Land für die Kultivierung und Nutzung durch die Weißen zu karg und zu rauh. THOMPSONS Verständnis für die Indianer und seine wiederholten Warnungen vor den verderblichen Einflüssen der europäischen Zivilisation auf das Leben der Eingeborenen mögen nicht nur aus seinem jahrelangen Zusammenleben mit diesen Menschen resultieren. Interessant ist in diesem Zusammenhang auch, daß THOMPSON 1799, in einer Zeit, die in seinem vorliegenden Bericht ausgespart ist, eine vierzehnjährige Halbblutindianerin namens CHARLOTTE SMALL heiratete.

Die Rolle der Weißen im nördlichen und westlichen Kanada beschränkte sich im 18. Jahrhundert auf einzelne Entdeckungsexpeditionen (Captain JAMES COOKS dritte Reise: Erfassung der nordwestlichen Pazifikküste Kanadas; SAMUEL HEARNE und Sir ALEXANDER MACKENZIE: durch die Nordwest-Territorien zum nördlichen Polarmeer), auf die Aktivitäten der Statthalter und Verwalter der Niederlassungen sowie auf die Unternehmungen der britischen und französischen Fallensteller, Jäger und Pelzhändler. Die Besiedlung war in

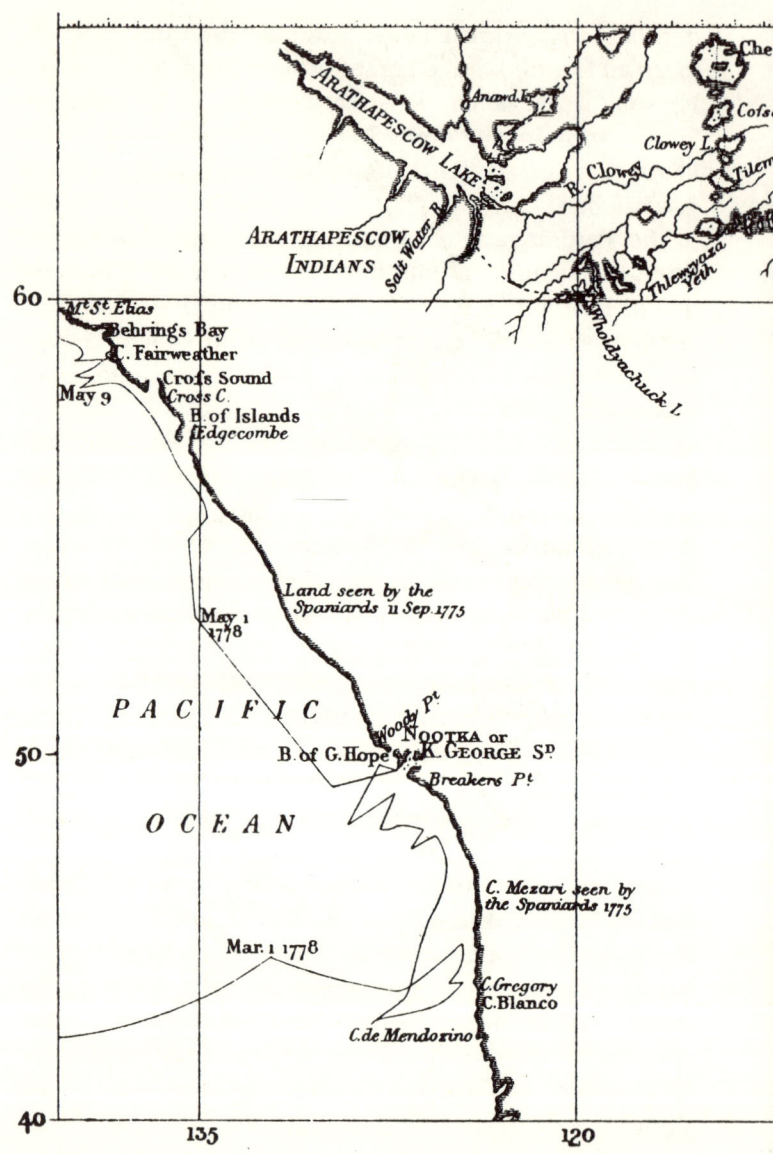

Nordamerika (aus der Weltkarte zu Captain Cooks »Dritter Reise«, 1784)

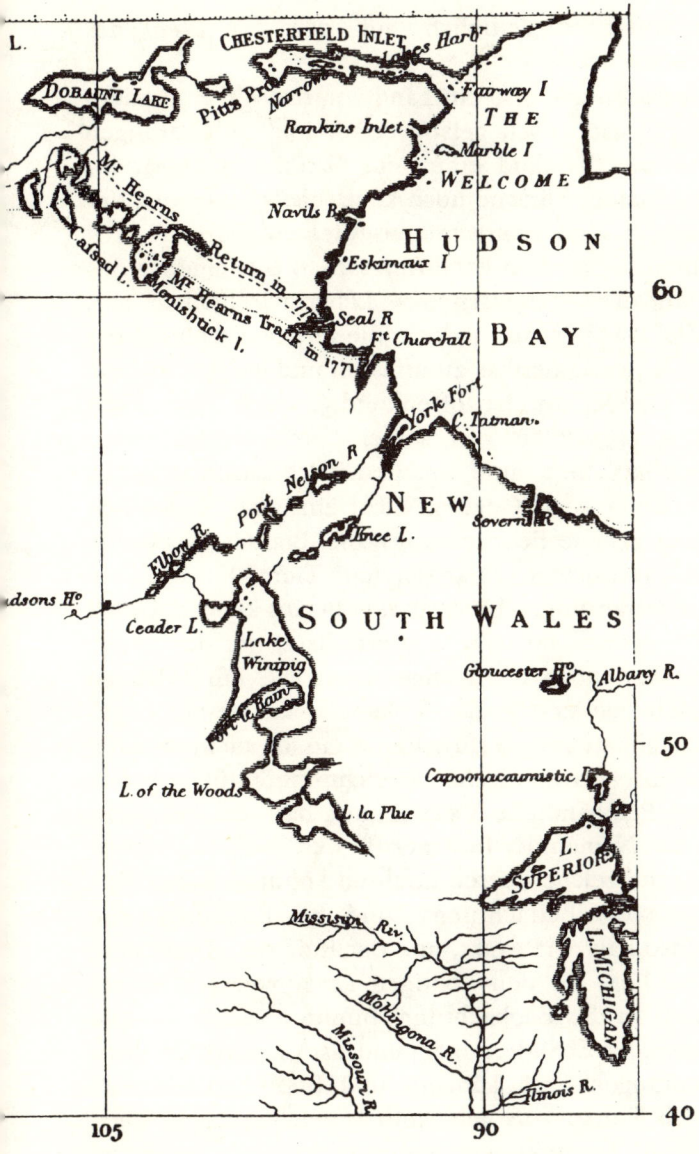

L.

CHESTERFIELD INLET   Lones Harbr

DOBAUNT LAKE   Pitts Pro Narrow   Fairway I

Rankins Inlet   T H E

Marble I

WELCOME

Mr Hearns

Navils R.

H U D S O N

Calsed I.   Return in 177   Eskimaux I

Monishtick I.   Mr Hearns Track in 1771   60

Seal R

Ft Churchall   B A Y

York Fort

C. Tatman.

Port Nelson R.

N E W

Flbow R.   Three L.   Severn R.

dsons Ho

Ceader L.   S O U T H   W A L E S

Lake   Gloucester Ho   Albany R.
Winipig

Port le Bain   50

L. of the Woods   Capoonacaumistic L.

L. la Plue   L.
SUPERIOR

Missisipi. Riv.   L. MICHIGAN

Mohingona. R.

Missouri. R.   Ilinois. R.   40

105   90

ihren Anfängen lediglich auf den Südosten des Landes beschränkt.

THOMPSON fand also ein Land vor, das von Europäern weder physisch noch geistig erfaßt und durchdrungen worden war. Er fand eine neue Wirklichkeit vor, für die es in seiner Sprache noch kein genau passendes Vokabular gab. Und er brachte, als Vierzehnjähriger, auch nur einen begrenzten Erfahrungsschatz aus eigener Anschauung der – englischen – Lebenswirklichkeit mit. Sein Ziel war es später jedoch, die physikalische Gestalt ganz Nordwestamerikas zu erfassen und aufzuzeichnen.

Die Diskrepanz ist offenkundig, doch THOMPSON besaß – abgesehen von seiner bescheidenen naturwissenschaftlichen und mathematisch-astronomischen Schulbildung – als Gegengewicht eine außerordentlich gute und genaue Beobachtungsgabe. Bodenformationen und Klimavorgänge, Pflanzen und Tiere, Flußverläufe und Jagderfahrungen beschreibt er bis ins kleinste Detail genau – jedoch mit einem Wortschatz, der der neuen Wirklichkeit noch nicht angemessen ist. Für Pflanzen und Tiere hat er nur das Vokabular aus seiner englischen Heimat zur Verfügung, wenn er nicht zufällig eine ebenso provisorische Bezeichnung dafür von den anderen Pelzhändlern übernommen hat oder beispielsweise den Namen der Indianer für den »häßlichen Elch« oder irgendwelche Beeren erfahren konnte.

THOMPSONS Betrachtungs- und Beschreibungsweise ist ebenso naiv wie exakt, und der Reiz des Entdeckenkönnens liegt für den heutigen Leser weniger im Ereignis als in der Beobachtung. Inmitten sachlicher und detailgenauer Schilderungen und astronomischer Ortsbestimmungen nach Längen- und Breitengraden nehmen sich THOMPSONS gelegentlich persönliche, ja sogar humorvolle Anmerkungen überraschend und erfrischend aus.

An dieser Stelle muß ein Wort zur Erläuterung des Editionsprinzips dieser vorliegenden Ausgabe gesagt werden. Sie soll nicht die Grundlage für irgendeine wissenschaftliche Beschäftigung abgeben, sondern durch die Lektüre ein nachvollziehbares Miterleben ermöglichen. Unter diesen Gesichtspunkten wurde der Text ausgewählt und übersetzt und – wo nötig – durch ein eingeflochtenes Wort erläutert.

Vor ziemlich genau 200 Jahren brach DAVID THOMPSON wieder einmal von York Factory aus landeinwärts auf, um am Saskatchewan River weitere Handelsposten zu errichten. Er lebte unter den Indianern und verbrachte den Winter 1787/88 bei den Piegans im Häuptlingszelt. Wann immer er konnte, notierte er seine Erlebnisse und machte Aufzeichnungen über seine Beobachtungen und Vermessungen. Auf dieser Basis und anhand seiner Tagebücher schrieb er in den Jahren zwischen 1840 und 1848 seinen großen Bericht. Dieses Manuskript wurde 1915/16 von J. B. TYRRELL (nach einem vergeblichen früheren Anlauf) im Auftrag der *Champlain Society* in Toronto herausgegeben und kommentiert. Der Titel lautete: »David Thompson's Narrative of his Explorations in Western America 1784–1812«. Wer auch immer – als Historiker oder Ethnologe, Geograph, Botaniker oder Zoologe – eine wissenschaftliche Auseinandersetzung mit THOMPSONs Beschreibungen sucht, wird auf diese umfangreich kommentierte Ausgabe verwiesen. Sie ist jedoch – auch für denjenigen, der keine Schwierigkeiten mit einem altertümlichen und äußerst ungelenken Englisch hat – keine bequeme Lektüre. Und damit sind wir bei den Problemen, die die Unzulänglichkeiten von THOMPSONs Text dem Herausgeber, dem Übersetzer und dem Leser bereiten.

Bei allem Bemühen um größte Genauigkeit sind THOMPSONs Beschreibungen oft unklar, vom Vokabular her nicht eindeutig, in den Angaben von Entfernungen oder geographischen Ortsbestimmungen fehlerhaft. Auch der wissenschaftliche Kommentar in der Ausgabe von TYRRELL ist oft nur auf Vermutungen angewiesen und muß zuweilen ungeklärte und unklärbare Fragen offenlassen. THOMPSON benennt die kanadischen Formen der einzelnen Tierarten mit den ihm aus England vertrauten Namen, und wenn er von Rotwild (»Deer«) spricht, meint er zumeist Rentiere, auch wenn diese gelegentlich unter der Bezeichnung »Rein Deer« auftauchen. Die Benennungen der Nadelbäume (Kiefern, Föhren, Fichten, Tannen) sind nicht mit Sicherheit gegeneinander abzugrenzen. Zuweilen unterlaufen ihm auch eindeutige Irrtümer und Verwechslungen.

Um dem Leser der vorliegenden deutschen Ausgabe den Zugang zu dem eigentlichen Erlebnis, das in diesem Bericht steckt, zu erleichtern, wurde zunächst der Gesamtumfang des Textes um etwa 40 Prozent gestrafft: Wo THOMPSON sich in ermüdenden, mit – sich wiederholenden – Details überfrachteten Naturbeschreibungen verliert, wo er seinen Text mit Meßdaten zur geographischen Ortsbestimmung oder Tagestemperatur belastet, wo er wieder und wieder Exkurse und Randbemerkungen einschiebt, wo er im Verlauf seiner Erzählung Sprünge macht, vor- und zurückgreift, wo er sich in aller Ausführlichkeit wiederholt, da wurde gekürzt. Auch einige spätere Kapitel des Buches, die nicht zum eigentlichen Handlungsverlauf beitragen und im Vergleich zu den Anfangskapiteln nichts wesentlich Neues bringen, wurden gestrichen.

Es sollte insgesamt eine bessere Lesbarkeit erreicht werden, ohne den Ton, die »Atmosphäre« des Originalberichts zu verfälschen. Deshalb wurde auch auf einen kommentierenden Fußnotenapparat verzichtet; unentbehrliche Verdeutlichungen wurden behutsam in den laufenden Text eingearbeitet. Wichtig erschien es vor allem, den Zusammenhang des Geschehens für den Leser stets nachvollziehbar zu machen und im übrigen nicht den Wissensstand unserer Gegenwart (gerade in botanischen und zoologischen Details) aufzupfropfen, sondern die Perspektive des Erlebens und Beobachtens DAVID THOMPSONS beizubehalten. Der Gesamteindruck soll vermittelt, das Miterleben möglich werden.

THOMPSONS Stil ist – wie schon gesagt – nicht nur altertümlich, sondern auch ungelenk. Wenn man bedenkt, daß der Verfasser nur sieben Jahre lang, von 1777 bis 1784, die Schule besucht hatte, verdient seine schriftstellerische Leistung dennoch ungeteilten Respekt. Es erschien bei der Übersetzung allerdings nicht angeraten, allzuviel von den stilistischen Unbeholfenheiten des Originals, den unvollständigen und falsch konstruierten Sätzen, den Einschüben im Telegrammstil, den Fehlern und Auslassungen dem Leser zuzumuten. Andererseits durfte der Text nicht durch eine unserem heutigen Empfinden entsprechende stilistische Glätte verfälscht werden; ein dem »Originalton« möglichst nahekommender Mittelweg wurde mit einem etwas antiquierten und leicht umständlichen Deutsch gesucht.

Die verschiedenen Maßangaben wurden nach den von THOMPSON benutzten Einheiten übernommen; eine Umrechnung in das moderne metrische System wäre nur eine Verfälschung gewesen. Leser, die die Werte der Ellen und Klafter, Meilen und Scheffel erfahren wollen, seien auf den Anhang verwiesen.

In den Jahren 1813 und 1814, also unmittelbar im Anschluß an die in dem vorliegenden großen Reisebericht geschilderten Erkundungsfahrten, zeichnete DAVID THOMPSON für die *North West Company* eine große Karte: »Map of the North-West Territory of the Province of Canada«, und zwar »From actual Survey during the years

1792 to 1812«, also aufgrund von tatsächlichen Landvermessungen in den Jahren 1792 bis 1812. Somit lag eine neue und nicht auf den Ungenauigkeiten und Fehlern älterer Kartenskizzen fußende Karte des Gebietes zwischen dem 45. und 60. nördlichen Breitengrad und dem 84. und 124. westlichen Längengrad vor. Thompson übergab dieses Kartenwerk »dem Ehrenwerten William McGillivray« für die *Nordwest-Gesellschaft* und zeichnete es mit »David Thompson, Astronom und Landvermesser«.

Leider ist diese Karte in ihren Abmessungen zu groß und wegen ihrer zahllosen winzigen Detaileintragungen so wenig verkleinerungsfähig, daß sie in dieser Buchausgabe nicht abgebildet werden kann. Betrachtet man aber den hier wiedergegebenen Ausschnitt aus der Weltkarte, die 1784 (in dem Jahr, als David Thompson nach Fort Churchill kam) aufgrund der kartographischen Aufnahmen von James Cook auf seiner dritten Reise veröffentlicht wurde, dann erkennt man den riesigen weißen Fleck zwischen Hudson Bay und Pazifik, den Thompson nunmehr durch seine kartographische Arbeit zu füllen vermochte.

Er zeichnete auch ein riesiges Gebirgspanorama der Gipfel und Höhenzüge der Rocky Mountains; es entzieht sich ebenfalls der Wiedergabe im kleinen Buchformat. Andere Zeichnungen der von ihm beschriebenen Landschaften, Menschen und Tiere, der Handelsposten und Indianerlager oder -siedlungen, der Pflanzen und der Wettererscheinungen hinterließ Thompson leider nicht. Tyrrell gab deshalb seiner 1916 erschienenen Ausgabe Photographien bei, die gegen Ende des 19. Jahrhunderts oder sogar erst 1913 aufgenommen worden waren und charakteristische Landschaftspunkte zeigten, die Thompson beschrieben hatte.

Ebensogut könnten wir den heutigen Lesern empfehlen, sich zur Veranschaulichung einen reichhaltigen modernen Kanada-Bildband zur Hand zu nehmen. Jedenfalls aber dürfte es sich lohnen, sich bei der Lektüre des Buches auf einer großformatigen, nicht zu stark verkleinernden Kanada-Karte im Atlas zu orientieren. In einem Atlas kann man am besten den Lebens- und den Reiseweg THOMPSONS verfolgen.

DAVID THOMPSONS Eltern waren einst aus Wales nach London gekommen, und hier wurde er am 30. April 1770 in der Gemeinde St. John the Evangelist in Westminster geboren. 1772 starb der Vater. DAVID, Halbwaise oder Waise, kam am 29. April 1777 in die *Grey Coat School*, eine wohltätige Institution zur Erziehung armer Knaben. Die Schule, ein altes elisabethanisches Backsteinhaus, lag fünf Minuten von Westminster Abbey entfernt. In den sieben Jahren seines Schulbesuchs wurde DAVID ein bescheidenes mathematisches und astronomisches Grundwissen vermittelt. 1784 wurde er auf Ersuchen der *Hudson's Bay Company* von der Schulleitung auf die von ihm beschriebene Weise mit dem Schiff »Prince Rupert« nach Churchill geschickt.

Die Kapitel eins bis 17 der vorliegenden Ausgabe beschreiben seine Erlebnisse und seine Tätigkeiten während der ersten 14 Jahre in Kanada und entsprechen dem Teil I in THOMPSONS Originalbericht. Zwischen 1798 und 1807 weist der Bericht eine Lücke auf, die auch im Original zwischen den Teilen I und II liegt und nicht etwa auf Kürzungen zurückzuführen ist. In diesen Jahren heiratete THOMPSON (10. Juni 1799), gründete eine Familie und hielt sich mit dieser am Saskatchewan River, im Rocky Mountain House, und wieder in dem von ihm so genannten Bisamratten-Land auf. 1807 setzt der Bericht mit dem 18. Kapitel wieder ein; THOMPSON überquert die Rocky Mountains und erreicht am 30. Juni den »Kootanie«, den Columbia River.

Was THOMPSON mit seinen Augen gesehen und was er erlebt hat, ist in seinen Beschreibungen lebendig. Einige Bilddokumente, die Zeitgenossen THOMPSONS angefertigt haben, als sie wenig später im Norden und Westen Kanadas lebten und reisten, sollen es in diesem Buch veranschaulichen helfen. Mehr als eine – wenn auch authentische – Anregung für das Auge können sie nicht sein.

THOMPSONS Bericht reicht nun bis zur Rückkehr in den Osten im Jahr 1812, wo er sich in Terrebonne im Norden von Montreal niederließ. In seinem späteren Leben kehrte er niemals mehr in den Westen zurück, ebensowenig sah er seine Heimat England wieder.

Frank Auerbach

David Thompsons Bericht

Bei der Hudson's-Bay-Gesellschaft

Im Monat Mai des Jahres 1784 begab ich mich im Hafen von London an Bord der »Prince Rupert«. Das Schiff gehörte der Hudson's Bay Company und war nach der Handelsniederlassung Churchill Factory am westlich gelegenen Ufer ebendieser Bucht bestimmt. Ich schiffte mich als Lehrling und Schreiber der genannten Handelsgesellschaft ein.

Niemand unter den Offizieren oder der Mannschaft hatte sich einen Vorrat an Alkohol mit an Bord genommen, da diese Ware hoch im Preise stand. Am dritten Morgen bei Tagesanbruch machten wir etwa eine halbe Meile von uns entfernt einen holländischen Logger aus. Sogleich ward ein Boot zu Wasser gelassen, und der Kanonier, ein großer, stattlicher junger Kerl, bestieg es mit vier Mann Begleitung. Sobald sie an Bord des Loggers waren, ward eine Kiste Gin hervorgeholt, ein Glas gekostet und gutgeheißen. Der Holländer war in Eile, denn ein Zollkutter kreuzte nahebei, so sagte er; also müßte er alsbald abdrehen und sich davonmachen. Eine Guinee ward bezahlt, die Kiste verschlossen, in das Boot gesetzt und bald in der Steuerkabine unseres Schiffes verstaut. Die Kiste war aus Halbzollbrettern zusammengenagelt und mit roter Farbe angestrichen. Da sie geöffnet ward, befanden sich neun eckige Flaschen darin: Sie waren aus einfachem Glase, und jede war voll bis obenhin, und die Korken waren dicht über dem Flaschenhalse abgeschnitten, außer bei einer Flasche mit einem langen Korken, nämlich derjenigen, aus welcher der Kanonier gekostet hatte.

Abermals ward ein Glas eingeschenkt und herumgereicht, und jeder lobte den Inhalt. Der Schiffszimmermann hingegen, welcher ein alter Seefahrer war, wünschte auch von den anderen Flaschen zu kosten. Also ward ein Korken gezogen, ein Glas gefüllt, gekostet, ausgespien und der Inhalt für Seewasser erklärt, und alle übrigen Flaschen wurden desgleichen befunden. Der Kanonier, der somit eine ganze Guinee für nicht mehr als anderthalb Pinten Gin, den Inhalt der ersten Flasche, bezahlt hatte, ward wütend und streitlustig, aber das nützte ihm nichts, denn der Holländer hatte unbehelligt abgedreht und machte bereits volle Fahrt.

Am nächsten Morgen gegen Sonnenaufgang lagen die Berge von Schottland in blauem Schimmer am westlichen Horizonte, und etwa zwei Meilen östlich von uns sahen wir ein Boot mit sechs Mann vom Fischen auf hoher See zurückkehren. Der Wind war schwach, und bald kamen sie längsseits. Sie waren recht wetterfeste, zäh aussehende Männer und standen bis zu den Knien in Fischen, denn das Boot war voll von den verschiedensten Arten, welche sie gefangen hatten. Unser Kapitän kaufte von ihnen schönen Heilbutt und Rochen, wofür sie jedoch kein Geld entgegennehmen wollten, vielmehr altes Tau eintauschten, um Fassungen für ihre Körbe daraus zu machen. Ich verstand nicht, was damit gemeint war, bis der Bootsmann, welcher selbst ein Schotte war, mir sagte, es bedeutete, daß sie Griffe und Henkel für ihre Fischkörbe und Holzkübel aus dem alten Tau fertigen wollten. Unser Kapitän war mit dem Handel zufrieden und hieß mich ihnen einen Hut voll Schiffszwieback geben. Schirme gab es nicht in jenen Tagen, doch unsere breitkrempigen Hüte erfüllten den einen wie den anderen Zweck. Mir gefiel die frische Gesichtsfarbe der Männer, und ich füllte so viel in meinen Hut, wie er nur zu fassen vermochte, und konnte ihn gerade noch am äußersten Rande der Krempe tragen. Als ich damit am Kapitän vorüberging, hörte ich ihn mich herzhaft verfluchen und sagen, er würde mich niemals mehr zum Zwiebackholen schicken. Aber die Besatzung des Fischerboots war hoch erfreut, und diese Leute sagten mir, ich möge einen Kübel herunterlassen, und diesen füllten sie mit frischgefangenem Hering, welcher eine wohltuende Abwechslung gegenüber dem Salzfleische ist.

Am sechsten Tage gegen neun Uhr abends ankerten wir im Hafen von Stromness auf den Orkney-Inseln, wo die drei nach Hudson's Bay bestimmten Schiffe endgültige Instruktionen und den Befehl zum Auslaufen abwarten mußten. Da es in jenen Tagen noch keine Telegraphen gab, wurden wir drei Wochen lang aufgehalten.

Bis zu dieser Seereise hatte ich mein Leben in der Nähe von Westminster Abbey zugebracht, die letzten sieben Jahre mit einem Stipendium der Krone in der Grey-Coat-Schule. Diese Schule war früher so etwas wie ein Kloster gewesen und hatte zu Westminster Abbey gehört, von welcher es mit der Aufhebung des Mönchsordens der Franziskaner abgetrennt, aber erst unter der Regentschaft von Queen Anne als Schule eingerichtet ward. Diese ist noch immer in der Hand des Dekans und des Domkapitels der Abtei und wird gegen die Entrichtung von Korn verpachtet, welche Pacht die Schulvorstände jährlich an einem bestimmten Tage dem Dekan und Domkapitel bezahlen.

Das Jahr über hatten wir zu verschiedenen Zeiten um die 18 oder 20 Tage Ferien, wovon ich den größten Teil in dieser ehrwürdigen Abtei und ihren Kreuzgängen zubrachte, wo ich die eindrucksvollen Inschriften las, und so oft wie möglich auch in der Kapelle von Henry VII. Meine Spazierwege führten mich zur London Bridge, nach Chelsea, Vauxhall und zu St. James' Park. Bücher waren rar und teuer in jener Zeit, und die meisten Schüler konnten nur solche Bücher haben, welche ihnen ihre Eltern ausliehen. Unter jenen, welche uns am besten gefielen, waren die Geschichten vom Prinzen Genji, die persischen und arabischen Märchen und Erzählungen, dazu »Robinson Crusoe« und »Gullivers Reisen«. Daraus gewannen wir vielerlei Gesprächsstoff, und wir stellten Überlegungen an, wie jeder von uns sich in den verschiedensten Situationen verhalten und bewähren würde.

Dank solcher Berichte derart glaubwürdiger Autoritäten über die unterschiedlichsten Gegenden der Erde fühlte ich mich kundig genug, um über jeden Ort, an den ich käme, etwas sagen zu können. Und die blauen Berge von Schottland lagen ja so weit entfernt, daß meine Vorstellungskraft sie sich auszumalen vermochte, wie immer es ihr beliebt hatte. Doch als ich am Morgen erwachte und an Deck ging, konnte ich nicht umhin, staunend anzustarren, was ich vor mir sah, und mich zu wundern, ob dies auch Wirklichkeit sei, hatte ich doch nie zuvor von solch einem Orte gelesen. Endlich rief ich aus: »Ich sehe ja gar keine Bäume!« Worauf ein Seemann im Scherze antwortete: »Nein, nein, hier hat man keine! Die Leute wollen sich nämlich nicht die Kleider zerreißen, indem sie auf Bäume klettern.«

Zu den ersten Dingen, welche meine Aufmerksamkeit auf sich zogen, gehörten zahlreiche Tang-Brennöfen, mit denen Seetang zu einer Art von Pottasche verbrannt ward. Die Meerespflanzen wurden von einer Anzahl von Männern und Frauen aufgelesen, deren Beine rot und geschwollen erschienen. Der Seetang ward in Körben gesammelt, deren aus Tau gefertigte Henkel gleich Trägern um die Brust der Männer und Frauen geschlungen waren, und jeder half einem anderen die Ladung aufzunehmen; und da sie diese über den unebenen, felsigen Strand, welchen die Ebbe freigegeben hatte, zu den

Brennöfen trugen, strömte ihnen das Seewasser aus den Körben den Rücken hinab.

Der Rauch vom Feuer dieser Brennöfen war so schwarz wie der von Kohlenfeuer. Eines Tages hatte unser Kapitän die Kapitäne der anderen Schiffe und einige Herren von der Insel zum Essen an Bord geladen, und kurz zuvor hatte der Wind gedreht, so daß der Rauch von fünfen dieser Brennöfen geradewegs zu unserem Schiffe zog und den Tag zur Nacht machte. Der Bootsmann ward geheißen, hinzugehen und sie ihre Brennöfen löschen zu lassen, welches sie jedoch verweigerten. Daraufhin drohte er, wir würden ihnen Kanonenkugeln hinüberschießen und ihre Brennöfen zerschmettern, doch die standhaften Burschen erwiderten: »Ihr mögt wohl ebenso unser Leben wie unser Gerät zerstören, wir werden sie dennoch nicht auslöschen!«

Da er einsah, daß mit Drohungen nichts zu erreichen wäre, fragte er, wieviel sie am Tage verdienten. Wenn die Meiler gut brennen, so sagten sie, verdienten sie zehn Pence. Daraufhin gab er jedem von ihnen einen Schilling. Die Öfen wurden alsbald ausgemacht, der Rauch verzog sich, und wir sahen das Tageslicht wieder. Ich konnte nicht umhin, diese schwere, nasse Arbeit, die nicht mehr als zehn Pence am Tage einbringt und bei der man niemanden auch nur einen Ton pfeifen hört, mit den fröhlichen Liedern zu vergleichen, mit welchen bei uns in England der Landmann seine Arbeit begleitet, wenn er hinter dem Pfluge einhergeht.

Dieser Ort war für mich eine neue Welt, und nichts erinnerte mich an Westminster Abbey und meine Spaziergänge nach Vauxhall, Spring Gardens und zu anderen Plätzen, wo sich dem Auge nur Schönheit und dem Fuß nur frisches Grün darbot. Hier war alles felsig, und es gab nur wenig Erdboden, überall lag loses Gestein umher und verletzte die Füße; nicht ein Baum war zu sehen. Wie schmerzlich vermißte ich die alten Eichen, in deren Schatten ich gesessen und gespielt hatte. Ich vermochte nicht zu begreifen, wovon diese armen Menschen hier lebten, doch sie erschienen selbstgenügsam und zufrieden, und ihre niedrigen, dunklen Häuser mit dem Torffeuer darin, dessen Rauch durch ein kleines Loch abzog, enthielten alles, dessen sie bedurften.

Sie betrieben beträchtliche Schmuggelgeschäfte mit Holland, und dieser Handel brachte ihnen wegen des hohen Zolles auf Alkohol und andere Waren erklecklichen Gewinn. Niemand von den Offizieren und Mannschaften der drei Schiffe hatte sich für diese Fahrt mit Alkohol versorgt, denn sie wußten, daß man derlei hier billiger beschaffen konnte als in London.

Eines Nachmittages, da ich mit einem Bootsmanne einen Spaziergang unternahm, betraten wir ein niedriges, dunkles Haus. Es dauerte drei oder vier Minuten, ehe wir in der Düsternis den Hausherrn ausmachen konnten, welcher in seiner grobgewebten blauen Jacke allein am Torffeuer saß. Mein Begleiter erkundigte sich, wie es ginge und wie die Zeiten wären und ob er nicht ein Fäßchen Tröstung für eine kalte Seereise hätte. Er sagte, neuerdings wären die Zollkutter sehr rührig gewesen und deshalb seine Vorräte gering, aber er könnte ihm dennoch zu Diensten sein. Über den Preis ward man sich rasch einig, und der Gin fand seinen Platz im Schiffe. Solcherlei wird immer die Folge von zu hohen Zöllen und Steuern sein.

Die Kirche stand an der Küste in der Nähe des Hafens, und der Pfarrer war Reverend Falkner. Bemerkenswert an ihm waren seine schöne, kraftvolle Stimme und seine einfache Sprache, welche er dem Wissensstande seiner Herde anpaßte. Er schien hochgeachtet zu sein, und obwohl seine Gemeinde viele Meilen Weges über das unwirtliche Land herbeikommen mußte, war seine

Kirche jeden Sonntag voll. Jeder Mann, jede Frau und jedes Kind kam mit blauen Strümpfen und dick besohlten Schuhen einher, welche sie säuberlich in jene eingerollt unter dem Arme trugen. Nahe der Kirche setzten sie sich auf Steine nieder, bekleideten ihre Füße und betraten so das Gotteshaus. Kamen sie wieder heraus, wurden Schuhe und Strümpfe wieder ausgezogen, zusammengelegt und unter den Arm geklemmt; und so wanderten sie nach Hause zurück. Ihr Betragen war bemerkenswert gut, sie waren ernst und doch frohen Herzens, zeigten Achtung voreinander und waren freundlich zu ihren Frauen und Kindern.

Wie schon dargelegt, gab es ja in jenen Tagen noch keinen Telegraphen. Also bedurfte es einer Zeitspanne von drei Wochen, Briefe nach London zu senden und die Antwort mit der Order zum Auslaufen abzuwarten. Nun aber hielten wir westlichen Kurs über den Ozean, und in der Nähe der Amerikanischen Inseln sahen wir zahlreiche Eisberge, und die Hudson-Straße war so sehr voller Eis, daß es der Zeit von nahezu einem Monat bedurfte, sie zu passieren. Nachdem dies bewältigt war, trennten sich die drei Schiffe und steuerten die verschiedenen Handelsniederlassungen an: eines die Faktoreien Albany und Moose (oder Elch) Factory, eines York Factory und das dritte Churchill Factory, welche Handelsniederlassung wir zu Anfang des Monats September im Jahre 1784 erreichten.

Die Hudson Bay einschließlich der James Bay kann als Binnenmeer bezeichnet werden, welches durch die Hudson-Straße mit dem Atlantischen Ozean verbunden ist; es hat die Form eines Hufeisens. Von seiner Westseite her münden folgende Flüsse in dieses Binnenmeer: Seal River (der Robbenfluß) sowie Churchill, Kissiskatchewan (oder Nelson River), Hayes, Severn, Albany und Moose (Elch) Rivers. Von Osten münden in die Hudson

Resolution-Insel und Kap Wolstenholme (Walsingham) in der Hudson-Straße

Bay der Ruperts River und zahlreiche andere Flüsse, deren Namen unbekannt sind, da sie aus unbewohntem Ödlande kommen. Vom Seal River nach Süden bis zum Churchill River ist der Boden über etwa 36 Meilen hin von Granitstein, nur am Ufer der Bucht entlang ist ein schmaler Streifen Sumpflandes, anscheinend Schwemmland des Seal River. Die Granitfelsen, welche die Meeresküste von weit im Norden her umfassen, haben ihre südliche Begrenzung am Churchill River und bilden dann eine von der Küste weglaufende Linie. Auf 150 Meilen bis zum Kissiskatchewan, wo man den ersten Granit in einer Entfernung von 135 Meilen flußaufwärts findet, bildet diese Linie die Grenze zu den meisten östlichen Seen. Und diese Entfernung scheint sich gänzlich über Schwemmland zu erstrecken, welches rund um die Bay etwa dieselbe Breite haben dürfte. Diese Anschwemmungen besonders des Kissiskatchewan und des Hayes River haben mittendrin steile Erdwälle, vermischt mit Kies, von einer Höhe von zehn bis zu 40 Fuß. Kies und kleines Gestein sind von der Bewegung durch das Wasser rundgewaschen, denn die Flüsse, welche durch dieses Schwemmland strömen, sind sehr reißend und haben zahlreiche Wasserfälle.

Wenn der Churchill in die Bay, also ins Meer mündet, ist er ein mächtiger Strom von etwa anderthalb Meilen Breite, an der Südseite von einem niedrigen Felsvorsprung und Sand begrenzt, im Norden von einer niedrigen Landenge aus Sand, durch welchen blanker Fels hervorschaut. Am äußersten Ende der Landzunge auf einer Fläche von einem Morgen ward um das Jahr 1745 ein mächtiges, wohlgestaltetes, festgefügtes Granit-Fort errichtet, das Fort Prince of Wales, mit etwa 30 Kanonen für Kugeln von sechs bis 18 Pfund. Es gab keinen Zugang zum Fort außer über die schmale Landenge, welche von der Sandfläche gebildet ward. Über eine dreiviertel

The Wintering Creek in Hayes River.

A View of Montagu House from Beaver Creek

Bucht am Hayes River und Montagu-Haus am Beaver Creek

Meile vom Ufer zur Mitte des Flusses hin war das Wasser zu seicht, so daß ein Schiff sich nur so weit zu nähern vermochte.

Im Amerikanischen Unabhängigkeitskriege der Vereinigten Staaten und Frankreichs gegen Großbritannien ward im Jahre 1782 der sehr berühmte Seefahrer Admiral de La Pérouse von Frankreich mit einem mit 70 Kanonen bestückten Schiff und zwei Fregatten ausgesandt, um die Forts der englischen Hudson's-Bay-Gesellschaft einzunehmen und zu zerstören. Im Monat August ankerten diese Schiffe etwa vier Meilen nördlich des Forts in der Bucht, und am folgenden Tage ward ein wohlbemanntes Boot ausgesandt, um den Fluß zu erkunden. Zu dieser Zeit stand das Fort unter dem Kommando des bekannten Forschungsreisenden Samuel Hearne, welcher zuvor im Dienste der Marine gewesen war. Er ließ es zu, daß die Franzosen mit ihrem Boot den Fluß nach Belieben erkundeten, ohne daß er auch nur einen einzigen Schuß auf sie abgefeuert hätte. Aus diesem Betragen folgerte der Admiral de La Pérouse, mit welcher Art Gouverneur des Forts er als Gegner zu rechnen hätte. Dementsprechend ließ er am folgenden Tage auf der schmalen Landenge aus Sand und Fels über eine Länge von einer ganzen Meile zum Fort hin 400 Mann landen, welche nur mit leichter Bewaffnung gegen das Fort marschierten. Die Männer im Fort baten Mr. Hearne um Erlaubnis, die anrückenden französischen Truppen mit Kartätschen aus ihren schweren Geschützen niederzumähen, jedoch er verweigerte ihnen unumwunden seine Zustimmung. Als sie näherrückten, befahl er, daß die Tore geöffnet würden, und er ging ihnen entgegen und kapitulierte bedingungslos. Alle Waren und Lagerbestände sowie eine große Menge wertvoller Felle fielen in ihre Hände. Das Fort ward zerstört und niedergebrannt; lediglich die Mauern des Forts erwiesen sich als so stark und widerstandsfähig, daß ihnen die Flammen kaum etwas anzuhaben vermochten. Der französische Kommandant erklärte, daß er – wäre sein Kundschafterboot unter Beschuß genommen worden – es nicht gewagt hätte, ein

Das Fort Prince of Wales

solch starkes Fort so spät im Jahr anzugreifen, da für eine regelrechte Belagerung nicht mehr genügend Zeit blieb. Mr. Hearne ward mit kühler Höflichkeit empfangen, und die französischen Offiziere sahen voll Verachtung auf ihn hinab. Sobald die Hudson's-Bay-Gesellschaft auf seine Dienste verzichten konnte, ward er wegen Feigheit entlassen.

Unter ihm diente ich noch mein erstes Jahr. Es war Brauch, daß sonntags ein Gottesdienst für die Männer abgehalten ward, und dies geschah in seinem Raume, dem einzigen etwas behaglichen in der ganzen Faktorei. Eines Sonntags nach der Predigt hielten sich Mr. Jefferson, der stellvertretende Zweite Faktor, der Vorleser und ich uns noch einige Minuten zur Verfügung, und da sagte er zu uns, indem er Voltaires »Philosophisches Wörterbuch« zur Hand nahm: »Dies hier ist mein Glaube, einen anderen habe ich nicht.« Im Herbst des Jahres 1787 kehrte er nach England zurück, ward Mitglied des Bucks Club, und schon nach wenigen Jahren war er unter der Erde.

Die jetzige Churchill Factory liegt etwa fünf Meilen oberhalb des Forts in einer kleinen Bucht, und diese wird von einem Felsgesimse gebildet, welches sie etwa 100 Ellen unterhalb der Faktorei gegen den Fluß abschließt. Oberhalb der Faktorei erstreckt sich über sieben Meilen hin bis zu den unteren Stromschnellen ein ausgedehntes Sumpfland.

Einmal im Jahre wird die Faktorei mit Waren und Vorräten von einem Schiffe versorgt, welches in den letzten Tagen des August oder Anfang September einläuft und bereits nach zehn Tagen fertig zum Ablegen für die Heimreise ist – denn die Strenge des Klimas erfordert alle erdenkliche Beschleunigung. Das kalte Wetter zieht jetzt äußerst rasch herbei, doch da es kein Thermometer gab, vermochten wir die Heftigkeit der Kälte nur mit unseren Sinnen wahrzunehmen und nach ihren Auswirkungen auf dem Lande und im Wasser zu beurteilen. Am 15. November war der große und tiefe Fluß von einem Ufer zum anderen gefroren, und obwohl die Springflut bei Neumond und Vollmond zehn bis zwölf Fuß über den normalen Stand anstieg, blieb dies ohne Wirkung auf das Eis. Es hielt stand und blieb fest bis in die Mitte des Monats Juni im folgenden Jahre, da das Eis brach und uns den erfreulichen Anblick des Wassers wiedergab. Um die Mitte des Oktober herum ist das Marsch- und Sumpfland gefroren, und Schnee liegt auf dem Boden. Etwa zwei Monate lang konnte der Hof der Faktorei, welcher von zwölf Fuß hohen Palisaden umschlossen ist, von Schnee freigehalten werden. Jedoch in der zweiten Dezemberhälfte trieb ein drei Tage lang währender Nordoststurm den Schnee bis auf die Höhe der Palisaden heran und über diese hinweg, so daß der ganze Hof voller Schnee von sechs bis zehn Fuß Höhe war, welcher nicht geräumt werden konnte. Es mußten vier Fuß breite Wege in den Schnee gegraben und freigeschaufelt werden, und so blieb es bis spät im April, als allmählich einsetzendes Tauwetter den Schnee wegnahm.

Von Ende Oktober bis Ende April müssen wir jeden Schritt in Schneeschuhen tun. Die Eingeborenen laufen damit leicht und behende einher, desgleichen viele von uns. Aber manche empfinden sie als schlimme Behinderung, sie bekommen wehe Füße und verstauchte Knöchel davon, und viele straucheln im Schnee, aus welchem man sich nur schwer wieder erheben kann.

In der freien Jahreszeit gibt es in den Monaten Juli und August reichlich Lachs von zwei bis fünf Pfund Gewicht. Zwei Netze, jedes 30 Faden lang und fünf Fuß hoch, ernähren die ganze Faktorei drei oder vier Tage in der Woche. Südlich des Churchill River trifft man diesen

Fisch nicht an. Charakteristisch ist für die Gegend von Churchill auch eine große Art von Hasen, welche zwischen den Felsen wohnen und bessere Nester haben als andere Hasen. Ihre Haut ist kräftiger, ihr Fell lang und sehr weich und von sehr schönem Weiß. Es wurden ihrer 22 gefangen und die Felle nach London gesandt, wo sie gern von den Barbieren gekauft wurden.

Das Land, der Boden und das Klima, worin wir leben, haben stets einen kräftigen Einfluß auf die Beschaffenheit der Gesellschaft, auf die Tätigkeiten und die Lebensweise jedes einzelnen, welcher sich den Gegebenheiten anpassen muß, in denen er sich nun einmal befindet; und so lebten und verhielten wir uns auch in diesem extrem kalten Klima. All unsere Tätigkeiten dienten mehr oder minder der Selbsterhaltung. All das Holz, welches gesammelt werden konnte, lieferte uns lediglich den Brennstoff für ein Feuer am Morgen und ein weiteres am Abend. Den Rest des Tages mußten wir bei schlechtem Wetter in unseren schweren Mänteln aus zugerichtetem Biberfell im Wachraume umhergehen. Bei erträglichem Wetter verbrachten wir jedoch den Tag damit, Schneehühner zu schießen. Die Wände des Hauses waren auf der Innenseite vier Zoll stark mit Ruß überzogen, von welchem oftmals Stücke herunterbrachen. Um dies zu verhindern, feuchteten wir die ganze Fläche an, worauf sich ein Eisüberzug bildete, welcher die Schmutzschicht befestigte und die Wärme im Hause zu halten half.

Die Kälte ist derart streng, daß in gewisser Weise alles von ihr zersplittert wird, und immerzu platzen die Felsen auseinander, mit einem Geräusch wie dem Knall einer Flinte. Überall werden durch die wohlbekannte Wirkung gefrierenden Wassers Risse in die Felsen gesprengt. Dies mag im Winter recht und gut sein, doch auch im Sommerhalbjahre reißen die Felsen. Obwohl sich auf ihrer Oberfläche überall kleine Tümpel und Rinnsale befinden, vermochte ich es nicht zu glauben, daß das Wasser beim Tauen eine solche Wirkung hervorrufen kann. Im Monat Juli jedoch saß ich auf einem Fels, um vorüberfliegende Brachvögel zu schießen, als keine zehn Ellen von mir entfernt der Felsen zersprengt wurde. Ich ging hin und stellte fest, daß der Riß gut einen Zoll breit war. Ich sah in den Spalt hinab und erkannte in etwa zehn Fuß Tiefe eine feste Eisschicht, welche an der Oberfläche naß zu sein schien, so als begänne sie zu tauen. Ein paar Tage später riß ganz in meiner Nähe ein anderer Fels, und in dem Spalt konnte ich in etwa 20 Fuß Tiefe eine Eisablagerung in gleichem Zustande feststellen. Diese Felsen stehen nicht für sich allein, sondern sind Teile eines sich in gewaltiger Ausdehnung nach Westen und Norden erstreckenden Felsmassivs, welches überall zahllose Risse und Sprünge aufweist. Zwischen diesen Felsen finden sich schmale Taleinschnitte voller Granitgeröll, welche nunmehr 50 Fuß über dem Meeresspiegel liegen. Einst waren sie jedoch der felsige Küstenstreifen des Meeres. Ob sich nun das Land gehoben oder das Meer zurückgezogen hat – wer vermag wohl zu sagen, was sich in uralten Zeiten ereignet hat?

Bis zum Anfange des Monats Oktober haben uns all die Zugvögel verlassen und sich in Gegenden milderen Klimas begeben. Der Winter beginnt, alle Wassertümpel sind zugefroren, und auch auf dem Flusse ist Eis. Der Eisbär tritt nun in Erscheinung und treibt sich hier herum, bis sich das Eis an der Küste ein beträchtliches Stück ins Meer hinaus erstreckt. Dann macht er sich davon, um dem Seehund nachzustellen, seiner bevorzugten Beute. Während er sich bei uns aufhält, plündert er und richtet Schaden aller Art an, doch stellt er sich deswegen nicht dem Kampfe. Lediglich ein gefährlicher

Vorfall ereignete sich. Es war im November, und der Schnee lag schon etwa 18 Zoll hoch. Eine herumschleichende Bärin näherte sich einem der Schneehuhn-Jäger. Sein Gewehr hatte geknackt, war aber nicht losgegangen – und als er sich herumdrehte, um wegzukommen, stürzte er. Zum Glück fiel er allerdings auf den Rücken. Sogleich war die Bärin bei ihm, setzte eine Tatze auf einen seiner Schneeschuhe und zerrte ihn damit zu ihren Jungen. Zu Tode erschrocken, kam er nach einer kurzen Strecke zur Besinnung, lud seine Flinte und feuerte eine ganze Ladung Schrot wie eine Kugel auf ihren Bauch ab. Brummend stürzte sie und ließ von ihm ab. Der Jäger säumte nicht, sich sogleich zu erheben und davonzulaufen, so rasch es seine Schneeschuhe zuließen.

Der Eisbär, der weiße Polarbär, kann leicht gezähmt werden, wenn man ihn jung genug einfängt. Anfang Juli stieß das Walfangboot, welches den Weißwal jagte, auf eine Bärin und ihre beiden Jungen. Die Bärin und eins der Jungen wurden getötet, das andere, männliche Junge ward gefangen, in die Faktorei gebracht und gezähmt. Anfangs mußte man es sorgsam vor den Hunden schützen, aber es nahm bald an Größe und Kraft zu und war ihnen vollauf gewachsen; die Schläge seiner Vordertatzen hielten sie in sicherer Entfernung. Meister Petz wuchs immer weiter, und mit seinen vielen Kunststücken ward er der Liebling insbesondere der Seeleute, welche oft mit ihm zu ringen pflegten, wobei er sie mit wachsender Kraft zuweilen tüchtig in den Schwitzkasten nahm.

Im strengen Winter, wenn sich das Einfrieren des Sprossenbieres nicht vermeiden ließ, bekamen jeweils vier Mann ein Viertel Melasse anstelle von Bier, nach welcher unser Petz besonders genäschig war, ebenso wie nach Grog; und jeden Samstag pflegte er die Männer zum Schuppen des Proviantverwalters zu begleiten, wenn die Rationen ausgeteilt wurden. Der Verwalter gab ihm immer etwas Melasse auf die Vordertatzen, welche der Petz dann ableckte. An einem solchen Tage hatten der Verwalter und der Bär Streit gehabt, und zur Strafe erhielt dieser keine Melasse. Er saß ganz still da, während der Verwalter allen ihren Anteil gab, aber als er sah, daß jener im Begriffe war, die Türe wieder zu verschließen, schoß er mit einem Satze auf das Melassefaß zu und steckte Kopf und Hals bis zu den Schultern hinein. Der Proviantmeister vermochte nur noch mit äußerster Bestürzung zuzusehen, wie der Bär mit seinem zottigen Pelze eine reichliche Gallone Melasse davontrug. Dieser setzte sich dann in die Mitte des Hofes und streifte sich zuerst mit der einen Tatze, hernach auch mit der anderen die Melasse in das Maul, bis er jegliche Stelle seines Pelzes gereinigt hatte, wobei er immerzu genießerisch mit den Lippen schmatzte. Hatte der Verwalter künftig mit dem Bären Ärger, so bekam dieser dennoch stets seine Ration Melasse.

Samstags erhielten die Seeleute auch eine Ration Rum, und häufig kauften sie sich auch noch welchen für die Woche. An solchen Abenden konnte man mit Sicherheit den Meister Petz im Wachraume finden. Eines Nachts hatte er etwas Grog gekostet und kam zu einem Seemanne, mit welchem er öfters Ringkämpfe ausfocht. Dieser Seemann trank allzu reichlich und bewirtete ihn so großzügig, daß der Bär betrunken ward, den Seemann niederwarf und dessen Bett in Besitz nahm. Dieser wußte, daß der Bär ihn im Zweikampfe überwinden würde, und da er entschlossen war, sein Bett zurückzuerobern, erschoß er ihn. Das ist das Schicksal fast aller Bären, welche gezähmt werden und dann zu ihrer vollen Kraft heranwachsen.

Dieses Tier liebt das nördliche Klima, und man findet es nur am Meere und an den Mündungen großer Flüsse, jedoch nicht weiter flußaufwärts, als die Flut ansteigt. Da sie sich stets entlang der Küstenstreifen aufhalten, erscheinen die Eisbären zahlreicher, als sie es eigentlich sind. Einige der männlichen Tiere wachsen zu beträchtlicher Größe heran. Ich habe ein Fell, welches zum Trocknen auf einen Rahmen gespannt war, ausgemessen: Es war zehneinhalb Fuß lang. Die Vordertatze eines solchen Tieres, die man in Churchill hatte, wog 32 Pfund – eine ganz schöne Pranke zum Händeschütteln! Die Krallen sind scharf, aber nur drei Zoll lang, und das Fleisch ist so fetthaltig, daß es in beträchtlichen Mengen zur Herstellung von Lampenöl und für andere Zwecke verwertet wird. Haut und Fell sind locker und wirken nach dem Abziehen wie für ein viel größeres Tier passend. Der Eisbär schwimmt leicht und schnell, und es bedarf eines guten Bootes mit vier Mann, um es mit ihm aufnehmen zu können. Obwohl der weiße Bär entlang den Küsten lebt, welche von den Eskimos bewohnt werden, sind es doch nur wenige Eisbärenfelle, welche man bei ihnen vorfindet oder mit denen sie handeln. Dies erklärt sich daraus, daß der weiße Bär, wenngleich er selbst den Menschen selten angreift, unnachgiebig um sein Leben kämpft, wenn er angegriffen wird. Er ist das, was die Indianer *seepnak* (lebensstark) nennen, und höchst selten genügt eine Kugel, um ihn zu töten, geschweige denn ein Pfeil, der nicht einmal einen Knochen zu brechen vermag. Infolgedessen zeigen die Eskimos wenig Neigung, ihn anzugreifen.

Die Nahathaway-Indianer sind alle mit Flinten bewaffnet und sind gute Schützen, doch greifen sie diese Art von Bären nur an, wenn sie zu zweit sind, so daß abwechselnd der eine und der andere ständig auf den Bären feuern kann; trifft eine Kugel ins Hirn oder ins Herz, so ist sie sogleich tödlich.

Die Eskimos sind ein Volk, mit welchem wir sehr wenig vertraut sind, obwohl sie gleichsam um uns herum ausschließlich an der Küste leben, welche sie vom Sankt-Lorenz-Golf rund um die Küste von Labrador bis zur Hudson-Straße und zu den dort anschließenden Inseln, dann bis zur Hudson Bay und zu Teilen von deren östlichen Ufern im Besitze halten. Am westlichen Ufer dieser Bucht leben sie nur nördlich des Churchill River und von dort aus nord- und westwärts bis zum Coppermine River (dem Kupferminen-Flusse), von da aus zum Mackenzie und dann westlich bis zum Eiskap an der Ostseite der Beringstraße. Entlang dieser ungeheuer weiten Küstenstrecke scheinen sie sich nur auf das Meeresufer zu beschränken, wiewohl ihre Kanus sie in die Lage versetzen würden, ungehindert die Flüsse hinaufzufahren, was sie jedoch niemals tun. Jegliche Gebiete, welche sie aufsuchen, sind gänzlich frei von Baumbewuchs, und in Ermangelung dessen sind sie in ihrem Bedarf an Brennmaterial sowie für andere Zwecke lediglich auf das Treibholz angewiesen, welches es jedoch zum Glück in Fülle gibt. Dieser ganze riesige Küstenstreifen vom Sankt-Lorenz-Golf im Osten über die Hudson Bay bis zum Mackenzie River im Westen ist ein trostloses und eintöniges Ödland, welches nur von Felsen und Moos bedeckt ist und weder Hügel noch Berge aufweist. Erst westlich des Mackenzie rückt das Gebirge näher an die Küste heran.

In der zweiten Hälfte des Februar und in den Monaten März und April trifft man von der Mündung des

Eskimos beim Feuermachen und bei der Robbenjagd – Gerätschaften: A. Große Walharpune B. Pfeil und Bogen C. Kleine Harpune D. Schneebrille E. Brustschmuck aus Walroßzahn

A

A

C

Churchill River aus mehrere Meilen seewärts zahlreiche Robben an. Sie haben viele Löcher im Eise, durch welche sie auftauchen; aber wie diese Löcher in das offensichtlich massive Eis gemacht werden, vermochte ich nie zu erraten. Wenn man in sie hinabschaut, erscheinen sie wie runde Brunnenschächte mit Wänden aus glattem, dickem Eise, und die Größe dieser Löcher ist so bemessen, daß sie selten zwei Robben das gleichzeitige Auftauchen durch ein und dasselbe Loch gestatten würde.

Die Robben tauchen je nach der Wetterlage nicht vor neun oder zehn Uhr morgens auf, bleiben dann auf dem Eise und tauchen zwischen zwei und drei Uhr nachmittags wieder hinunter. Sie sind unermüdlich wachsam, und es vergeht kaum eine Minute, ohne daß solch ein Seehund den Kopf erhebt, um Ausschau zu halten, ob sich irgendeine Gefahr nähere, sei es ein Bär oder ein Mensch, welche beiden anscheinend ihre einzigen Feinde sind. Drei von uns versuchten etliche Male, eine oder gar mehrere Robben zu erlegen – aber vergebens: Wie stark sie auch verwundet sein mochten, stets war noch genug Leben in ihnen, daß sie sich in ein Loch im Eise fallen lassen und uns entschwinden konnten. Ich habe überhaupt noch nicht gehört, daß je ein Seehund auf der Stelle von einer Kugel getötet wurde.

Die Eskimos, welche nördlich von uns leben, erlegen diese Tiere, die sie zur Ernährung und Bekleidung benötigen, auf eine ruhige und sichere Art: Der Jäger ist mit einer Lanze bewaffnet, deren Spitze aus Knochen oder Eisen beschaffen ist, vorzugsweise aus letzterem. Der Stiel der Lanze hat zuweilen eine Länge von bis zu 20 Ellen, wie nachgemessen ward, und ist aus Stücken angeschwemmten Lärchenholzes gefertigt, welche sorgsam aneinandergepaßt und mit Sehnen zusammengebunden werden, wodurch die Lanze je nach Bedarf verkürzt oder verlängert werden kann. Der Eskimo-Jäger

untersucht abends, wenn die Robben in der See unterge-
taucht sind, ihre Löcher im Eise und die Stellen, wo sie
tagsüber liegen. Hat er sich für ein Loch entschieden,
welches ihm für sein Vorhaben am günstigsten erscheint, so kommt er früh am Morgen, bevor die Robben
auftauchen, zu diesem Loch im Eise und legt die Lanze
an dessen südlichen Rand mit der Spitze nahe an der
Kante des Loches und nordwärts weisend. Die Robben
liegen nämlich an der Nordseite der Eislöcher; und so
richtet der Jäger seine Lanze auf die Stelle aus, wo die
Robben zu liegen pflegen, und befestigt den Lanzenstiel. Sodann zieht er sich bis zu dessen Ende zurück
und verbirgt sich hinter irgendwelchen Eisbrocken oder
trägt, wenn er solche nicht vorfindet, Eisstücke zusammen, aus denen er den erforderlichen Schutzwall auf-
führt. Flach auf dem Bauch liegend, erwartet er geduldig
das Auftauchen der Robben. Die erste nimmt ihren
Platz am Nordrand des Loches ein, in der Richtung,
nach welcher die Lanze ausgelegt ward. Die weiteren
zwei oder drei Robben liegen dann auf beiden Seiten
oder dahinter dicht neben ihr. Wenn die Robbe nicht genau in der Richtung der Lanze liegt, was zuweilen der
Fall ist, dreht der Jäger sacht den Stiel der Lanze, bis die
Spitze unmittelbar gegenüber dem Herzen der Robbe zu
liegen kommt. Er wartet weiterhin geduldig, bis die
Robbe zu schlafen scheint. Dann stößt er mit aller Geschicklichkeit und Kraft die Lanze etwa drei Fuß quer
über das Loch hinweg in den Körper der Robbe. Wenn
diese bemerkt, daß sie verwundet ist, versucht sie sich in
das Eisloch zu stürzen, was jedoch der Lanzenstiel verhindert und wodurch die Wunde nur noch vertieft wird.
Der Jäger hält den Lanzenstiel fest im Griff und kriecht
auf Händen und Knien näher an das Loch heran, wo er
ruhig den Tod der Robbe abwartet. Dann schleppt er die
Robbe von dem Loche fort, zieht seine Lanze heraus

57

und reinigt sie sorgsam von dem Blute. Wenn sich der Jäger erblicken läßt, tauchen all die Robben in einiger Entfernung rundherum in die Eislöcher hinab und kommen etliche Minuten lang nicht empor. Dadurch gewinnt der Eskimo Zeit, seine Lanze bei einem anderen Eisloche zu plazieren und die Rückkehr der Robben abzuwarten. Auf diese Weise erlegt er manchmal zwei davon an einem Tag, aber das geschieht nicht oft, da das Wetter zumeist stürmisch und wolkig ist.

Die Eskimos haben einen untersetzten, rundlichen Körperbau, und nur wenige erreichen eine Größe von zweieinhalb bis drei Fuß oder darüber, im allgemeinen sind sie kleiner von Gestalt, die Frauen im entsprechenden Verhältnisse zu den Männern. Ihre Gesichtszüge sind zwar breit, jedoch nicht unangenehm; sie neigen zu einer rötlichen und frischen Farbe, so erscheinen sie fröhlich und zufrieden; zudem sind sie beweglich, emsig und kräftig. In der freien Jahreszeit gewinnen sie vom Lande Beeren und zuweilen ein Rentier, doch es ist vor allem das Meer, in welchem sie ihren Lebensunterhalt suchen: Seevögel, Robben, Walrosse, Weißwale und Wale. Indem sie von solch tranhaltiger Nahrung leben, möchte man meinen, sie seien nicht reinlich, doch in Wahrheit sind sie ebenso sauber wie andere Völker auch, die eine ähnliche Lebensweise haben und keine Seife kennen. Auch all ihre Kochgeräte sind in ordentlichem Zustande. Im Sommer wohnen manche der Eskimos in Zelten aus zugerichteten Rentierhäuten, welche auf den Kiesbänken aufgeschlagen sind. Sie halten sie sehr ordentlich und machen darin kein Feuer, um sie nicht durch Rauch und Ruß zu verschmutzen, sondern zünden jenes in der Nähe des Zeltes an. Sie räuchern Lachs und Rentierfleisch über dem Feuer von Treibholz, von welchem sie reichlich haben.

Sie sind sehr fleißig und erfinderisch. Da sie acht Monate im Jahr dem grellen Schneelicht ausgesetzt sind, werden ihre Augen schwach, und im Alter von 40 Jahren hat sich das Augenlicht nahezu aller Männer verschlechtert. Die Sehfähigkeit der Frauen in diesem Alter ist jedoch weniger beeinträchtigt. Sie machen sich recht zweckdienliche Schutzbrillen aus Holz mit einem engen Schlitze, welche sie vor die Augen setzen, um den Lichteinfall zu verringern. Sie alle benutzen Speere, Lanzen, Pfeile und Bogen als Waffen zu ihrer Verteidigung und für die Jagd. Ihre Speere und Lanzen sind, wie schon berichtet, aus angetriebenem Lärchenholz gemacht und haben als Spitze ein Stück Knochen vom Rentierbein oder ein Eisenstück, welches sie bevorzugen. Die Länge der Speere richtet sich nach dem Zweck, für welchen sie bestimmt sind: für Vögel, Robben, den Weißwal, den Wal oder das Walroß. An den Speer oder die Lanze für die letzteren drei wird eine große Blase aus Seehundsfellen mit fest gedrehten Sehnen gebunden. Diese zeigt nicht nur den Ort des getroffenen Tieres an, sondern ermüdet es auch rasch, so daß es eine leichtere Beute wird, doch oft nicht ohne Gefahr für den Jäger und sein Kanu. Das Walroß ist das am meisten gefürchtete Tier, und man wartet ab, bis es sich zu Tode gequält hat, ehe man sich ihm nähert. Walknochen sind bei den Eskimos ein Handelsgut, aber es bleibt ungewiß, ob sie sich jene beschaffen, indem sie den Wal angreifen wie das Walroß, oder sie aus den Kadavern erbeuten, welche von den Gezeiten an den Strand geworfen werden. Den Speer schleudern sie mit großer Geschicklichkeit, obwohl ihre Kanus nur eine Bewegung des Oberkörpers zulassen, und sie verfehlen selten einen Seevogel auf 30 Ellen Entfernung. Pfeil und Bogen wenden sie gegen Rentier, Wolf und Fuchs an, und sie zielen gut und sicher mit dem Pfeil. Was sie auch fertigen, verrät eine Genauigkeit und eine Erfindungsgabe, welche einem europäischen Handwerksmann zur Ehre gereichen würden, hätte er keine anderen Werkzeuge zur Hand als diese armen Leute.

An der ganzen Küste entlang, wo man die Eskimos antrifft, gibt es keinerlei Baumbestände oder Wälder irgendwelcher Art; das Land besteht nur aus Felsen und Moos, und sie sind allein auf das Treibholz für alle Zwecke angewiesen, für welche Holz benötigt wird. Jenes aber haben sie zum Glück reichlich. Es wird von den Flüssen aus dem Inneren des Landes herbeigetragen und von Wellen und Gezeiten der See ans Ufer geschwemmt. Ihr Land weist überall Felsen, Tümpel und Moos auf, und auf hundert Meilen findet man kein Stück Boden für einen Garten, selbst wenn das Klima es erlauben würde, einen solchen anzulegen.

Die Kleidung des Eskimos ist wohl überall die gleiche und aus Rentierleder und Robbenfellen gefertigt. Sowohl Männer als auch Frauen tragen Stiefel, die bis zu den Knien reichen und deren Fuß aus Walroßfell gemacht ist, der obere Teil aus Seehundsfell, wovon die Haare entfernt sind. Diese Stiefel sind so fest zusammengenäht, daß sie völlig wasserdicht sind, und deshalb sind sie äußerst begehrt bei den Leuten aus den Faktoreien, wenn sie durch die Sümpfe und den Morast gehen müssen, wo unsere Stiefel dem Wasser nicht standhalten können. Sie kosten sechs Schilling das Paar (zu Quebec drei Dollar), und wenn man sie schont, halten sie zwei Jahre lang die schnee- und eisfreie Jahreszeit hindurch.

Ihre Kessel sind aus schwarzem oder dunkelgrauem Marmor gemacht und von verschiedener Größe, einige fassen vier bis sechs Gallonen. Sie haben eine längliche Form und sind im Verhältnis zu ihrer Größe flach, doch diese Form eignet sich für Fisch ebenso wie für Fleisch. Die Eskimos stellen sie nicht aufs Feuer, sondern garen die Nahrungsmittel darin mittels heißer Steine, durch welche man Wasser zum Kochen bringt und auf gleiche

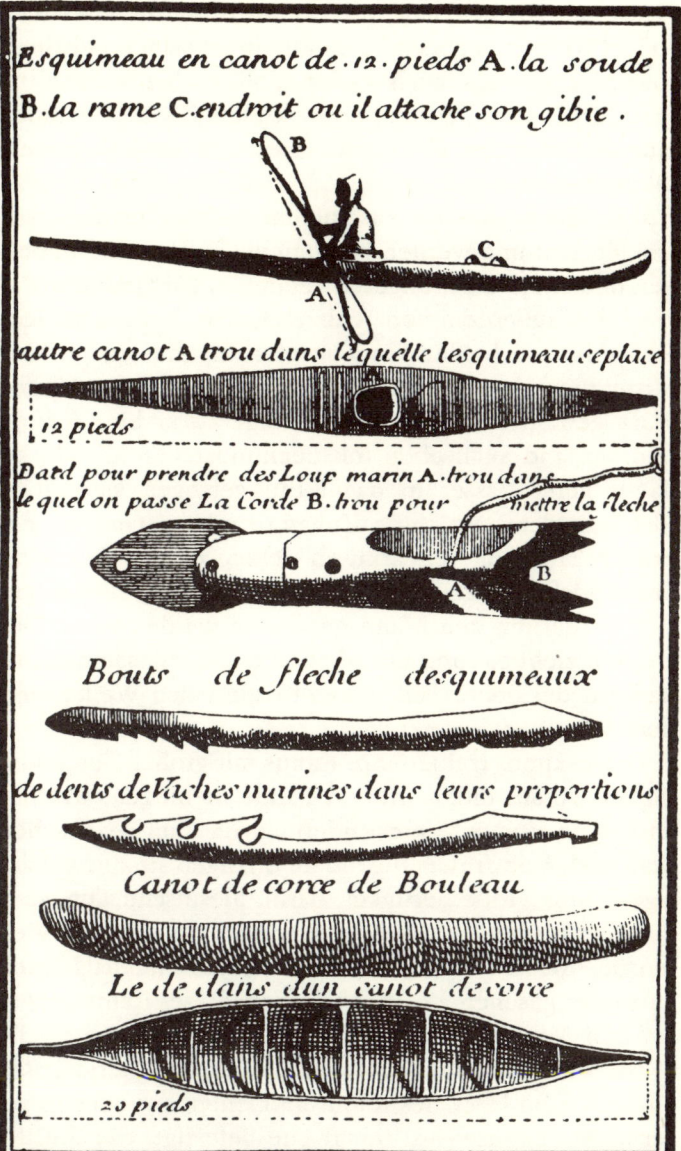

Esquimeau en canot de .12. pieds A .la soude
B .la rame C .endroit ou il attache son gibie .

autre canot A trou dans lequelle lesquimeau seplace
12 pieds

Datd pour prendre des Loup marin A .trou dans
le quel on passe La Corde B .trou pour mettre la fleche

Bouts   de fleche   desquimeaux

de dents de Vaches marines dans leurs proportions

Canot de corce de Bouleau

Le de dans dun canot de corce
20 pieds

Kajaks und Jagdwaffen der Eskimos

Weise am Kochen hält, was wenig Mühe bereitet. Die Kessel werden sauber und in gutem Zustande gehalten, sowohl innen als auch außen poliert. Sie stehen bei ihnen in hohem Werte, dennoch ziehen sie womöglich einen Messingkessel vor, welcher leichter und zweckdienlicher ist.

Ihre Kanus sind aus zusammengenähten Seehundsfellen gemacht und werden von einem Gerüst von Dollborden und Rippen aus angeschwemmtem Lärchenholz und zuweilen außerdem von Walknochen in Form gehalten. Sie laufen an beiden Enden spitz zu und sind in der Mitte nicht breiter, als daß sie gerade einem Manne Platz gewähren. Ihre Länge beträgt zwölf bis 16 Fuß, und sie sind auch oben mit Seehundsfellen abgedeckt, damit kein Wasser in das Kanu gelangen kann. Der Platz, an dem der Mann Zugang findet, ist mit einem breiten Holzring verstärkt, an dessen oberen Rand ein Seehundsfell solchermaßen genäht ist, daß es wie ein Geldbeutel um den Mann gebunden werden kann. Der Eskimo zieht es rund um seinen Leib fest zusammen, so daß nur der obere Teil seines Körpers den Wellen und dem Wetter ausgesetzt ist.

Die Eskimos treiben ihre Kanus mit großer Geschwindigkeit voran, indem sie ein Paddel benützen, welches an beiden Enden je ein Ruderblatt hat und dazwischen den Stiel. Von früher Jugend an erlangen sie durch häufige Übung große Fertigkeit darin, diese schmalen, spitzen Kanus, welche *Kajaks* genannt werden, auf den Wellen des Meeres zu balancieren. Ich habe niemals einen Europäer gesehen, der sich in einem dieser Kanus länger als drei Minuten im Gleichgewicht halten konnte. Die Waffen zur Jagd auf Seevögel, Robben und dergleichen sind auf dem Deck des Kanus an kleinen aus Sehnen gefertigten Schnüren in Reichweite befestigt. Für die Beförderung ihrer Familien haben die Eskimos Kanus von etwa 30 Fuß Länge und sechs Fuß Breite, welche *Umiaks* genannt werden und aus Seehundsfell mit Dollborden und Rippen aus Lärchenholz und Walknochen gemacht sind. Sie werden von Frauen gerudert und von einem alten Mann gesteuert.

Ihre Bogen sind aus dem Lärchenholze gemacht, welches sie am Strande finden, und haben eine Länge von dreieinhalb bis fünf Fuß. Sie bestehen aus drei Stücken Holz von gleicher Länge, welche ineinander eingezapft sind; auf der Rückseite jeder Zapfenverbindung ist ein Stück Walroßzahn von neun Zoll Länge und einem viertel Zoll Stärke, beiderseits zu einer Kante verjüngt, dem Bogen genau angepaßt. In der Rückseite des Bogens ist eine Rinne von einem halben Zoll Tiefe, und entlang dieser Rinne ist der Bogen beiderseits ein Zoll breit. In dieser Rinne verlaufen von einem Ende des Bogens zum anderen gedrehte oder geflochtene Sehnen hin und her, und jede Lage wird durch quergebundene Sehnen befestigt. Als man einmal einen großen Bogen auseinandernahm, konnte man 400 Faden dieser aus Sehnen gefertigten Schnur messen. Die Pfeile sind zwischen acht und 30 Zoll lang und haben Spitzen aus Knochen oder Eisen. In Ermangelung von besserem Material sind sie aus Lärchenholz gemacht, welches bewirkt, daß sie im Verhältnis zu ihrem Gewichte zu groß sind, wodurch ihre Schnelligkeit verringert wird. Dennoch ist die Kraft des Bogens so stark, daß der Pfeil ein Rentier auf 120 Ellen Entfernung durchdringt. Nahezu alle Waffen der Eskimos sind scharf und haben Widerhaken.

Ist der Winter hinreichend mäßig, um den Eskimos das Reisen zu gestatten, benützen sie große Schlitten, welche aus zwei Lärchenholzkufen gemacht sind, von denen jede sechs bis sieben Fuß lang ist, sechs bis acht Zoll hoch und vier Zoll stark. Die Kufen sind vorne nach oben gebogen und miteinander durch Querhölzer verbunden, die in die Oberkanten der Kufen eingelassen sind. Auf diese Streben legen und binden sie mit Schnüren all ihr Gepäck, ihre Gerätschaften und ihren Proviant. Sechs bis acht Männer an der Zahl spannen sich vor die Schlitten, und so ziehen sie von einem Lagerplatz zum anderen auf der Suche nach Tieren für Nahrung und Kleidung. Die Frauen tragen die Kinder und leichte Gegenstände, manchmal helfen sie auch den Männern.

Sobald mildes Wetter eintritt, so daß sie in Zelten leben können, verlassen sie nur zu gern ihre Erd- oder Schneehütten und wohnen in Zelten aus gegerbtem Rentierleder, welche sie auf reinem Kies aufschlagen. Sie lassen es kaum je zu, daß in den Zelten Feuer gemacht wird, welches das Leder beschmutzen würde, vielmehr machen sie für jeglichen Bedarf das Feuer im Freien. Wenn sie sich abends zur Ruhe legen, benutzen sie hierbei eigene Decken aus Rentier- oder Seehundsfell und zusätzlich eine große Überdecke aus demselben Material, die sich durch das halbe Zelt über alle und jeden erstreckt und einen jeglichen zudeckt; im allgemeinen befinden sich zwei Familien in jedem Zelte.

In ihrem gegenseitigen Betragen sind sie gesellig, freundlich und von fröhlichem Gemüte. Wir sind jedoch zu wenig mit ihrer Sprache vertraut, als daß wir mehr über sie sagen könnten. Im Umgang mit uns sind sie freundlich und ehrlich. Sie gehören nicht der Rasse der nordamerikanischen Indianer an, sondern sind europäischer Herkunft. Nichts außer bitterer Notwendigkeit vermag einen Indianer zur Arbeit zu veranlassen, wohingegen Eskimos von Natur aus fleißig, sehr erfindungsreich und den Annehmlichkeiten des Lebens zugetan sind, soweit sie diese erwerben können; sie sind stets fröhlich, ja sogar lebenslustig. Es ist jedoch auch wahr, daß der Eskimo am Morgen, wenn er sich in dieser Nußschale von einem Kanu aufmacht, um den Wogen der

See zu trotzen und mit mächtigen Tieren zu kämpfen, damit er sich und seine Familie ernähren und bekleiden kann, etliche Minuten lang sehr ernst ist; denn er ist ein nachdenklicher Mann, kennt die Gefahren, welchen er ausgesetzt ist, steigt aber in sein Kanu und steht die Mühen und die Gefahren des Tages unverzagt durch.

Des Seehundes steter Feind ist der Eisbär. Ich kann es mir schwer vorstellen, wie dieses unbeholfene Tier den wachsamen Seehund fängt. Die Eskimos sagen, der Bär streicht um die Eislöcher der Robben, und wenn er eins findet, in dessen Nähe große Eisbrocken liegen, so verbirgt er sich hinter diesen. Wenn die Robben sich in der Sonne wärmen und in Halbschlaf verfallen, stürzt er sich auf sie, packt eine und umarmt sie so fest, daß er sie zu Tode drückt. Dann durchtrennt er so schnell wie möglich die Sehnen im Genick der Robbe, worauf diese erschlafft und der Bär sie gemächlich verzehren kann.

Man sieht wenige Tümmler, aber der Beluga, eine kleine Art des Weißwales, ist von Ende Mai bis Anfang September sehr zahlreich anzutreffen. Diese Weißwale erreichen eine durchschnittliche Länge von 15 Fuß und haben eine Fettschicht von fünf Zoll Dicke, welche ein besseres Öl ergibt als das Fett der schwarzen Wale. Im Sommer dieses Jahres ward von der Hudson's-Bay-Gesellschaft ein Boot mit sechs Mann Besatzung zum Fang des Weißwals ausgesandt. Das Boot war von leichtem Bau und weiß angestrichen, welches die Farbe dieser Fische ist, denn die Erfahrung hat erwiesen, daß man sich ihnen mit dieser Farbe am besten anpassen kann und daß sie das Boot in gewisser Weise oft berühren, während sie Boote von anderer Farbe meiden. Die Weißwale wurden sämtlich mit der Harpune gejagt, und wenn sie getroffen waren, zogen sie das Boot zuweilen noch drei bis fünf Meilen mit sich, bevor sie mit der Lanze getötet werden konnten. Sie schleppen das Boot mit einer Geschwindigkeit von fünf Meilen in der Stunde; und wenn sie sich getroffen fühlen, tauchen sie mitunter auch mit solcher Macht hinab auf den Grund, daß die Harpune aus ihnen herausgerissen wird, auf welche Weise viele entkommen; und in manchen der erlegten Tiere habe ich eine gänzlich verbogene Harpune stecken sehen. Ihre Jungtiere sind von bläulicher Farbe und wiegen im Monat Juli etwa 120 Pfund; man kann sie mit einem starken Bootshaken erlegen. Wenn der Weißwal Lachse verfolgt, besonders die großen Bäche und Flüsse hinauf, kann er zuweilen stranden und bei Ebbe am Ufer liegen bleiben, wo er eine Beute der Eisbären und Möwen wird. Der Ertrag des erwähnten sommerlichen Fangunternehmens belief sich auf drei Tonnen Öl, was den Aufwand nicht einbrachte. Es kann kaum einen Zweifel darüber geben, daß hingegen gut verankerte feste Netze viele Weißwale fangen könnten und somit der Gesellschaft mehr Gewinn brächten.

Nachdem wir einen langen, düsteren und sehr strengen Winter verbracht hatten, kann man sich natürlich vorstellen, mit welcher Freude wir dem Frühling und Sommer entgegensahen. Von ersterem spürten wir jedoch nichts als das Schmelzen des Schnees und die Erfahrung, daß das Eis immer gefährlicher wurde. Und wie der Sommer hier ist, kommt er mit einemmal und bringt Myriaden peinigender Stechmücken mit sich. Die Luft ist erfüllt von ihnen, und weder bei Tag noch bei Nacht hört diese Plage auf. Rauch schafft keine Abhilfe, denn sie können mehr Rauch vertragen als wir, und wir vermögen den Rauch nicht stets mit uns zu führen. Die schmalen Fenster waren von ihnen zur Gänze dicht besetzt, worauf sie sich in solchen Mengen gegenseitig erdrückten, daß wir sie zweimal am Tage hinauskehren mußten. Ein gelegentlicher kalter Nordoststurm brachte uns eine willkommene Linderung, und wir waren dankbar für das kalte Wetter, welches unseren Leiden ein Ende setzte.

Wenn man den Rüssel der Stechmücken unter einem guten Mikroskop betrachtet, erkennt man seine eigenartige Gestalt, welche sich aus zwei unterschiedlichen Teilen zusammensetzt. Der obere Teil ist dreiseitig, von schwarzer Farbe und hat eine scharfe Spitze; darunter befindet sich eine runde weiße Röhre wie aus klarem Glase, mit nach innen gestülptem Mundstück. Mit dem oberen Teile wird die Haut des Opfers durchstochen, dann wird es zurückgezogen und die helle Röhre an die Wunde gesetzt und so das Blut in den Körper der Stechmücke gesaugt, bis er voll ist. So besteht der Stich aus zwei verschiedenen Vorgängen, welche jedoch so rasch aufeinander erfolgen, daß sie wie ein einziger empfunden werden. Verschiedene Personen reagieren in unterschiedlicher Weise darauf. Manche weisen Schwellungen auf, ja wirken sogar aufgedunsen, und klagen über ein unerträgliches Jucken; andere wiederum spüren nur den Schmerz der winzigen Wunden. Öl ist das einzige Heilmittel, und es wird vielfach angewendet. Die Eingeborenen reiben sich mit Störtran ein, welcher wirksamer ist als Öl oder Tran anderer Herkunft.

Alle Tiere leiden desgleichen unter den Stechmücken und werden von ihnen fast zum Wahnsinn getrieben. Sogar die durch ihr Gefieder geschützten Vögel werden von ihnen um die Augen und am Halse gepeinigt. Erst die kalten Nächte im September bringen wirkliche und dauerhafte Erleichterung. Eine oftmals gestellte Frage, auf welche noch keine zufriedenstellende Antwort gegeben werden konnte, ist, wo und wie diese Stechmücken den Winter überdauern, denn bei ihrem ersten Auftreten sind sie bereits zu voller Größe herangewachsen, und ihre neue Brut kommt nicht früher als im Juli zum Vorscheine. Es ist die Meinung der Eingeborenen und ebenso mancher unter uns, daß sie den Winter auf dem Grunde der Wassertümpel verbringen, denn wenn diese Tümpel vom Eise frei sind, erscheinen sie wie von Stechmücken übersät, welche jedoch in sehr schwachem Zustande sind; zwei oder drei Tage später stürzen sich diese wieder mit voller Kraft auf uns. Diese Theorie mag wohl auf die niedriggelegenen Landesteile zutreffen, wo der Boden – mit Ausnahme der nackten Felsen – als feucht und mehr oder weniger von Wasser bedeckt bezeichnet werden kann; doch für die ausgedehnten hochgelegenen und trockenen Ebenen, wo die Stechmücken mit Anbruch der warmen Jahreszeit in Myriaden zu einer wahrhaftigen, ausgewachsenen Landplage werden, kann sie nicht gelten. Wir müssen daraus folgern, daß sie – wo auch immer sie sich bei Einbruch des Frostes befinden – sich vor dem Winter zu schützen und im Boden Unterschlupf zu finden verstehen, sei das Land nun feucht oder trocken. Diese Theorie ist wahrscheinlicher, denn all die Landesteile, wo sie vordem in Myriaden anzutreffen waren und welche nun mit dem Pfluge bebaut werden, sind gewissermaßen frei davon, ebenso die großen und kleineren Städte in Kanada. Doch gibt es von jeher und auch künftig in Amerika Wälder und Sümpfe und unebenen Boden, welcher für den Pflug ungeeignet ist, und hier finden die Stechmücken die allerbesten Voraussetzungen für ihre Vermehrung. Und die Kühe, welche zum Weiden hinausgetrieben werden, bringen, wenn sie zurückkehren, um gemolken zu werden, mehr als genug Stechmücken mit, welche dann den Farmer peinigen. Im September sind die Sandfliegen und andere winzige Mücken besonders zahlreich, welch letztere überall in den Körper eindringen, wodurch die Haut brennt und juckt. Nach Sonnenuntergang lassen diese von einem ab, bleiben jedoch bis zum Anbruch der kalten Jahreszeit da. Der Oktober setzt all diesen Plagen

ein Ende. Es ist eine seltsame Tatsache, daß diese Fliegen und Mücken immer zahlreicher werden, je weiter
man nach Norden kommt; jedoch ist dort ihre Zeit kurz
bemessen.

Zu der Zeit, da diese Insekten so zahlreich sind, bilden sie zu Lande – wenn man die Sümpfe gleichfalls so
nennen darf – einen Schrecken für jedes Lebewesen;
selbst die Hunde heulen, wälzen sich auf dem Boden
oder verbergen sich im Wasser. Der Fuchs ist angriffslu-
stig und gereizt und bellt und schnappt nach allen Seiten; und auch wenn er hungrig ist und gern auf Nest-
raub ausgehen möchte – denn er liebt es, Vogelnester
auszunehmen –, verzieht er sich lieber in Schutz und
Obdach seines Fuchsbaus.

Ein Seemann, der es für zwecklos hielt, lediglich zu
fluchen, probierte aus, was Teer wohl bewirken könnte,
und er beschmierte sein Gesicht damit; aber die Stechmücken blieben in solchen Mengen daran kleben, daß er
nichts mehr zu sehen vermochte, und das Kitzeln von
ihren Flügeln war schlimmer als alle ihre Stiche. Tatsächlich ist Öl das beste Mittel.

Ich hatte das Glück, daß ich meine Zeit in der Gesellschaft dreier Herren zubringen konnte, welche leitende
Amtsträger der Faktorei waren: Mr. Jeffersons, des stell-
vertretenden Zweiten Faktors, Mr. Princes, des Kapitäns
der Schaluppe, welche alljährlich den Handel mit den
Eskimos im Norden besorgte, und Mr. Hodges', des Arz-
tes. Sie besaßen Bücher, welche sie mir freigebig liehen,
darunter etliche über Geschichte und über die belebte
Natur, und diesen widmete ich meine größte Aufmerksamkeit, da ich sie als äußerst lehrreich betrachtete. Es
gab kein Schreibpapier außer dem, welches sich im Besitze des Gouverneurs befand, und ein paar Blatt bei den
Beamten. Als ich mich bei Mr. Hearne beklagte, daß ich
mangels Übung meiner Schreibfertigkeit verlustig gehen

würde, beschäftigte er mich ein paar Tage lang mit seinem Manuskripte mit dem Titel »Eine Reise in den Norden« (»A Journey from Prince of Wales' Fort in Hudson's Bay to the Northern Ocean«), und ein andermal mußte ich eine Rechnung abschreiben.

Es war seit vielen Jahren der Brauch, daß sich die Gouverneure der Faktorei, wenn sie einen Schreiber brauchten, an die Schule, in welcher ich erzogen ward, wandten, damit diese einen Schüler mit mathematischer Ausbildung als Schreiber schickte. Um Kosten zu sparen, wurde er als Lehrling für sieben Jahre verpflichtet. Aber was sollte man dort schon lernen? Soweit ich sehen konnte, wurden in ihrem Dienste weder im Schreiben noch im Lesen Kenntnisse benötigt. Meine einzige Aufgabe bestand darin, mir die Zeit zu vertreiben, im Winter der Kälte zu grollen und in der schnee- und eisfreien Jahreszeit Möwen, Enten, Kiebitze und Brachvögel zu schießen und mich mit Stechmücken und Sandfliegen herumzuschlagen.

Die Hudson's-Bay-Gesellschaft sendet alljährlich nach ihren Faktoreien drei Schiffe aus, welche zumeist Ende August oder Anfang September ihre jeweiligen Häfen erreichen. In diesem Jahre, 1785, lief das Schiff wie gewöhnlich ein. Als der Kapitän an Land kam, sah ich zu meiner Überraschung in seiner Begleitung Mr. George Charles, einen Mitschüler meines Alters, welcher, da ich ihn verlassen hatte, entschlossen gewesen war, ein Handwerk zu erlernen. Ich fragte ihn, was ihn veranlaßt habe, seine Absicht zu ändern. Er berichtete mir, kurz nach meiner Abreise habe Sir Alexander Dalrymple von der Admiralität einige Karten gesehen, welche von Pelzhändlern in Kanada gezeichnet waren. Sie zeigten die Flüsse und Seen über viele hundert Meilen westlich der Hudson Bay. Er habe sich daraufhin an die Gesellschaft gewandt, sie möge doch einen Herrn aussenden, welcher dazu befähigt wäre, das Innere des Landes zu vermessen. Man versprach, dies zu tun und einen Herrn für diesen Zweck bereitzustellen, welcher im nächsten Jahre mit ihren Schiffen ausfahren könnte. Demzufolge ließ man sich von der Schule jemanden zur Verfügung stellen. Mein ehemaliger Mitschüler war der einzige im volljährigen Alter gewesen, und so schickte man ihn in die Mathematik-Klasse, nahm den Stoff in Kürze mit ihm durch – drei Tage lang jeweils ein paar Minuten, denn er hatte keine Neigung, zu lernen; man lehrte ihn den Gebrauch von Hadleys Quadranten und die Bestimmung des Sonnenstandes mit einem Kreidezeichen an der Wand, und damit war die Ausbildung abgeschlossen, und man erklärte ihn für tauglich, die ihn erwartenden Aufgaben und Pflichten zu erfüllen. Er war schließlich sehr enttäuscht von allem, was er sah, aber es gab auch für ihn keine Rückkehr. Das Land an der Hudson Bay ist eine Weltgegend, welche Sindbad der Seefahrer sicherlich nie gesehen hat, da er nirgends die Stechmücken erwähnt.

Das Leben in einer Handelsniederlassung
an der Hudson Bay

Anfang September 1785 lief das jährliche Schiff ein, und ich erhielt Order, mich unverzüglich nach York Factory zu begeben, welche nach Süden in einer Entfernung von 150 Meilen liegt. Die Hudson's-Bay-Gesellschaft hatte ein sehr zweckmäßiges Verständigungssystem mittels sogenannter Paket-Indianer zwischen ihren einzelnen Faktoreien eingerichtet. Dies waren jeweils zwei Indianer, welche mit Brief- und Botschaften eine jede Faktorei stets so verließen, daß sie die nächste Faktorei zur Zeit der dort erwarteten Ankunft des Schiffes erreichten. Auf diese Weise ward das unversehrte Einlaufen dieser Schiffe ebenso untereinander bekanntgemacht wie die jeweiligen Verhältnisse in den verschiedenen Faktoreien, und wenn gegenseitige Hilfe vonnöten war, ward sie geleistet.

Von Churchill Factory wurden die beiden Paket-Indianer und ich mit einem Boote über den Fluß gesetzt und beim Kap Churchill an Land gebracht. Man setzte uns ohne alle Vorräte ab, und ich hatte nur eine Decke, in welche ich mich bei Nacht hüllen konnte; wir mußten nämlich alles selbst tragen. Es war ein sehr schöner Tag, doch zum Unglück hatte jemand diesen Indianern eine Gallone von sehr starkem Grog mitgegeben, und kaum waren wir gelandet, begannen sie wie gewöhnlich zu trinken, so daß sie bald betrunken wurden und der Tag verloren war. Wir schliefen auf der Erde, ein jeder in seiner Decke, und es war sehr feucht vom Tau. Früh am Morgen brachen wir auf und setzten unseren Marsch ohne Frühstück oder Mittagsmahlzeit bis zum Sonnenuntergange fort; dann schossen die Indianer eine Wildgans und drei Stockenten. Wir erreichten einen leidlich trockenen Platz, wo wir für die Nacht Rast machten und reichlich Treibholz als Brennmaterial fanden. Die drei Enten wurden rasch gerupft, auf einen Stock gespießt und zum Braten über das Feuer gehalten; derweilen ward die Gans gerupft und auch gebraten. Jeder von uns verzehrte eine Ente, und die Gans teilten wir unter uns auf. Unser Marsch hatte uns den ganzen Tag lang über das sumpfige Uferland an der Bucht geführt, wodurch er sehr ermüdend ward. Sogleich nach dem Nachtmahle wickelte sich jeder in seine Decke und versank in tiefen Schlaf auf dem Erdboden. Die Uferböschungen der Bäche waren hier der einzige trockene Boden, welchen man finden konnte. Die Ereignisse all der folgenden Tage waren so sehr von gleicher Art, daß ich sie nur ein einziges Mal zu erzählen brauche.

Am Abend des sechsten Tages erreichten wir den Kissiskatchewan (oder Nelson River), einen mächtigen, tiefen Strom von zwei Meilen Breite. Wir rasteten am Ufer eines Baches, wo meine Gefährten auf dem Herweg ein Kanu hinterlassen hatten. Da ein scharfer Wind blies, konnten wir unsere Reise zunächst nicht fortsetzen. Unsere Marschroute hatte uns beständig an der Hudson Bay entlang geführt, und bei hohem Wasserstande in der Bucht war der Boden stets naß und schlammig, wodurch das Gehen ermüdend und langweilig ward. Zur Linken hatten wir immerzu die See, welche bei Flut sehr tief erschien, sich jedoch bei Ebbe in solch eine Entfernung zurückzog, daß sie nicht mehr sichtbar war und eine unermeßliche Fläche von Schlamm zurückließ, und im Schlick zeigten sich zahllose Felsblöcke vom Gewicht von einer bis zu fünf oder sieben Tonnen. Größtenteils steckten sie auf halbem Wege vom Strande zur Brandung im Schlick, dort, wo das meiste Treibeis am Ufer liegen bleibt. Da der Seal River – dieser sogenannte See-

73

hundsfluß liegt im Norden des Churchill River – die südlichste Stelle ist, wo man noch eine Felsenküste vorfindet, müssen all diese Blöcke mit dem Treibeise aus dem Norden gekommen sein, denn südlich von diesem Flusse und südwärts vom Churchill River ist nur Schwemmland. Dieses beweist einen starken Strömungsverlauf des Nordmeeres gegen die Westseite der Hudson Bay, welcher dann wieder nach Osten durch die Hudson-Straße abfließt. Diese Felsbrocken findet man nämlich nur am westlichen Ufer und im südlichen Teile der Bucht.

Zu unserer Rechten dehnte sich unermeßliches Marschland aus, Morast und Sumpf mit zahlreichen Wassertümpeln, welche wiederum viele kleine Bäche speisten. Die Wälder, soweit es solche gab, blieben außer Sichtweite. Jeden Tag kamen wir an zwölf bis 15 Eisbären vorbei, welche in geringer Entfernung vom Ufer auf dem Marschlande lagen, jeweils drei bis fünf mit den Köpfen nahe beisammen, während ihre Körper wie die Radien eines Kreises vom Mittelpunkte nach außen wiesen. Ich forschte bei den Indianern nach, ob die Eisbären immer in dieser Form lägen, und sie sagten, dies sei ihre gewöhnliche Art zu liegen. Da wir an ihnen vorbeikamen, hob wohl der eine oder andere den Kopf, um nach uns zu sehen, aber keiner erhob sich, um uns zu belästigen. Bei den Indianern gilt die Regel, mit gleichmäßigem Schritte an ihnen vorüberzugehen und den Anschein zu geben, daß man keine Notiz von ihnen nähme.

Am sechsten Tage hatten wir auch einen tiefen Bach zu überqueren gehabt, und auf der anderen Seite der Furt tat sich ein großer Eisbär an einem Weißwal gütlich. Wir wateten mutig durch die Furt und hofften, der Bär würde sich trollen, aber als wir auf halbem Wege waren, erhob er den Kopf, legte seine Vordertatzen auf den

Weißwal und ließ ein lautes Brummen vernehmen, wobei er ein solches Gebiß entblößte, daß wir uns flußaufwärts wandten und 50 Ellen weit durch das Wasser wateten, bis wir den Rest des Baches überqueren konnten. Unterdessen verfolgte uns der Bär mit seinen Blicken und knurrte wie eine Bulldogge.

Während wir am Nelson River darauf warteten, daß der Wind sich legte, hatte ich Gelegenheit, den Aberglauben der Indianer über den Eisbären zu beobachten. An einem dieser Tage sahen wir einen Eisbären, der bei Ebbe am Strande herumstrich. Die Indianer machten sich auf, um ihn zu erlegen, da das Fell nun in dem Kanu in die Faktorei mitgenommen werden konnte. Als sie den Bären geschossen hatten – doch noch ehe sie ihn enthäuten und ihm den Kopf abschneiden konnten –, kam die Flut herein, wodurch sie in Gefahr gerieten. Sie ließen das Fell zurück, auf daß es vielleicht ans Land getrieben würde, ergriffen aber den Kopf, wobei jeder Mann ein Ohr packte, und trugen ihn, so schnell sie im Schlick laufen konnten, an Land. Die Flut ging ihnen schon bis an die Knie, als sie das Ufer erreichten.

Sobald sie zum ersten Streifen Grases gekommen waren, legten sie den Kopf nieder, mit der Nase zum Meer, welche sie mit Ocker färbten. Dann hielten sie eine Ansprache an den Manitu der Bären, auf daß er ihnen gewogen sein möge, da sie all seine Gebote befolgt, den Kopf des Bären ans Ufer gebracht und ihn mit der Nase zum Meer niedergelegt hätten. Sie baten ihn, er möge das Fell ans Ufer treiben lassen, da sie jenes in der Faktorei für drei Pinten Branntweines verkaufen wollten. Der Manitu zeigte jedoch keine Neigung, ihnen zu gestatten, sich zu betrinken; das Fell wurde nicht an Land getrieben und war verloren.

Am dritten Tag unseres Wartens legte sich der Wind. Zur Mittagszeit hatten mir die Indianer gesagt, wir hätten hier bereits zu lange ausgeharrt, und sie würden nun singen und den Wind beruhigen, denn ihr Gesang habe große Kraft. Sie sangen etwa eine halbe Stunde lang, und dann sagten sie zu mir: »Sehen Sie, der Wind legt sich; das ist die Macht unseres Gesanges.« Diese Anmaßung beleidigte meine Gefühle, und ich erwiderte: »Ihr seht es an den Enten, Regenpfeifern und anderen Vögeln, wie sie der Ebbe folgen, denn sie wissen, daß der Wind sich legt; und das tut er ohne euren Gesang. Wenn ihr solche Macht besitzt, was habt ihr nicht schon am ersten Tage gesungen, da wir hier warteten?« Sie gaben keine Antwort. Dies ist eine beklagenswerte Schwäche der menschlichen Natur, welche man mehr oder minder beständig beim einfachen Volke in dünnbesiedelten Ländern findet; dieses Volk, wollte man ihm Glauben schenken, verfügt immer über irgendwelche übernatürlichen Kräfte.

Die Ebbe hatte sich nun auf etwa anderthalb Meilen zurückgezogen. Gegen Sonnenuntergang schnitt sich jeder von uns ein Bündel kleiner Weidenruten, welche wir zusammen mit dem Kanu und den Paddeln etwa eine Meile weit trugen. Dann setzten wir das Kanu ab, breiteten die Weidenruten auf dem Schlamme aus, legten uns nieder und warteten auf die Rückkehr der Flut. Sobald sie uns erreichte, stiegen wir in das Kanu und ruderten den Kissiskatchewan River etliche Meilen flußaufwärts. Dann setzten wir zum südlichen Ufer über und landeten bei einem Pfade, welcher uns dank Gottes gütiger Vorsehung über vier Meilen auf tiefgelegenem nassem Sumpflande und durch Wälder von niedrigen Föhren zur York Factory führte.

Die Besatzungen und deren Beschäftigungen in den Faktoreien entlang der Küste der Hudson Bay gleichen einander so sehr, daß die Beschreibung einer Faktorei für all die anderen gelten kann. Ich werde York Factory beschreiben, welche die wichtigste Faktorei ist und es im Umfange ihres Handels mit allen anderen Faktoreien aufnehmen kann. Das Personal der Niederlassung bestand aus einem Statthalter (oder Gouverneur), einem Stellvertreter (oder Zweiten Faktor) und einem oder zwei Schreibern sowie einem Verwalter und etwa 40 Mann, denen ein Aufseher vorgesetzt war. Das nach der Faktorei bestimmte Schiff aus London läuft im allgemeinen gegen Ende August ein, manchmal jedoch später, was von der Durchfahrt durch die Hudson-Straße abhängt, welche in manchen Jahren arg vom Eise blockiert ist.

Das Schiff ankert etwa fünf Meilen unterhalb der Faktorei in der Mündung des Nelson River, und jeder Mann hat sich ausschließlich dem Löschen der Ladung und der Neubeladung des Schiffes zu widmen. Die Dauer, welche dafür beansprucht wird, hängt vom Wetter ab und reicht von zehn bis zu 15 Tagen. Wenn das Schiff die Anker gelichtet hat, um nach London zurückzusegeln, ist dies sozusagen der Beginn unseres Jahreslaufes. Jetzt fangen die regulären Tätigkeiten in der Faktorei an. Acht bis zehn der besten Schützen von uns, unter welchen sich mit Sicherheit die Schreiber befinden, und die wenigen Indianer, welche gerade in der Nähe sind, werden in die Sümpfe geschickt, um Gänse, Enten, Kraniche etc. für die gegenwärtige Versorgung der Faktorei und zum Einsalzen für den Winter zu schießen. Äxte werden instand gesetzt, Boote mit Proviant ausgerüstet und etwa 20 Mann zu den nächsten Wäldern den Fluß hinauf geschickt, wo sie Kiefern fällen, abästen und die Spitzen abhacken und dann die Stämme auf den Schultern zu dem großen Holzstoße nahe am Flußufer tragen. Die Bäume sind so klein, daß ein Mann gewöhnlich zwei oder drei Stämme zu dem Holzstoße trägt.

Wenn die als Brennholz benötigte Menge auf solche

Weise gefällt und aufgestapelt ist, werden die Stämme von den Männern auf einem großen Schlitten zu einer Bucht am Flußufer gezogen, wo Flöße gemacht werden, welche man flußabwärts zur Faktorei treiben läßt. Die Arbeit des Holzfällens ist im April abgeschlossen, aber die Stämme können nicht vor Juni oder Juli zur Faktorei geflößt werden.

Abrechnungen, Buchführung und Berichterstattung sowie das Schießen von Wald- und Schneehühnern etc. beanspruchen die Zeit jener, welche in der Faktorei geblieben sind. Nicht lange nach dem Ablegen des Schiffes nach London bricht der Winter an. Diejenigen, welche Gänse gejagt haben, kehren zurück, und aus ihnen werden zwei Gruppen zu drei oder vier Mann gebildet, welche Schneehühner schießen, Fallen für Hasen aufstellen und Schlingen legen sollen. Jede Gruppe hat ein Zelt aus Segeltuch, welches wie ein glockenförmiges Gruppenzelt der Soldaten aussieht, dessen Spitze jedoch abgeschnitten ist, damit der Rauch entweichen kann. Vogelflinten, Munition, Fischhaken und Leinen, Stahlfallen und eingesalzene Fleischvorräte für drei Wochen sowie unser übliches Bettzeug aus Decken vervollständigen die Ausrüstung. Der Fluß ist nun am Ufer bereits gefroren, und das Eis erreicht eine Breite von einer halben Meile oder mehr. Die Strömung des Flusses trägt viel Treibeis, und es ist höchste Zeit, daß die Jäger aufbrechen.

Boote wurden fertiggemacht, und wir wurden mit vier flachen Schlitten und einem braven Neufundländer auf dem Eise abgesetzt. Die Boote kehrten zurück und überließen uns unserer anstrengenden Aufgabe. Unsere Gruppe bestand aus vier Mann und einer Indianerin. Wir beluden die Schlitten mit dem Zelte, unserem Gepäck und einigen Vorräten und ließen den Rest für unsere nächste Unternehmung zurück. Jeder von uns mußte etwa 70 Pfund Gewicht ziehen, der brave Hund sogar 100 Pfund. Wir gelangten jenseits des Hayes River zu einem großen Bach, French Creek (Franzosenflüßchen) genannt, welchem wir etwa eine Meile weit aufwärts folgten, bis wir ein Waldstück erreichten, wo die Föhren eine gewisse Größe und geraden Wuchs hatten. Daraus schnitten wir nun Zeltstangen und stellten sie so auf, daß diese eine kreisförmige Fläche von zwölf bis 14 Fuß Durchmesser absteckten und bis zu einer Höhe von zwölf Fuß reichten. Die Türpfosten waren aus dem stärksten Holze. Über dieses Holzgerüst legten wir nun unsere Zeltbahnen. Die Feuerstelle war in der Mitte des Zeltes, und unsere Betten bestanden aus Föhrenästen und einem Stamm und waren nahe beim Feuer. Unsere Einrichtung waren: ein Messingkessel von drei Gallonen Fassungsvermögen, ein kleinerer für Wasser, zwei oder drei Blechschüsseln, Löffel etc. Dann ward aus gut ineinander gefugten Stämmen ein Vorratsbehälter von etwa acht Fuß Länge, sechs Fuß Breite am Boden und fünf Fuß Höhe gemacht, welcher sich nach oben hin auf zwei Fuß Breite verjüngte und dessen Öffnung mit Baumstammhölzern abgedeckt ward, um unseren Proviant und das erlegte Wild vor fleischfressenden Tieren zu schützen. Unsere Beschäftigung bestand nun darin, Forellen zu angeln, Hasen mit Schlingen zu fangen, Schneehühner zu schießen, Mardern, Füchsen und Vielfraßen mit Fallen nachzustellen. Unser Feind, der Eisbär, schlich umher, da das Meer noch nicht genügend weit zugefroren war, daß ihm die Jagd nach Seehunden möglich gewesen wäre.

Bis Ende November hatten wir genügend Wild erlegt, um unsere drei flachen Schlitten beladen zu können, welche von zweien von uns und unserem Hunde zur Faktorei zurückgezogen wurden. Um zur Faktorei zurück zu gelangen, bedurfte es eines ganzen Tages.

Eines Abends hatten übrigens meine Begleiter, William Budge, ein recht stattlicher Mann, John Mellam und die Indianerin, Schweinefleisch und Schneehuhn für das Nachtmahl gebraten, als der Duft einen Eisbären anzog, welcher geradewegs auf das Zelt zumarschierte und um es herumging. Sein schwerer Tritt war zu hören, und an die Zubereitung des Essens ward kein Gedanke mehr verschwendet. Wie jeden Abend waren unsere Vogelflinten gereinigt und geputzt worden und nicht bereit zum Gebrauche, aber wir hatten eine geladene Muskete. Schließlich fand der Bär die Tür und streckte seinen Kopf und Hals herein, wobei die Zeltstangen ein weiteres Eindringen verhinderten. Budge kletterte die Zeltstangen empor und überließ es Mellam und der Indianerin, gegen den Bären zu kämpfen. Mellam riß die Muskete hoch, das Schloß schnappte, aber sie versagte ihren Dienst. Er packte sie bei der Mündung und brach den Gewehrkolben auf dem Kopf des Bären ab. Dann schlug er in weiteren kräftigen Hieben mit dem Laufe und dem Schlosse des Gewehres auf den Kopf des Bären ein. Die Indianerin ergriff ihre Axt und hieb damit von der anderen Seite der Tür her in gleicher Weise auf den Kopf von Meister Petz ein. Ein solch unablässiger Ansturm von Schlägen bewegte den Bären dazu, sich zurückzuziehen. Er begab sich zu der Vorratshorde und begann damit, diesen Verschlag in Stücke zu zerlegen, um an das erbeutete Wildbret zu gelangen. Mittlerweile ward rasch eine Vogelflinte getrocknet, mit zwei Kugeln geladen und auf ihn abgefeuert. Die Wunde war tödlich; er ging noch ein paar Schritte und stürzte mit einem furchtbaren Grollen zu Boden.

Nun wollte Budge aus den rauchigen Höhen der Zeltspitze wieder herabsteigen, aber die Frau mit ihrer zweieinhalb Pfund schweren Axt in der Hand häufte noch Holz auf das Feuer und drohte, sie würde ihm den Schädel einschlagen, wenn er herunterkäme. Er bat gar sehr um sein Leben, aber sie war wild entschlossen. Zum Glück riß Mellam ihr die Axt aus der Hand; aber sie vergab Budge nie, denn eine Indianerin kann alles verzeihen, nur vergibt sie einem Manne niemals den Mangel an Mut; er ist ihre einzige Stütze, ihr einziger Schutz, und es gibt keine Gesetze, welche sie beschützen würden.

Am nächsten Morgen untersuchten wir den Kopf des Bären; die Haut war übel zugerichtet und aufgeplatzt, aber der Schädelknochen wies nicht einen Kratzer auf.

Wir hatten zwei Stahlfallen mit doppelten Federn und starken Eisenzähnen. Jede wog 70 Pfund, hatte eine Länge von fünf Fuß und war für Wölfe und Vielfraße bestimmt. Eine davon wurde mit einem Waldhuhn als Köder versehen und bei der Mündung des Baches auf das Eis gelegt. Ein Eisbär nahm den Köder an, die Eisenzähne schlossen sich über seinem Kopfe, er ging noch eine halbe Meile und legte sich dann nieder. Am nächsten Morgen spürten wir den Bären auf, er erhob sich – eine seltsam aussehende Gestalt mit einer fünf Fuß großen Falle über der Nase – und lief direkt auf das Meer zu. Wir folgten ihm in respektvollem Abstande, denn unsere Flinten waren nur mit Schrot geladen. Als er am Rande des Eises anlangte, blieb Meister Petz stehen. Ohne Zweifel mußte ihn die Falle auf seiner Nase beim Schwimmen und bei der Robbenjagd behindern, und so entschloß er sich klugerweise, sich davon zu befreien. Er wandte sich um und sah uns an, senkte seinen Kopf mit der Falle bis auf das Eis, legte seine schweren Vordertatzen auf jede der Federn und befreite sich so von der Falle. Er sah uns voller Verachtung an, stürzte sich ins Meer und schwamm davon. Wir holten die Falle, aber seine schweren Tatzen hatten eine der Federn zerbrochen und die Falle unbrauchbar gemacht.

Die andere Gruppe von Jägern, welche sich etwa drei Meilen östlich von uns aufhielt, bekam auch den Besuch eines Eisbären. Eines Abends zog ihn der Geruch von gebratenem Schweinefleisch und Huhn zu dem Zelte. Er lief rund um dieses herum, fand aber keinen Eingang, und sein schwerer Tritt warnte die Zeltinsassen, daß sie auf der Hut sein mußten. Der Bär bäumte sich vor dem Zelte auf und drang mit den Krallen seiner Vordertatzen durch die Zeltleinwand. Der Mann auf der gegenüberliegenden Seite im Zelt hatte sein Gewehr schußbereit und konnte sich beim Zielen nach den Tatzen richten. Er feuerte und traf den Bären tödlich. Als er stürzte, riß der Bär das Zelt und die Zeltstangen nieder, worunter drei Mann und eine Frau lagen, welche der darauf liegende Bär in seinem Todeskampf übel umherstieß, bis der Mann, der den Bären erschossen hatte, ihm das Zelt über den Kopf zog und sie befreite.

Ich muß jedoch zu unseren Betätigungen zurückkehren. Wir fingen etwa zehn Dutzend getüpfelter Forellen von zwei oder drei Pfund Gewicht. Sie wurden durch Löcher im Eis geangelt und ließen sich mit Haken und Schnur und einem Waldhuhnherz als Köder leicht fangen. Als die Kälte und die Dicke des Eises zunahmen, zogen die Forellen in tieferes Wasser, wo wir sie nicht mehr zu finden vermochten.

Wenn die Hasen zur Äsung gehen, welches meist zur Nachtzeit geschieht, halten sie sich stets an einen bestimmten Pfad im Schnee. Über diesen wird eine Barriere von Kiefern mit dichtem Geäst gelegt, das jedoch unmittelbar über dem Pfad ausgeschnitten wird. Dann bindet man einen langen Pfosten solchermaßen an einen Baum, daß das dicke Endstück Übergewicht gegenüber dem oberen Ende und dem Gewichte eines Hasen hat. An dieses obere Ende wird die Schlinge aus Messingdraht mit einem Stücke starker Schnur gebunden, und dieses Ende des Pfostens wird mit einem Laufknoten an den quer über den Pfad liegenden Baum geknüpft, so daß die Schlinge vier Zoll über dem Schnee hängt. Wenn der Hase angehoppelt kommt, gerät er in die Schlinge, der Laufknoten wird gelöst und die Spitze des Pfostens frei, so daß das dicke Ende aufgrund seines Gewichts herabsackt und das Häschen sechs oder acht Fuß über der Oberfläche des Schnees in der Schlinge hängt. Diese Höhe ist erforderlich, um zu verhindern, daß der Hase von Füchsen oder Mardern geholt wird. Die anderen Hasen, welche diesem Pfade folgen, haben in dieser Nacht freie Bahn, doch am nächsten Tage wird die Schlinge wieder aufs neue gelegt, und zwar so lange, bis keine Hasen mehr gefangen werden können. Wo reichlich Hasen vorhanden sind, erstrecken sich die Barrieren aus Kiefern und deren Ästen über 200 Ellen Länge und mehr. In einer schönen Mondnacht bewegen sich die Hasen frei umher, und man kann deren 18 oder 20 in einer Nacht fangen. Bei schlechtem Wetter sind es drei oder vier oder keiner. Der Durchschnitt liegt bei sechs bis acht Hasen pro Nacht. Von allen Fellarten ist das Hasenfell am wärmsten, und wir füttern unsere Fausthandschuhe mit Stücken daraus, während die Haut für andere Verwendungszwecke zu dünn ist. Wenn die Kälte strenger wird, unterbrechen wir das Schlingenlegen bis Februar oder März, da die Hasen sich unterdessen kaum bewegen.

Nachdem die bitterste Kälte des Dezembers und Januars vorüber ist, versammeln sich die Schneehühner in großen Scharen. Jeder von uns kann nun 30 bis 40 Hühner pro Tag erbeuten, aber da man mit solch einer schweren Bürde nicht mehr jagen kann, wird ein Teil davon im Schnee vergraben und erst später bei der Rückkehr zum Zelt mitgenommen. Nun läßt es das Wetter wieder zu, daß wir unsere Flinten laden. Beim stärksten

Frost nämlich kann man gar nicht so rasch einen Schuß abfeuern, wie die Hände wieder in unseren großen Fäustlingen verschwinden. Wir gehen ein Stück, heben den Vogel auf, füllen dann das Schießpulver nach, gehen wieder ein Stück, führen das Geschoß ein, und dann ist die Flinte geladen. Es versteht sich von selbst, daß wir – solch bitterer Kälte ausgesetzt und ohne ein Obdach – nicht viele Schüsse an einem kurzen Tage abfeuern können. Fingerhandschuhe haben sich übrigens als gänzlich unbrauchbar erwiesen.

Gegen Ende Februar, im März und zum Ende der Winterjahreszeit hin werden die Wald- und Schneehühner mit Netzen gefangen, und während dieser Zeit wird kein einziger Schuß abgefeuert, außer auf Falken. Sie sind eine große Plage für uns, denn wenn wir eine Schneehuhnschar vor uns haben und plötzlich ein Falke erscheint, tauchen die Hühner unter die Oberfläche der Schneedecke und verharren dort eine Weile. Deshalb wählt man eine große Schneewehe, welche obenhin eben ist oder gemacht wird, und legt darauf ein quadratisches Netz aus starker Schnur, das auf jeder Seite 20 Fuß lang ist. Die Ecken werden fest an vier kräftige Pfosten gebunden, wobei die Vorderseite von zwei senkrechten Pfosten von vier Fuß Höhe emporgehalten wird. An diese ist eine starke Leine von etwa 50 Fuß Länge gebunden, welche zu einem Weidenbusche führt. Die Pfosten auf der einen Seite sind etwa vier Fuß höher als die anderen, aber die hintere Seite des Netzes wird auch etwa zwei Fuß über den Schnee emporgehoben, so daß genügend Platz für die Hühner bleibt, um darunter hindurchzukommen. Zwei oder drei Sack von feinem Kies werden gebracht, und dieser wird unter die Mitte des Netzes geschüttet, vermischt mit Weidenknospen, die wir aus den Kröpfen der erlegten Schneehühner genommen und behutsam über dem Feuer getrocknet haben.

Wir hatten von Anbeginn keine besondere Schwierigkeit, die Schneehuhnscharen aufzuscheuchen und auf
das Netz zuzutreiben. Sobald wir sie in die Nähe des
Kieses und der Knospen gebracht hatten und sie deren
ansichtig wurden, begannen sie begierig darauf zuzulau-
fen und sich unter dem Netz zu drängen. Der Mann am
Ende der Leine brauchte nur noch die beiden senkrechten Pfosten wegzuziehen, so daß das Netz herabfiel. Wir
liefen unverzüglich zu dem Netze und warfen uns darauf, da die sich nach Kräften wehrenden lebhaften Vögel
das Netz hätten öffnen können. Dann nahmen wir jedes
Schneehuhn beim Halse zwischen die Zähne und brachen ihm das Genick, ohne die Haut zu verletzen und
Blut zu vergießen, denn geschähe dies, würden die
Füchse den mit Blut verunreinigten Teil des Netzes ver-
stören, welches zuweilen zu unserem Verdrusse geschieht, so daß wir das Netz flicken müssen.

Obschon wir während der ersten paar Tage an die
120 Wald- und Schneehühner pro Tag fangen können,
werden sie nach etwa zwei Wochen so zahm, daß sie
keine große Schar mehr bilden und wir gezwungen sind,
sie wie Haushühner zu acht oder zehnt vor uns herzu-
treiben, um das Netz ziehen zu können. So fangen wir
im Verlaufe eines langen Tages nicht mehr als 40 bis
60 Waldhühner. In diesen Monaten haben sie einen angenehmen, fröhlichen Ruf, den sie am Anfang und gegen Ende des Tages ertönen lassen: Käbau, käbau, kau-
a-e. Die Hennen lassen den gleichen Ruf, jedoch etwas
leiser, vernehmen. Bei schlechtem Wetter sucht das
Moor-Schneehuhn unter dem Schnee Schutz und Obdach; das Felsen-Waldhuhn hingegen läuft umher und
erfreut sich der Unbilden des Wetters. Während des
Winters wühlt sich jedes Tier einzeln in den Schnee,
gleich wie zahlreich die Schar ist und wie nahe die Hühner jeweils beieinander sind. Ihre Federn sind von

leuchtendem Weiß, womöglich weißer als der Schnee. In den Monaten März und April wechselt ein Teil des Gefieders, insbesondere am Halse und am vorderen Teile des Körpers, in ein glänzendes Braun oder eine dunkle Schokoladenfarbe, was zusammen mit dem strahlenden Weiß sehr schön aussieht. In dieser Färbung werden sie oft ausgestopft und nach London geschickt.

Selbst eine Taube kann nicht von sanfterem Gemüte sein als das Schneehuhn. Oft habe ich Schneehühner unter dem Netze hervorgeholt und sie mit allen Mitteln gereizt, ohne sie zu verletzen, aber alles, was sie zeigten, war unterwürfige Sanftmut. Wenn wir auch rauhe Gesellen waren, so konnten wir doch an manchem Abend nicht umhin, uns zu fragen, warum solch engelhafte Vögel dazu verurteilt seien, die Beute fleischfressender Tiere und Vögel zu werden; doch die Wege der Vorsehung sind unerforschlich für uns. Die Schneehühner paaren sich im Mai und ziehen sich in die Föhrenwälder zurück, bauen ihre Nester auf der Erde unter den niedrigen, sich weit ausbreitenden Ästen der Zwergföhren und legen elf bis 13 Eier. Wenn die Jungen geschlüpft sind, zeigen sie sich bereits sehr lebhaft und folgen sogleich ihrer Mutter.

Es gibt eine dritte Art, die Föhren- oder Sumpfhuhn genannt wird, dunkelbraunes Gefieder hat und sich von den Nadeln der Silberföhre ernährt. Das Fleisch hat den Geschmack der Föhren, von denen dieses Huhn lebt. Es sitzt auf den Ästen dieser Bäume, etwa zehn oder zwölf Fuß über dem Schnee oder Boden. Es ist ein dummer Vogel, und man kann eine Schlinge am Ende eines Stokkes befestigen, diese um seinen Hals legen und es damit herunterziehen. Man verzehrt es nur in Ermangelung von etwas Besserem. Diese Hühner sind nicht zahlreich und leben einzeln und nie in Scharen.

Auch einige wenige Fasane werden geschossen; sie

sind etwas größer als die Schneehühner und haben ein schönes dunkles Gefieder, können aber nicht mit unseren englischen Fasanen verglichen werden. Ihr Betragen ist dem der Schneehühner sehr ähnlich, mit der Ausnahme, daß sie – wenn sie aufgescheucht werden – auf die Bäume fliegen und sich dort niederlassen und nicht auf dem Schnee oder dem Boden.

Spät im Herbst und zeitig im Frühjahr erscheinen die zarten Schneeammern in kleinen Scharen; sie werden auch geschossen oder mit kleinen Netzen gefangen, denn sie sind ein Leckerbissen für die Tafel. Sie fliegen von einem Orte zum anderen und ernähren sich von Grassamen, bleiben aber jedesmal nicht länger als drei Wochen. Die Meisen bleiben den ganzen Winter über und leben von Grassamen. Die Kreuzschnäbel, seltsame, hübsche kleine Vögel, verlassen uns spät im Herbst und kehren früh im März zurück. Sie treten stets in kleinen Scharen auf, und ihre einzige Beschäftigung scheint es zu sein, die Kiefernzapfen von den Bäumen abzutrennen, was sie mit ihren überkreuzten Schnäbeln wie mit einer Schere bewerkstelligen. Die ganze Vogelschar läßt sich auf einer Kiefer bzw. Föhre auf einmal nieder, sofern diese groß genug ist, und läßt die Zapfen wie Hagel herniederprasseln; ich sah jedoch nie, daß sie sich von den Zapfen ernährten. Sie bleiben den Sommer über und brüten.

Zu allen Jahreszeiten ist ein kanadischer Eichelhäher bei uns, der Whisky-Jack genannt wird, welches von seinem indianischen Namen *Weeskaijohn* abgeleitet ist. Er ist ein lauter, zutraulicher Vogel, der sich immer nahe bei den Zelten aufhält und sich unmittelbar vor den Eingängen niederläßt, um aufpicken zu können, was hinausgeworfen wird. Er lebt von den Abfällen, welche er auf diese Weise erbeutet, und von Beeren, und er versteckt, was er nicht aufessen kann. Man vermag ihn leicht mit einer Schlinge zu fangen, und wenn man ihn in einen Innenraum bringt, scheint er sich ganz zu Hause zu fühlen. Wenn man ihm Alkohol anbietet, trinkt er ihn sogleich, wird rasch betrunken und klammert sich irgendwo an, bis er wieder nüchtern ist. Ein Jäger, welcher durch den Wald streift, mag zufällig vielleicht einen dieser Vögel sehen; doch wenn er irgendein Tier erlegt hat, sind innerhalb weniger Minuten 20 solcher Vögel da. Sie sind ein Ärgernis, picken an dem Fleisch herum und beschmutzen es, und nichts, was der Jäger als Vogelscheuche aufhängen könnte, schreckt sie ab. Bei strenger Kälte sind die Federn so aufgeplustert, daß der Vogel seine doppelte Größe erreicht. Alle fleischfressenden Vögel scheinen sozusagen ihre Federn aufzulockern, wohingegen die Waldhühner ihre Federn rund um sich dicht anlegen.

Der Rabe ist hier der gleiche Vogel wie überall auf der Welt. Er stiehlt und raubt, was er nur erbeuten kann, ist früh und spät in der Luft und wird manchmal in Fallen gefangen, die gar nicht für ihn bestimmt waren. Wenn er im Winter ein Obdach findet, sträubt er seine Federn und bevorzugt ein gemütliches Plätzchen in den Föhren, wohin die Sonne scheint. Die Indianer mögen den Raben nicht, da er ihnen oft folgt, wenn sie auf die Jagd gehen, und durch seinen krächzenden Laut die Tiere aufscheucht oder sie veranlaßt, sich umzusehen und auf der Hut zu sein. Wenn er in ihre Gewalt gerät, so ist er des Todes.

Über andere Vögel und Tiere werde ich schreiben, wenn ich über das Landesinnere berichte, ausgenommen den Polarfuchs, welcher nur entlang der Meeresküste und in der Nähe der Flußmündungen angetroffen wird, nicht aber im Inneren des Landes. Er ist der kleinste aller Füchse und der geringste im Werte. Sein Fell bringt nur etwa sechs bis zehn Schilling. Wie alle von seiner

Art ist er von Natur aus ein Dieb, folgt den Jägern und schnappt sich verwundete Vögel. Er kann leicht in Fallen gefangen oder durch zur Selbstauslösung aufgebaute Büchsen erlegt werden. Mit einer gut aufgestellten Reihe von Fallen und Büchsen bringt man am Anfang des Winters etwa sechs dieser Füchse pro Nacht zur Strecke. Trotz all ihrer Gerissenheit sind sie doch dumme Tiere. Wenn ich einen dieser Füchse auf dem Eise traf, habe ich oft eine Falle aus Eisbrocken gebaut und mit einem Köder versehen, indes er mir zuschaute. Dann zog ich mich etwa 40 Ellen zurück, und er lief zu der Falle hin, sah mich an, als wollte er um Erlaubnis fragen, den Köder nehmen zu dürfen, streckte seinen Kopf in die Falle und ward gefangen. In dieser Hinsicht unterscheidet er sich stark von allen anderen seiner Art.

Da ich so viel von Fallen und aufgestellten Büchsen spreche, kann ich sie ebensogut beschreiben: Für einen Marder wird ein Kehlholz von etwa fünf Fuß Länge, das aus einer kleinen Kiefer gemacht ist, zunächst auf den Schnee gelegt und häufig durch ein paar Äste darunter vor dem Einsinken bewahrt. Zwei Pfosten werden auf jeder Seite in den Schnee oder das Moos getrieben, und zwar zur Mitte hin. Etwa acht Zoll davon entfernt werden zwei weitere eingetrieben, um eine Türöffnung zu bilden. Die Seiten und die Rückwand werden ebenso mit kleinen Pfosten erstellt. Der Stamm für den Hals ist etwa sechs Fuß lang und reicht ein paar Zoll durch die vier Pfosten bzw. ruht mit dem anderen Ende auf einigen Ästen auf dem Schnee. Ein kleiner Stock von etwa sechs Zoll hat am einen Ende als Köder den Kopf eines Waldhuhns, während das andere Ende halbrund ist und auf dem Kehlholze ruht, auf dem ein Pflock von vier Zoll Höhe steht und den Stamm für den Hals stützt, so daß das Tier freien Zugang hat. Die Oberseite der Falle und der Stamm für den Hals sind gut mit Kiefernästen

89

abgedeckt, um jeglichen anderen Zugang zum Köder zu verhindern. Weitere Holzklötze oder Stämme liegen auf dem Stamme für den Hals bereit, um das Tier festzuhalten, welches im allgemeinen bald tot ist. Diese Fallen werden im Verhältnis zu dem Tiere, für welches sie bestimmt sind, sehr groß und kräftig gebaut. Zur Selbstauslösung aufgebaute Büchsen und Stahlfallen sind in der zivilisierten Welt Europas hingegen wohlbekannt.

Der Monat April – wenn der Schnee zu tauen beginnt und die Schneehühner uns verlassen, um ihre Nester zu bauen – zwingt uns, die Winterjagd aufzugeben; wir kehren in die Faktorei zurück und verbringen eine langweilige Zeit, bis die Gänse ankommen und wir uns für diese bereit machen. In unseren Zelten hatten wir ein behagliches Feuer, und wir hatten tagsüber die Möglichkeit, zu schießen, Fallen zu stellen und Netze auszulegen – und die Gelegenheit zu ein paar kräftigen Flüchen auf die Habichte und die Füchse, welche uns Schneehühner stahlen, worin sie sehr geschickt waren. Häufig hielten sie sich ganz in unserer Nähe, jedoch außer Schußweite; sobald wir einen Vogel getroffen hatten und bevor wir die Flinte erneut laden konnten, stürzte sich der eine oder andere auf das Huhn und trug es fort. Manchmal hatten wir die Genugtuung, diese beiden Schurken sich gegenseitig behelligen zu sehen. Die Hühnerhabichte hatten meist kurze Flügel und konnten nicht viel tragen, und ein Schneehuhn wiegt immerhin an die zwei Pfund. Nach 200 oder 300 Ellen mußten sie sich niederlassen, um die Eingeweide, ihre Lieblingsspeise, aus dem Huhn herauszuzerren, doch da war der Fuchs schon herangekommen, und ein erneuter Flug mußte erfolgen. Manchmal ergriff der Fuchs das Huhn, und in diesem Falle wurde er unablässig von dem Habicht angegriffen, der ihm mit seinen Krallen Schläge ins Genick in der Nähe des Kopfes versetzte. Nun sprang

Unterwegs auf Schneeschuhen

der Fuchs den Habicht an, doch ohne Erfolg, denn sobald er wieder den Kopf senkte, um das Huhn zu pakken, schlug der Habicht wieder auf ihn ein, und solchermaßen mußte der Fuchs seine Mahlzeit fortsetzen. Die Habichte mit ihren langen Schwingen können ein Waldhuhn mit Leichtigkeit auf die Bäume tragen, und dort sind sie vor den Füchsen sicher.

Die Sommermonate sehen wir ohne Bedauern vorüberziehen, denn die Myriaden peinigender Fliegen und Mücken gestatten keine Ruhepause, und wir sehen den kalten Monaten beinahe mit Freude entgegen, denn dann können wir uns an der Lektüre eines Buches oder an einem Spaziergange erfreuen. Oktober und November bringen Eis und Schnee, die Flüsse frieren zu, und das Eis bildet eine tragfeste Brücke, so daß wir einen Fluß überqueren können, wo immer es uns beliebt. Unsere Winterkleidung liegt bereit, und wir haben den düsteren Dezember vor uns. Die Kälte nimmt ständig zu, der Frost läßt kaum einmal nach, der Schnee ist jetzt pulvertrocken, liegt zwei Fuß hoch und bleibt an nichts haften; man kann eine Flinte hineinwerfen und sie daraus aufheben, und sie ist völlig frei von Schnee, als wäre sie nur an der Luft gewesen; auch bleibt kein Schnee an unseren Schneeschuhen haften. Die Aurora Borealis, das Nordlicht, ist nur nach Norden hin zu sehen, manchmal mit zitternder Bewegung, doch selten hell; auch Sonnenhöfe oder -ringe erscheinen. Der Monat Januar kommt, und die strenge Kälte dauert an. Wegen der Dichte der Luft erscheinen die Sonnenhöfe oder Scheinsonnen zeitweilig ebenso hell wie die wirkliche Sonne; diese Erscheinung bedeutet jedoch schlechtes Wetter. Die Mondhöfe sind ebenfalls sehr schön.

Eine seltsame Erscheinung des Rauhreifs ist nun zu beobachten. Sie ist äußerst dünn und hängt an Bäumen, Kiefern ebenso wie Weiden und allem, woran sie Halt findet. Ihre schönen kristallklaren Flitterplättchen bilden Blumen von jeglicher Gestalt und leuchtender, glitzernder Erscheinung, und wenn die Sonne darauf scheint, blenden sie zu sehr, als daß man sie anzusehen vermöchte. Je näher am Boden, desto größer sind die Blätter oder Blumen. Dieser leuchtende Rauhreif kann sich nur bei ruhigem und klarem Wetter bilden, und schon ein Windstoß fegt diese ganze verzauberte Szenerie hinweg. Sie vermag erst wieder an windstillen Tagen zu erstehen und scheint sich aus gefrorenem Tau zu bilden.

Die tatsächliche Schneemenge auf dem Boden beträgt in den Wäldern, wohin keine Schneewehen gelangen, zweieinhalb Fuß an Höhe; der Schnee ist sehr leicht und trocken. Fast jeder Schneefall ist von stürmischem Nordostwind begleitet. Schneefall und Schneetreiben sowie Schneeverwehungen am Boden verursachen eine derartige Dunkelheit, daß ein Reisender sich verirren und manchmal sogar zugrunde gehen kann.

Die Monate Februar und März haben viele schöne klare Tage, und der prächtige, glitzernde Rauhreif leuchtet so sehr, daß es guter Augen bedarf, um ihn anzusehen. Das Klima ist jetzt gemäßigt, und es gibt einige schöne Tage, an welchen die Sonne hell scheint und bereits ein wenig Wärme bringt; die Schneehöhe sinkt ab, aber der Schnee taut noch nicht. In den Monaten März und April verursacht der Schnee oft Schneeblindheit, welche von äußerst schmerzhafter Art ist. Da ich selbst sie nie hatte, kann ich nur die Wahrnehmungen meiner Gefährten beschreiben. Daran gewöhnt, durch jede Art von Wetter zu gehen, hatte ich die Fähigkeit entwickelt, meine Augenlider zu öffnen oder zu verengen, wie es die Umstände erforderten, so daß nur die Lichtmenge in die Augen gelangen konnte, welche ich benötigte, um sicher geleitet zu werden. So verhinderte ich die schmerzhaften Auswirkungen der Schneeblindheit. Unter denjenigen, welche davon betroffen sind, leiden die mit blauen Augen zuerst und am meisten, dann die mit grauen Augen und zuletzt und am wenigsten die mit schwarzen Augen – aber niemand ist von der Schneeblindheit ausgenommen. Die Wahrnehmungen meiner Gefährten und anderer waren stets gleich: Sie klagten darüber, daß ihre Augen gleichsam voll brennenden Sandes seien, und ich habe harte Männer nach einem schweren viermonatigen Marsch im Winter weinen sehen wie Kinder. Drei Mann und ich machten uns in der zweiten Märzhälfte zu einem Handelsposten auf. Sie wurden alle schneeblind, und während der letzten vier Tage mußte ich sie an einer Schnur, welche ich an meinen Gürtel gebunden hatte, führen. Sie waren so gänzlich blind, daß ich – wenn sie aus den kleinen Lachen geschmolzenen Schnees zu trinken verlangten – ihre Hände an das Wasser führen mußte. Sie konnten auch des Nachts nicht schlafen. Nach unserer Ankunft bei dem Handelsposten ward ihnen bald Erleichterung verschafft durch die Anwendung vom Dampfe kochenden Wassers, so heiß sie diesen zu ertragen vermochten. Dies ist eine indianische Heilmethode und die einzige wirksame Behandlungsweise, welche bisher bekannt ist. Noch zahlreiche Monate danach klagten alle meine Gefährten über schwache Sehkraft. Manchmal verwendet man schwarzen Trauerflor, um die Augen vor dem blendenden Schneelichte zu schützen, aber der Jäger kann keinen andauernden Gebrauch hiervon machen, da die Jagd seine unbeschränkte Sehkraft erfordert.

Wenn man durstig ist, befeuchtet ein Mundvoll Schnee die Zunge, löscht jedoch nicht den Durst. Das Wasser in der Sonne geschmolzenen Schnees hat einen guten Geschmack, aber Schnee, der in einem Kessel über dem Feuer zum Schmelzen gebracht wurde, schmeckt rauchig, bis dieses Wasser ein paar Minuten lang zum Kochen gebracht wurde, wodurch der rauchige Geschmack verschwindet; man kann dann noch Schnee hineintun und erhält gutes Wasser.

Über die Indianer, welche entlang der Küste der Hudson Bay leben, möchte ich so wenig wie möglich sagen. Die Hudson's-Bay-Gesellschaft hält die Bucht gänzlich im Besitze und vermag deshalb wohl durch Anordnungen an die Statthalter und Chef-Faktoreien ihrer Faktoreien die strengste Enthaltsamkeit von geistigen Getränken durchsetzen. Andererseits bringen zugleich die Schiffe viele hundert Gallonen von abscheulichem Alkohol mit, welcher als englischer Branntwein bezeichnet wird, und dabei denkt man an keinerlei moralische Grundsätze. Welche Dienste der Indianer auch immer leistet – oder wenn er kommt, um mit seinen Fellen zu handeln –, man gibt ihm diesen English Brandy oder verabreicht ihm starken Grog. Männer und Frauen sind dann manchmal zwei oder drei Tage lang völlig betrunken, und so werden diese Indianer zu den erniedrigtsten menschlichen Wesen.

Im Bisamratten-Lande

Nachdem ich beschrieben habe, was für die wilden Küsten der Hudson Bay eigentümlich ist, wende ich mich nun dem Landesinneren zu und umfasse einen Raum von etwa 300 Meilen Breite von der Hudson Bay aus, welcher bei den Pelzhändlern unter dem Namen Bisamratten-Land bekannt ist. Die Geologie dieses Landstrichs unterscheidet sich völlig von derjenigen der daran anschließenden, noch weiter westlich liegenden Länder und besteht aus Granit- und anderen Urgestein-Felsen. Sein Charakter ist überall ziemlich gleich, und allenthalben findet man moosbedeckten Felsboden, wohingegen die Stellen von brauchbarem Erdboden weder groß noch zahlreich sind. Es gibt hier sehr viele Seen, und von dort aus finden Ströme, Bäche und Wasserläufe ihren Weg zu den großen Flüssen. Diese Region wird nach Westen hin von der großen Seenkette begrenzt: Am wichtigsten sind der Obere See (Lake Superior), Rainy Lake (Regensee), Lake of the Woods (See der Wälder), der Winnipeg-See, Cedar Lake (Zedernsee) und die Seenkette nach Norden zum Athabasca- und Großen Sklavensee (Great Slave Lake). Die nördlichen Teile der Region sind entweder bar jeglicher Wälder, oder diese sind niedrig und nur klein, besonders oberhalb der Hudson Bay, wo der Boden stets gefroren ist. Sogar im Monat August ist der Boden in den Wäldern – wenn man das Moos entfernt – darunter höchstens zwei Zoll tief aufgetaut. Mr. Joseph Colen, der Statthalter der Handelsniederlassung York Factory, ließ sich einen Keller für ein neues Gebäude ausheben, wobei man fand, daß der Boden bis zu einer Tiefe von fünfeinhalb Fuß gefroren war, darunter jedoch nicht mehr. Alle Bäume auf diesem gefrorenen Boden haben keine Pfahlwurzeln, vielmehr breiten sich ihre Wurzeln oberflächlich im Boden aus, und die Wurzelfasern der Bäume verflechten sich miteinander, um gegenseitig Halt zu finden. Obwohl es rund um die Hudson Bay einen etwa 100 Meilen breiten Gürtel mit Erdreich gibt, welcher anscheinend aus altem Schwemmland hervorgegangen ist, wie man aus dem rundgeschliffenen Kies an den Ufern der Flüsse schließen kann, ist dies doch zumeist nur ein kalter, nasser Boden, dessen Oberfläche von feuchtem Moos, Tümpeln, Sumpfland und Zwergbäumen bedeckt ist. Die einzigen trockenen Stellen sind die Ufer der Bäche, Flüßchen und Seen. Die Felsenregion, die sich nach Westen hin an dieses rauhe Schwemmland anschließt, wurde bereits erwähnt. Hier gibt es an vielen Stellen, besonders rund um die Seen und zwischen diesen, schöne Wälder mit Kiefern, Fichten, Espen, Weißbirken und Moorbirken, Erlen und Weiden. Alle diese Bäume wachsen in Hülle und Fülle, wodurch diese ganze Gegend der Felsen und Seen wie ein einziger dichter Wald erscheinen mag, doch machen die Seen zwei Fünftel oder mehr der Gesamtfläche aus.

Die nützlichsten Bäume sind die Weißbirke (für Schlitten, Axtstiele, Schneeschuhe, die Rinde für Kanus, Zelte, Schüsseln), die Lärche und die Espe. Es gibt viererlei Arten von Kiefern und Föhren, abgesehen vom Lebensbaum; die weiße kanadische Fichte ist wegen ihrer schönen ausladenden Äste bemerkenswert, welche dem Reisenden und dem Jäger das Ruhebett für das Nachtlager liefern. Im Frostklima der Hudson Bay kann man nur die Hälfte dieses Baumes verwenden, welcher auf der nach Norden gewandten Seite sehr brüchig ist und kaum als Holz bezeichnet werden kann. Die anderen Kiefern findet man zumeist im Landesinneren, sie gedeihen besonders in der Nähe der Seen und Flüsse, und an günstigen Orten wachsen sie bis zu einem Umfange von sechs Fuß und einer Höhe von 40 bis 50 Fuß. Die jungen Bäume dieser Art dienen den Eingeborenen als Zeltstangen, Leisten und Spanten für Kanus, den Pelzhändlern für ebendiese Zwecke und zum Hausbau.

Es gibt 20 Arten von Beeren, welche alle in Europa bekannt sind, außer einer. Die Bärentraube hat eine niedrige, breit ausladende Pflanze, welche flach auf dem Boden liegt. Sie wird in der Medizin benützt. Die Eingeborenen sammeln die Blätter, wo immer sie sie finden können, und trocknen sie; dann mischen sie sie dem Rauchtabak bei, denn sie geben dem Rauch einen angenehmen milden Duft. Eine Beere von angenehmer Säure ist die Sommerbeere, welche spät im Herbst reif wird. Der Strauch, der diese Beeren trägt, hat in seinen Ästen und Zweigen, aus denen man Pfeifenholme fertigt, eine große Menge Mark, welches sich gut zum Polieren eignet. Die Misaskutum- oder Juni-Beere ist wohl allein für Nordamerika eigentümlich und wächst in Fülle an weidenähnlichen Sträuchern; sie ist von tiefblauer oder schwarzer Farbe, hat die Größe einer ausgewachsenen Erbse und ist süß und nahrhaft – eine Lieblingsspeise von kleinen Vögeln und Bären. Die Beeren sind äußerst bekömmlich und können ohne Bedenken so lange gegessen werden, wie der Appetit währt. Sie sind bei den Eingeborenen sehr begehrt, welche sie in großen Mengen sammeln und für den künftigen Verzehr trocknen. Das Holz hat eine gute Größe zur Anfertigung von Pfeilen, und kein anderes wird verwendet, wenn dieses zu bekommen ist: Es ist schwer, geschmeidig, aber nicht zu biegsam. Da dieser Beere eine besonders schöne Blüte vorangeht, und da die Beere ein ebenso reiches Aroma hat wie jegliche Korinthe aus Smyrna und sich gleichermaßen gut hält, sollte sie in Kanada und auch in England kultiviert und angebaut werden.

In den Flüssen und Seen gibt es den Hecht, den Wasser-Wolf. Er jagt alle Fische, welche er überwältigen kann, sogar solche seiner eigenen Art. Seine Beute packt er in der Mitte des Rückens und hält sie fest, bis sie tot ist; dann verschlingt er sie. Er schnappt nach jeglichem Köder, sogar nach einem Fetzen roten Tuches. Er ist ein kühner, tatkräftiger Fisch, und im Sommer kann man oft eine Maus in seinem Magen vorfinden. Seine Kiefer sind kräftig, etwas gebogen und mit scharfen Zähnen besetzt. Man findet ihn in allen Größen und im Gewicht von einem bis zu 15 Pfund. Selten trifft man ihn in Gesellschaft der Forelle an, welch letztere als der beherrschende Fisch erscheint. Und wo man beide im selben See vorfindet, beschränkt sich der Hecht auf die seichten Buchten. Damit die Forellen zu mächtiger Größe heranwachsen können, müssen sie in ausgedehnten und tiefen Seen leben. In dieser Gegend haben sie ein Gewicht von einem bis zu 20 Pfund. Sie sind so nahrhaft wie Fleisch.

Die Rabenkrähen treffen gegen Ende April ein. Die Eingeborenen betrachten ihre Ankunft als sicheres Zeichen dafür, daß der Winter nun vorüber ist und die milde Jahreszeit einsetzt. Die britischen Bewohner Kanadas nennen diese Vögel, die amerikanischen Krähen, ganz einfach Krähen, doch letztere Vögel sind in Nordamerika unbekannt.

Zwei Arten von Adlern besuchen uns, vor allem der große braune Steinadler, welchen man im März sieht und der aus diesem Grunde bei den Eingeborenen dem Monde in diesem Monat seinen Namen gibt. Er ist nur ein Besucher, schwebt in großer Höhe und läßt sich selten nieder; dann aber zeigt er sich als höchst majestätischer Vogel. Manchmal wird er geschossen, da sein Gefieder für die Eingeborenen hohen Wert besitzt; sie achten ihn als den Herrscher aller anderen Vögel. Die Spannweite seiner Flügel hat man von einer Flügelspitze zur anderen mit neun Fuß gemessen; seine Krallen sind lang, stark gebogen und kräftig, und er schlägt mit großer Macht zu. Es wird angenommen, daß er einen Vogel von seiner Größe und seinem Gewicht davonzutragen vermag, welches zehn bis zwölf Pfund sind; manche Adler wogen sogar 14 Pfund. Der große Adler der Ebenen ist jedoch noch größer als der Steinadler.

Die kanadische Graugans gilt als ein Vogel, welcher sehr schnell im Fluge ist, und wir beobachteten einst aus der Ferne, wie ein Adler eine Schar dieser Gänse verfolgte und mit Mühe eine von ihnen erreichte und im Fluge schlug. Die Eingeborenen sagen, der Adler vermöge leicht Enten oder Hasen davonzutragen, aber die Graugans ist zu schwer für ihn; deshalb zerreißt er sie sogleich an Ort und Stelle mit seinem scharfen gekrümmten Schnabel. Mit dem Habichte streitet der Fuchs um die erbeuteten Vögel, welche sie in den großen Sümpfen und Ebenen fangen und töten, doch niemals legt er sich mit dem Adler an. Der Wolf bemüht sich zuweilen um die Beute des letzteren, doch wird er mit Sicherheit geschlagen.

Die andere Art ist der Weißhaupt-Seeadler, so benannt nach dem Kopfe und oberen Teile des Halses, welche mit dicht anliegenden weißen Federn bedeckt sind, weshalb er auch kahlköpfiger Adler genannt wird. Es handelt sich um den Fischadler, welcher eigentümlich ist für Nordamerika. Der Rest seines Halses und der Körper sind von dunklem Braun in allen Schattierungen und sogar mit dunklen Gelbtönen. Er lebt hauptsächlich von Fisch, ohne gelegentlich einen Hasen oder eine Ente zu verschmähen.

Es gibt fünf Arten von Falken und Habichten, von welchen drei den Winter bei uns verbringen. Sie machen Jagd auf alles, was sie erbeuten und überwältigen können. Weiterhin gibt es vier Arten von Eulen, von wel-

100

chen eine sehr klein ist. Zwei der übrigen sind groß; die eine heißt die große Weiße Eule und wiegt zehn bis zwölf Pfund; die andere ist als Ohreule bekannt, ein Uhu mit steifen, aufrechten Federn an beiden Seiten des Kopfes, welche die Gestalt und Größe der Ohren des Polarfuchses haben. Die Ohreule ist ein schön aussehender, würdevoller Vogel mit großen glänzenden Augen, welcher in der Dunkelheit bemerkenswert gut zu sehen vermag und deshalb ausschließlich bei Nacht jagt. Man kann sie leicht zähmen, und ich habe oft einen solchen Vogel den Winter über gehalten.

Enten gibt es in großer Vielfalt, und manche von ihnen legen bis zu 15 Eiern. Die Jungen werden mit großer Fürsorglichkeit aufgezogen, und bei heftigen Regenfällen finden alle Jungen unter den Flügeln der Eltern Schutz. Eine Art von Enten, die amerikanische Schellente, baut ihr Nest in hohlen Bäumen, und sie findet Zugang durch ein Schlupfloch in der Seite des Baumstammes; deshalb heißt sie auch Wald- oder Holzente.

Bald alle Tiere dieser Gegend sind auch in der zivilisierten Welt Europas bekannt, und deshalb nenne ich zumeist nur diejenigen ihrer Merkmale, welche unsere Naturkundler in ihren Beschreibungen nicht erwähnen oder welche von diesen abweichen. So gibt es auch in Kanada zweierlei Arten von Mäusen, die gemeine Maus und die Feldmaus mit einem kürzeren Schwanze. Sie scheinen sehr zahlreich zu sein und bauen sich eine Wohnung, wo immer sie wollen, und sobald sie ihren Bau bewohnen, treten sie auch in Erscheinung. Jedoch ist das Land bislang von der Plage der Wanderratten verschont geblieben, welche, obwohl als »Mitbesitzer« der Schiffsladungen aus England herübergekommen, noch nicht über die Faktoreien an der Küste hinaus vorgedrungen sind. Das Hermelin, dieses flinke kleine Tier, ist nur im Winter ein Hermelin, im Sommer dagegen von hellbrauner Farbe: unermüdlich auf der Jagd nach Mäusen und kleinen Vögeln, ein Nesträuber, der in der entsprechenden Jahreszeit die Eier plündert. Im Winter fangen wir das Hermelin in kleinen Fallen seines Felles wegen, welches zum Schmucke der Bekleidung sehr begehrt ist.

Es gibt zwei unterschiedliche Arten von Eichhörnchen, das gewöhnliche und das Flughörnchen. Ersteres gräbt sich seinen Bau unter den Wurzeln großer Kiefern, und von dort aus legt es zahlreiche Ausgänge an, so daß es einen sicheren Fluchtweg findet, wenn Marder oder Fuchs nach ihm graben; mit erstaunlicher Behendigkeit entkommt es dann am Baume empor, wo es in Sicherheit ist. Das Flughörnchen ist um ein Fünftel größer und von gleicher Farbe. Sein Name rührt von einer behaarten Flughaut her, welche sich auf beiden Seiten vom Vorder- zum Hinterbeine erstreckt und welche es ausbreitet, wenn es von Baum zu Baum springt und in gleitendem Fluge segelt. Es baut sein Nest in Bäumen. Beide Eichhörnchen ernähren sich von Kiefernzapfen, jedoch nur von solchen in trockenem Zustande. Sie sind in großer Zahl vorhanden, und ihre anmutige Gestalt, ihre behenden Bewegungen und ihr Schnattern beleben recht wohl die bedrückende Stille der Kiefernwälder, vor allem dort, wo diese am dichtesten sind.

Die Weißen in Kanada legen zuweilen über eine Länge von 40 oder 50 Meilen ganze Reihen von Marderfallen aus, sechs oder acht Fallen pro Meile. In solch einer Reihe errichtet der Trapper etwa alle zehn Meilen eine Hütte aus Kiefernästen, denn dieses ist die Strecke und Anzahl von Fallen, welche der Pelztierjäger an einem Tage bewältigen kann. Am erfolgreichsten ist das Fallenstellen im Monat November und zeitig im Dezember sowie in den Monaten Februar und März; danach ist der Marder nicht mehr jagdbar, weil das Fell sich verän-

The Horned Owl

The White Tail'd Eagle

Ohreule und Adler

dert. Bei jeder Hütte sollte der Trapper einen Vorrat an Feuerholz zurücklassen, welcher für die nächste Nacht ausreichend ist, die er hier zubringen wird; denn oft kommt er dort nicht an, bevor das Tageslicht vergangen ist, und es ist gefährlich, im Dunkel der Nacht Holz zu schlagen.

Ein alter Bekannter von mir, der eine lange Kette von Fallen ausgelegt hatte, versäumte es dereinst, Feuerholz an der Hütte am Ende der Reihe zu hinterlassen. Da er erst spät am Abend dort eintraf, mußte er bei Nacht Feuerholz schlagen. Trotz aller Vorsicht verfing sich die Axt in einem Zweige, und der Axthieb sauste schließlich auf seinen Fuß hernieder, welcher von der kleinen Zehe bis nahe zum Rist aufgespalten ward. Er spürte, wie das Blut herausschoß, doch brachte er sein Werk zu Ende und schlug das benötigte Holz. Nachdem er alles in Ordnung gebracht hatte, zog er den Schuh und die beiden Fußlappen aus, riß ein überzähliges Hemd in Streifen und verband die Wunde, wobei er anstelle von Salbe ein Stück Talg verwendete. Er war sechs Tagesreisen von der Faktorei entfernt, und er war allein.

Am nächsten Morgen flickte er seinen Schuh und die Socken oder Fußlappen und zog sie an. Die Schwierigkeit bestand jedoch darin, wie er auf diese Weise seinen Marsch fortsetzen sollte. Daß es nach weiteren zehn Meilen entlang der Fallenreihe eine Hütte mit Feuerholz gab, war immerhin eine gewisse Ermutigung für ihn. Nachdem er seine Decken und das geringe Gepäck auf dem flachen Schlitten festgeschnürt hatte, welche ein jeder Trapper besitzt, band er unter Schmerzen seinen Fuß auf den Schneeschuh und knüpfte eine Schnur an den Rahmen oder das Querholz des Schneeschuhes, deren anderes Ende er in der Hand hielt. So machte er sich einsam und allein auf den Weg, um eine Winterreise von etwa 120 Meilen zu bewältigen, indem er mit der einen Hand den Schlitten zog, mit der anderen bei jedem Schritt den verwundeten Fuß an der Schnur emporhob. Der Schneeschuh war standfest und setzte weich auf den Schnee auf.

Die erste Meile jedoch zwang ihn bereits, etliche Male stehenzubleiben, und erschütterte seine Entschlossenheit beträchtlich. Indes er aber weiter voranstrebte, ließ der Schmerz in seinem Fuße nach, und der Fuß konnte leichter gehoben und getragen werden. Dieser Mann war so sehr vom echten Geiste eines Trappers erfüllt, daß er es nicht vermochte, an einer Falle vorüberzugehen, in welcher ein Marder gefangen war, ohne diesen herauszunehmen, obgleich dies das Gewicht vermehrte, welches er zu ziehen hatte.

Am Abend erreichte er die erste Hütte, brachte all seine Sachen in Ordnung, zündete sich ein Feuer an und setzte sich nieder. Wie er mir später erzählte, erfüllte ihn seine Standhaftigkeit an diesem Tage mit größerem Stolze als diejenige an irgendeinem anderen Tage seines Lebens. Er schlief gut, und sein Fuß schwoll nicht sehr an. Und am nächsten Morgen machte er sich mit einigen Schmerzen wiederum auf, um seine Reise zu der zweiten Hütte zu bewältigen. So wiederholte er es bis zur fünften Hütte. Während dieser Tage konnte er auf einem Fallenstellerpfade gehen, welcher fest und eben war. Nunmehr hatte er noch etwa 60 Meilen ohne einen Pfad zurückzulegen. Deshalb mußte er die Marder und alles, dessen er jetzt nicht nötig bedurfte, aufhängen und zurücklassen. Er kochte von Lärchenrinde jenes innere Stück, welches am nächsten am Stamme liegt, klopfte es zu einem weichen Breiumschlage und legte es auf die Wunde. Sein Schlitten war nunmehr leicht, und seine Hand war geübt, regelmäßig den Fuß und den Schneeschuh anzuheben. Nach fünf weiteren Tagen erreichte er die Faktorei, wobei ihm an den letzten Abenden jeweils die Beschaffung des Feuerholzes große Leiden bereitet hatte. Doch während all dieser Zeit war sein Fuß nicht im mindesten aufgeschwollen. In der Faktorei hoffte er es nun angenehmer zu haben, doch war dies nicht der Fall, denn sein Fuß schwoll an, und er hatte beträchtliche Schmerzen. Einen Monat lang konnte er nur mit einer Krücke gehen.

Der kanadische Luchs kann als eine sehr große Katze beschrieben werden, welche mit Leichtigkeit Bäume erklimmt und Mäuse, Hasen, Eichhörnchen und Vögel jagt. Sein Betragen gleicht dem der Katze; er ist ein scheues Tier. Sein Fell ist nicht viel wert, denn die Haut ist dünn und nicht fest. Die Eingeborenen fangen dieses Tier in einer Falle, in welcher ein Büschel Gras um Ölstein mit Bibergeil gewickelt ist. Daran reibt der Luchs seinen Kopf und verrückt somit den Stock, welcher die Falle hochhält; auf diese Weise wird er gefangen. Auf dieselbe Art wird er mit der Schlinge gefangen, und wenn er seinen Kopf an dem Köder reibt, schnurrt er wie eine Katze. Sein Fleisch ist von weißer Farbe, wohlschmeckend und ergibt einen guten Braten.

Einst ward eine Gruppe von sechs Mann ausgesandt, um Bauholz für die Faktorei abzuvieren, und wie gewöhnlich ließen sie ihre schweren Äxte dort, wo sie arbeiteten, auch liegen, als sie sich für die Nacht zu ihrem Zelte begaben. Eines Morgens konnten sie alle ihre sechs Äxte nicht mehr finden, und da sie wußten, daß es hier meilenweit keinen anderen Menschen gab, waren sie aufs äußerste rat- und hilflos und wußten nicht, was sie denken oder tun sollten. Sie stammten alle aus dem hohen Norden Schottlands und glaubten außer einem von ihnen treu und fest an Geister, Elfen und solcherlei Wesen. Und an diesen wandte sich schließlich einer der übrigen, welcher sich klüger deuchte als die anderen: »Nun, James, du ungläubiger Gesell, das haben wir da-

von, daß du über die Geister und Elfen gelacht hast. Ich
hab's dir ja gesagt, sie werden uns eines Tags noch für
deinen Spott leiden lassen, und nun haben sie's uns gezeigt, und all unsre Äxte sind fort. Wer sollte sie denn
genommen haben, wenn nicht ein Gespenst?«

James war in ärgster Verlegenheit und wußte nicht,
was er sagen sollte, denn die Äxte waren in der Tat verschwunden. Zum Glück kam da der Indianer hinzu, welcher bei ihnen zeltete und sie mit Waldhühnern versorgen sollte. Als sie ihm sagten, daß all ihre Äxte fort
seien, sah er sich ein wenig um und entdeckte die Fuß-
spuren eines Vielfraßes; so vermochte er ihnen zu sagen, wer der Dieb gewesen wäre. Sie wollten ihm nicht
glauben, bis er den Vielfraß aufgespürt hatte und eine
der Äxte unter dem Schnee verborgen fand. Auf gleiche
Weise wurden drei weitere Äxte gefunden; die übrigen
hatte er noch ein ganzes Stück weiter getragen, und es
bedurfte zweier Stunden, um sie zu finden, denn sie waren alle einzeln für sich vergraben. Um ihre Äxte künftig
zu sichern, mußten sie sie jeden Abend schultern und
zu ihrem Zelte tragen.

Von den drei Arten des Wolfes trifft man nur eine an
in dieser steinigen Gegend, welche ich hier beschrieben
habe; und diese Art scheint für diese Region eigentümlich zu sein. Es ist dies die größte aller Wolfsarten,
der Einfachheit halber Waldwolf genannt, da man diesen
Wolf nirgendwo anders findet. Seine Gestalt und Farbe
gleicht sehr den anderen, er ist von dunklem Grau, und
sein Fell, obschon es nicht rauh ist, kann dennoch nicht
weich und fein genannt werden. Doch das Haar steht
dicht, und deshalb ergibt das Fell eine warme Bekleidung. Dieses Tier ist ein Einzelgänger. Selten sieht man
zwei Wölfe beisammen, es sei denn, sie jagen irgendein
Tier aus der Spezies des Rotwildes, etwa ein Rentier.
Zum Glück sind die Wölfe nicht zahlreich und werden

auch sehr selten in einer Falle gefangen. Doch nehmen sie gern den Köder einer selbstschießenden Flinte an und werden so erschossen. Der abgezogene Balg eines dieser Wölfe reichte noch zehn Zoll über den Kopf eines Mannes von sechs Fuß und zwei Zoll Größe hinaus, welcher in seiner Winterkleidung dastand. So mächtig und lebhaft er auch ist, es ist nicht bekannt, daß dieser Wolf auch Menschen anfällt, außer in seltenen Fällen einer Art Hundswut, und auch dann verursacht sein Biß keine Tollwut. Zumindest ist dies niemals bei den Eingeborenen vorgekommen, und die Hunde, welche von ihm gebissen werden, erleiden lediglich den Schmerz des Bisses. Füchse haben manchmal diese Hundswut oder etwas Ähnliches, aber die Tollwut ist gänzlich unbekannt.

Zwei dieser Wölfe sind vollauf einem Elche oder Rentiere gewachsen, den einzigen beiden Arten solcher Tiere, welche man in dieser Gegend antrifft. Wenn sie' ein solches Stück Wild aufscheuchen, liegen sie zunächst weit zurück, aber wenn das Wild stehenbleibt, um zu äsen, können sie aufholen und es abermals aufscheuchen, und so fahren sie fort, bis das Tier aus Mangel an Nahrung und Rast erschöpft und schwach wird, sich in diesem Zustande stellt und bereit ist, sich mit seinen mächtigen Läufen zu verteidigen. Die Wölfe nähern sich vorsichtig, einer geht von vorn heran und droht anzugreifen, hält sich jedoch außer Reichweite der Vorderhufe des Tieres. Der andere Wolf begibt sich in den Rücken des Tieres und hält sich ein wenig auf der einen Seite, um nicht getroffen zu werden, wenn das Wild nach hinten ausschlägt. Und während er so auf der Hut ist, beißt er kurz und scharf in die hintere Sehne eines der Hinterläufe des Tieres, welches heftig nach hinten ausschlägt. Aber da ist der Wolf schon wieder zur Seite gewichen. Er wiederholt diese Bisse, und schließlich ist die hintere Sehne gänzlich durchgetrennt, so daß das Wild sich nicht mehr verteidigen kann. Die hintere Sehne des anderen Beines wird nun auch bald durchgebissen, das Wild stürzt nieder und wird den Wölfen zur leichten Beute. Die Zunge und die Eingeweide werden als erstes verschlungen. Da die Zähne alter Wölfe scharf und spitz sind, scheinen sie nicht die Knochen zu nagen, sondern sie lediglich vom Fleische zu säubern, und in diesem Zustande finden wir zumeist die Knochen.

Die Tiere dieser steinigen Gegend, welche ich beschrieben habe, sind im Verhältnis zur Ausdehnung des Landes nicht sehr zahlreich. Die Eingeborenen können bei ihrer Lebensart gerade genug Pelze sammeln, um ihren lebensnotwendigen Bedarf damit einzuhandeln; außerdem ist im Sommer ein Teil ihrer Bekleidung aus Leder, welches bei Regenwetter jedoch sehr unangenehm ist.

Die Gier, mit welcher die Pelztiere verfolgt werden, bedroht sie mit dem Aussterben. Die Zugvögel hingegen dürften so zahlreich sein wie eh und je, denn es können ihrer nur vergleichsweise wenige getötet werden, während sie durchziehen. Die Eingeborenen geben zu, daß sie trotz all ihrer Anstrengungen kaum von der Jagd alleine zu leben vermögen, selbst wenn sie sämtliche Tiere, welche sie erlegen können, zu ihrer Ernährung und zu ihrem Lebensunterhalte nutzen.

Bei den Nahathaway-Indianern

Zumal ich sechs Jahre in verschiedenen Teilen dieser Region verbracht, sie erkundet und vermessen habe, mag man mir wohl zugestehen, daß ich einiges über die Eingeborenen wisse, ebenso wie über die Hervorbringungen des Landes. Seine Einwohner sind zwei verschiedene Indianerrassen. *Nördlich* einer Breite von 56 Grad wird das Land von einem Volke bewohnt, welches sich *Dinnie* nennt und von den Händlern der Hudson's-Bay-Gesellschaft *Nördliche Indianer* genannt wird, von ihren südlichen Nachbarn hingegen *Chipewyans.*

Südlich der obengenannten Breite ist das Land im Besitze der *Nahathaway-Indianer,* welches der Eingeborenenname der *Cree-Indianer* ist. Dieses Volk ist in viele verschiedene Stämme oder Großfamilien unterteilt, welche unterschiedliche Namen haben, aber allesamt Dialekte ein und derselben Sprache sprechen, welche über diese ganze steinige Gegend verbreitet ist sowie an der Atlantik-Küste südlich bis zum Delaware River in den Vereinigten Staaten (die Sprache der Delaware-Indianer ist nämlich ein Dialekt, welcher sich von der Sprachen-Familie der Nahathaways herleitet) und westlich über den Saskatchewan River bis zu den Rocky Mountains. Die Sprache der Nahathaways, wie sie von den südlicheren Stämmen gesprochen wird, ist weicher und klangvoller, und das häufige *th* (wie im Englischen) der Herkunftssprache wird zu einem *j* verschoben, so daß *neether* (mich) zu *neejer* wird, *keether* (dich) zu *keejer* und *weether* (ihn) zu *weejer*. Weiter nach Süden zu wird beinahe eine andere Sprache daraus. Sie ist leicht auszusprechen und von den Weißen rasch zu erlernen für die Bedürfnisse des Handels und allgemeiner Verständigung.

Die Erscheinung dieser Indianer hängt stark vom Klima und von ihrer Lebensweise ab. Rund um die Hudson Bay sowie an der Meeresküste, wo das Klima sehr streng ist und jagdbare Tiere nur in geringer Zahl vorhanden sind, haben sie selten mehr als mittlere Größe, haben einen mageren Körperbau, rundliche oder leicht ovale Gesichtsformen, schwarzes, kräftiges und glattes Haar. Die Augen sind schwarz und groß, die Backenknochen ziemlich hoch, Mund und Zähne in gutem Zustande; das Kinn ist rund. Der Gesichtsausdruck ist ernst, jedoch mit einer Neigung zur Heiterkeit, und die sanften Züge der Frauen lassen viele von ihnen, wenn sie noch jung sind, lieblich erscheinen; doch wie bei den arbeitenden Klassen schwindet die Weichheit der Jugend rasch dahin.

Im Landesinneren, wo das Klima nicht so rauh und die Jagd erfolgreicher ist, erreichen die Männer eine Größe von sechs Fuß; sie sind wohlproportioniert, das Gesicht ist mehr oval, und sie haben gut aussehende Gesichtszüge, welche ihnen eine männliche Erscheinung geben. Die Gesichtsfarbe ist ein helles Oliv, ähnlich wie bei den Leuten aus dem Süden Spaniens, und die Haut ist weich und glatt. Sie ertragen die Kälte und die Unbilden des Wetters besser als wir, und ihre natürliche Körpertemperatur ist höher als unsere, welches wahrscheinlich daher rührt, daß sie ausschließlich von tierischer Nahrung leben. Sie können große Strapazen ertragen, jedoch keine schwere Arbeit, und sie können eher sechs Stunden über unebenes Gelände gehen als eine Stunde mit der Spitzhacke und dem Spaten arbeiten. Ihre Arbeit verrichten sie zumeist in aufrechter Haltung, etwa wenn sie mit einem Stechbeitel Löcher in das Eis oder einen Biberbau bohren. Sie sind nicht sehr arbeitsam und arbeiten nicht aus freiem Willen, sondern nur notgedrungen. Die Fleißigen beiderlei Geschlechts werden bei ihnen gelobt und bewundert. Während der zivilisierte Mensch von vielerlei Dingen zu einem tätigen Leben angetrieben wird, hat der Indianer nichts dergleichen; er ist glücklich und zufrieden, wenn er ruhig dasitzen und seine Pfeife rauchen kann.

Die Bekleidung der Männer besteht einfach aus einer oder zwei lockeren, langen Jacken von rauhem Gewebe oder Filz sowie aus einem weiteren Stücke hieraus, welches in der Gestalt von groben Strümpfen zusammengenäht ist und ihnen halbwegs bis zu den Oberschenkeln hinaufreicht. Als Mantel oder Umhang haben sie eine Decke. Die Schuhe bestehen aus gut zugerichtetem Elch- oder Rentierleder, dessen Geschmeidigkeit sie befähigt, mit großer Sicherheit zu rennen. Im Sommer haben sie keine Kopfbedeckung, ausgenommen vielleicht den Balg eines schwarzweiß gemusterten Eistauchers. Im Winter hingegen binden sie sich ein Stück Otteroder Biberfell um den Kopf, lassen jedoch den Scheitel frei, wovon sie kein Ungemach erleiden.

Die Bekleidung der Frauen besteht aus anderthalb Ellen breiten Tuches, welches wie ein Sack zusammengenäht ist und an beiden Enden offen bleibt. Ein Ende wird über den Schultern zusammengebunden, das Mittelstück um die Hüfte gegürtet, und das untere Ende bleibt offen wie ein Unterrock und reicht fast bis zu den Knöcheln, welches ihnen ein sittsames Aussehen verleiht. Die Ärmel, welche Arme und Schultern bedecken, sind ein von diesem Gewande gesondertes Bekleidungsstück. Der Rest ist ähnlich wie bei den Männern. Als Kopfbedeckung haben sie ein Stück Stoff von einem Fuß Breite, welches an einem Ende zusammengenäht und mit Perlen und Bändern verziert ist; dieses Ende ist auf dem Kopfe, die losen Enden fallen über die Schultern; so sind Kopf und Hals gut vor Kälte und Schnee geschützt. Selten entstellen die Frauen ihre Gesichter

112

mit Farbe, und sie lieben Verzierungen nicht allzusehr. Die meisten Männer sind tätowiert, und zwar an verschiedenen Teilen ihres Körpers, den Armen etc. Manche Frauen haben einen kleinen Kreis auf jeder Wange.

In ihrem Betragen sind die Eingeborenen sanft und sittsam. Sie behandeln einander mit großer Freundlichkeit und Rücksicht und unterbrechen einander äußerst selten im Gespräche. Nach längerer Trennung begegnen sich sogar die nächsten Verwandten mit derselben scheinbaren Gleichgültigkeit, als hätten sie beständig im selben Zelte miteinander gelebt; dennoch hegen sie nicht minder Zuneigung und Liebe füreinander, allein sie halten es für unmännlich, Freude oder Trauer zu zeigen. Beim Tode eines Angehörigen oder Freundes begleiten die Frauen ihre Tränen mit schrillen, durchdringenden Schreien; aber die Männer trauern in Stille, und wenn der Schmerz der Erinnerung unerträglich wird, ziehen sie sich in den Wald zurück, um ihrem Kummer und ihren Tränen freien Lauf zu lassen.

Was in unserer zivilisierten Gesellschaft als Handlungsweise großzügiger Wohltätigkeit und freundlichen Mitgefühls gilt, wird nicht minder bei diesen Wilden tagtäglich als Gemeinschaftspflicht verwirklicht. Hat einer bei der Jagd kein Glück gehabt oder hat er seine wenigen Habseligkeiten durch irgendein Mißgeschick verloren, so darf er sicher sein, daß er von den anderen unterstützt wird, soweit es nur in ihrer Kraft steht. In der Krankheit sorgen sie füreinander bis zum letzten Atemzuge.

Von den zahlreichen verschiedenen Eingeborenenstämmen östlich der Rocky Mountains dürften die Nahathaway-Indianer die meiste Aufmerksamkeit verdienen. Die großen Familien dieser Rasse bevölkern unter verschiedenen Namen große Bereiche des Landes, und wenn sie auch getrennt voneinander leben und nichts voneinander wissen, so haben sie doch die gleichen religiösen und moralischen Vorstellungen, und ihre Lebensweise und Gebräuche unterscheiden sich nur wenig. Sie sind die einzigen Eingeborenen, welche sich durch Überlieferung Reste aus alten Zeiten bewahrt haben. Im folgenden Berichte habe ich es sorgsam vermieden, solches als ihren Volksglauben auszugeben, was immer sie vom Weißen Manne gelernt haben. Mein Wissen habe ich bei alten Männern gesammelt, welche sich – von meinem damaligen Alter aus gerechnet – bis zu 100 Jahre weit zurückzuerinnern vermochten; und ich muß deutlich machen, daß – was auch immer andere Leute als den Glauben dieser Eingeborenen schildern mögen – es stets sehr schwer ist, ihre wirkliche Meinung über das, was man als religiöse Fragen bezeichnen mag, zu erfahren.

Es hat wenig Zweck, ihnen unumwundene Fragen zu stellen, denn sie werden diejenige Antwort geben, welche ihnen zur Vermeidung weiterer Fragen am besten geeignet erscheint und welche dem Fragenden am ehesten gefallen mag. Ich habe mein Wissen erlangt, indem ich mit ihnen lebte und reiste, sowie durch ihre Gebete an unsichtbare Mächte in Zeiten der Not und Gefahr. Aus ihren Ansichten über ihre eigene Zukunft und die anderer habe ich es erfahren, denn wie fast bei der ganzen Menschheit denken auch bei ihnen diejenigen, welche in der Jugend und Blüte des Lebens stehen, nur an die Gegenwart, aber das Nachlassen der männlichen Stärke oder das knappe Entkommen aus einer Gefahr richtet die Gedanken auf das Künftige.

Einst saßen wir nach einem ermüdenden Tagesmarsche beim Holzfeuer. Der helle Mond und Tausende glitzernder Sterne zogen über uns vorbei, und wir konnten nicht umhin, uns zu fragen, wer da wohl in diesen leuchtenden Behausungen lebe. Ich unterhielt mich

nämlich oft mit den Indianern wie mit einem der Unsri-
gen; und der Glanz der Planeten zog stets ihre Aufmerksamkeit an. Als deren Natur ihnen erklärt ward, schlossen sie, daß diese die Wohnstätten der Geister derjenigen seien, welche ein gutes Leben geführt hatten.

Ein Missionar ist nie bei ihnen gewesen, und meine
Kenntnis ihrer Sprache hat mich sie nicht mehr lehren
lassen als die Einheit Gottes und ein künftiges Leben
mit Belohnungen und Bestrafungen. An das Höllenfeuer
glauben sie nicht, denn sie halten es für unmöglich, daß
irgend etwas der beständigen Einwirkung des Feuers wi-
derstehen könnte. Es ist zweifelhaft, ob ihre Sprache in
dem gegenwärtigen einfachen Zustande die Lehren des
Christentums in ihrer vollen Bedeutung auszudrücken
vermag. Sie glauben an die Selbstexistenz des *Keeche Keeche Manitu*, des Großen, Großen Geistes, und anscheinend leiten sie ihren Glauben aus der Überlieferung her.
Sie glauben, daß die sichtbare Welt mit all ihren Bewohnern und Geschöpfen von irgendeinem machtvollen
Wesen gemacht worden sein muß; aber sie haben nicht
die gleiche Vorstellung von einer immerwährenden All-
gegenwart, Allwissenheit und Allmacht, wie wir sie haben. Vielmehr glauben sie, daß er diese Eigenschaften
nur zeige, wenn es ihm beliebe, denn er ist der Herr des
Lebens, und alle Dinge sind ihm zu Gebote. Dem Men-
schengeschlechte gegenüber ist er stets gütig, und er
haßt es, vergossenes Menschenblut auf dem Erdboden
zu sehen. Deshalb sendet er heftige Regenschauer, um
es wegzuwaschen. Er überläßt es den Menschen, wie sie
ihr Leben führen wollen, doch hat er alle Lebewesen
unter die Obhut von *Manitus* (oder untergeordneten En-
geln) gestellt, welche ihm gegenüber verantwortlich
sind. Doch all dieser Glaube ist unklar und verworren,
im besonderen der über die Manitus, die Wächter und
Führer jeglichen Geschlechts der Vögel und Tiere. Jeder

Manitu hat eine gesonderte Gewalt und Fürsorge wahrzunehmen, der eine den Büffel betreffend, ein anderer das Rotwild; und so ist die ganze Tierwelt unter ihnen aufgeteilt.

Mit Rücksicht darauf sagen oder tun die Indianer – soweit es ihnen möglich ist – nichts, was einen Manitu beleidigen könnte, und der fromme Jäger, der ein Tier getötet hat, sagt oder tut etwas, um dem Manitu dieser Tierart für die Erlaubnis zu danken, dieses Tier erlegt zu haben. Beim Tode eines Elches ruft der Jäger mit leiser Stimme: »*Wut, wut, wut!*«, dann schneidet er einen schmalen Fellstreifen von der Kehle des Tieres und hängt ihn für den Manitu auf. Die Schädelknochen eines Bären werden ins Wasser geworfen, und so geschieht es auch bei anderen Tieren. Würde solcher Dank nicht abgestattet, verscheuchte der Manitu künftig das Wild vor dem Jäger. Allerdings bezweifeln die Indianer oft die Macht oder die Existenz der Manitus; doch wie andere unsichtbare Wesen werden sie mehr gefürchtet als geliebt.

Geister, welche jedoch äußerst selten zu sehen sind, gibt es auch in ihrem Glauben, und es sind nur die von bösen Männern oder Frauen. Sie haben die Vorstellung, daß der Geist des bösen Menschen sich in elender Verfassung befinde und in seinen Körper zurückkehre und dort umgehe, wo er zu jagen pflegte. Um solch einen unerwünschten Besucher loszuwerden, verbrennen die Indianer den Leichnam zu Asche, und solchermaßen kann der Geist sie nicht mehr heimsuchen.

Die dunklen Kiefernwälder haben Geister, doch nur einen von diesen fürchten sie: den *Pah Kok*, einen großen, abscheulichen Geist, welcher in den Tiefen der Wälder spukt. Man hört sein Heulen im Sturmgebraus, und er findet sein Vergnügen darin, die Schrecken des Sturmes noch zu erhöhen. Es bringt Unglück, wenn man ihn hört, und dann wird einem etwas Schlimmes zustoßen. Wenn er sich einem Zelte nähert und heult, kündigt er den Tod eines seiner Bewohner an. Von allen Wesen ist er das gehaßteste und am meisten gefürchtete.

Sonne und Mond werden als Gottheiten betrachtet, und auch wenn die Indianer sie nicht anbeten, sprechen sie doch stets mit großer Ehrfurcht von ihnen. Die Sterne scheinen sie nur für eine große Anzahl leuchtender Punkte zu halten, aber vielleicht auch für Gottheiten, denn auch von ihnen reden sie ehrfürchtig. Für die hellsten Sterne, wie Sirius, Orion und andere, haben sie eigene Namen, und an ihnen erkennen sie den Wechsel der Jahreszeiten: am Aufgehen des Orion den Winter, am Untergehen der Plejaden den Sommer. Auch die Erde ist ein göttliches Wesen, und sie lebt, aber die Indianer können nicht genau bestimmen, welcher Art dieses Leben ist; doch sagen sie, daß sie – wäre sie nicht lebendig – nicht fortwährend Leben an die Dinge und Lebewesen auf ihr weiterzugeben vermöchte.

Die Wälder, Felsen und Hügel, die Seen und Flüsse sind alle irgendwie vom Manitu umgeben, vor allem die Wasserfälle und jene Gewässer, in welche die Fische zum Laichen kommen. Wenn die Jagd- und Fischzeit vorüber ist, legen die Indianer häufig ihre Speere am Steine des Manitu bei dem Wasserfalle nieder, und dies ist ein Dankopfer an den Geist des Wasserfalles für all die Fische, welche sie gefangen haben. Diese Steine sind selten und werden von den Eingeborenen sehr gesucht, damit sie sie am Rande eines Wasserfalles aufstellen können; sie haben die Gestalt eines Schustersteins oder -leisten, sind jedoch viel größer und von der Strömung des Wassers glattpoliert.

Der *Metchee Manitu*, der böse Geist, ist in ihrem Glauben böse, weil er sein Vergnügen daran hat, die Menschen ins Elend zu stürzen und Unglück und Krankheit über sie zu bringen; ja, hätte er die Macht dazu, würde er sie gänzlich vernichten. Er tritt nicht als der Versucher auf, sondern verwendet seine ganze Macht darauf, Unheil über die Menschen zu bringen und sie zu quälen; um dies abzuwenden, vollführen sie vielerlei Zeremonien und bringen Opfer dar, welche aus solchen Dingen bestehen, die sie erübrigen können, und manchmal wird sogar ein Hund mit Farbe bemalt und getötet. Was sie dem *Metchee Manitu* darbringen, wird auf die Erde gelegt, häufig am Fuße einer Föhre.

Sie glauben an die Unsterblichkeit der Seele und daran, daß der Tod nur die Verwandlung in eine andere Existenzform sei, welche sogleich danach erfolge. Die Guten finden sich in einem glücklichen Lande wieder, wo sie sich ihren Freunden und Angehörigen anschließen können; dort scheint stets die Sonne, und es gibt reichlich Wild in diesen ewigen Jagdgründen. Sie gehen in ihrem Glauben so weit, daß sie annehmen, jedwede Kreatur, die der Große Geist geschaffen habe, müsse irgendwo anders in der gleichen Gestalt weiterleben. Doch dieser schöne Glaube ist düster und ungewiß. Wenn wir uns in drohender Gefahr befanden und es fraglich war, ob wir den nächsten Tag noch erleben würden, oder wenn wir dennoch den Anbruch des Tages sahen, aber nicht wußten, ob wir ihn überstehen würden, wenn also ein künftiges Leben uns nahe bevorzustehen schien, gerieten all ihre Vorstellungen ins Wanken, und sie wünschten, glauben zu können, was ihnen auf einmal ungewiß erschien. Alles, was ich zu tun vermochte, war, zu ihnen über die Unsterblichkeit der Seele zu sprechen, welche notwendig sei, damit die Guten belohnt und die Bösen bestraft werden könnten; aber letztlich blieb auch dies nur ein Gespräch unter Menschen. Was fehlte, war das sichere und heilige Versprechen des Erlösers der Menschheit, unseres Herrn, welcher uns das ewige Leben und die Unsterblichkeit brachte.

Ein wichtiges Wesen, mit welchem die Eingeborenen vertrauter zu sein scheinen als mit anderen, ist *Weesarke-jauk*, der Schmeichler, genannt. Er ist der Held vieler ihrer Geschichten, verspricht ihnen immer etwas Gutes oder verführt sie zu irgendwelchen Vergnügungen, doch stets täuscht er sie. Sie haben auch eine Überlieferung von der Sintflut, wie man dem folgenden Berichte entnehmen kann, welcher auf den Erzählungen alter Männer beruht. Nachdem der Große Geist die Menschen und alle Tiere gemacht hatte, hieß er Weesarkejauk sich um sie zu kümmern, sie leben zu lehren und nicht von schlechten Wurzeln essen zu lassen; letzteres würde ihnen schaden und sie töten. Doch er gehorchte dem Großen Geist nicht, ward sorglos und verführte sie zu Vergnügungen; Menschen und Tiere taten, was sie wollten, stritten und vergossen viel Blut, welches dem Großen Geiste sehr mißfiel. Er drohte Weesarkejauk, wenn dieser die Erde nicht rein halten könne, werde er ihm alles wegnehmen und ihn unglücklich machen. Doch der glaubte dem Großen Geiste nicht und ward bald noch nachlässiger; und die Kämpfe der Menschen und Tiere machten den Erdboden rot von Blut. Weit davon entfernt, auf sie achtzugeben, trieb er sie noch dazu an, Schlechtes zu tun und schlecht zu leben. Dies machte den Großen Geist zornig, und er sagte Weesarkejauk, er werde ihm alles nehmen und den Erdboden reinwaschen. Aber der glaubte ihm immer noch nicht – bis die Flüsse und Seen anstiegen und das Land überfluteten, denn es regnete immerfort. Der *Keeche Gahme*, das Meer, kam ans Land, und alle Menschen und Tiere ertranken, außer dem Otter, dem Biber und der Bisamratte. Weesarkejauk versuchte, dem Meere Einhalt zu gebieten, aber es war zu stark, und er saß auf dem Wasser und weinte über seinen Verlust, und der Otter, der Biber und die Bisamratte legten ihre Köpfe auf seine Beine.

Als der Regen aufhörte und das Meer sich zurückzog, faßte er Mut, wagte es jedoch nicht, den Großen Geist anzusprechen. Nachdem er lange über seine traurige Lage nachgesonnen hatte, dachte er, daß er ein bißchen von dem alten Erdboden zurückbekommen und daraus eine kleine Insel machen könnte, denn er hat die Kraft, alles wachsen zu lassen, nur nicht, etwas zu erschaffen. Aber da er nicht unter das Wasser zu tauchen vermochte und nicht wußte, wie tief es bis zu dem alten Erdboden war, war er ratlos, was er tun sollte. Manche sagen, der Große Geist habe Mitleid mit ihm gehabt und ihm die Kraft gegeben, alles wiederherzustellen, wenn er dazu das alte Material benützte, welches in unbekannten Tiefen unter dem Wasser begraben lag.

Da überredete Weesarkejauk den Otter, hinabzutauchen und etwas Erde heraufzuholen; aber nach drei vergeblichen Versuchen war dieser zu erschöpft, als daß er es schaffen konnte. Auch der Biber vermochte es nicht, und es gab wenig Hoffnung, daß es der Bisamratte gelingen würde. Schließlich sah er ein paar Blasen aufsteigen. Er streckte seinen langen Arm aus und zog die Bisamratte empor. Sie war fast schon tot, doch zu seiner großen Freude brachte sie zwischen ihren Vorderpfoten ein kleines Stückchen Erde herauf, welches er bald zu einer kleinen Insel erweiterte, wo sie alle ausruhen konnten.

Manche sagen, daß Weesarkejauk dann aus einem kleinen Stück Holz wieder Bäume machte und aus Knochen die Tiere; aber die meisten bestreiten dies und sagen, der Große Geist habe die Flüsse geheißen, das böse Wasser, das Salzwasser, zum *Keeche Gahme* zurückzutragen, und er habe das Menschengeschlecht, die Tiere und die Pflanzen wiederhergestellt.

Es mag wohl angebracht sein, daß ich jetzt etwas über mich selbst sage und über den Eindruck, welchen die Eingeborenen und die französischen Kanadier – zumeist meine einzigen Gefährten – von mir erhielten. Meine Instrumente für die praktische astronomische Arbeit waren ein Messing-Sextant mit einem Radius von zehn Zoll, ein achromatisches Teleskop von hoher Vergrößerungskraft zur Beobachtung der Satelliten des Jupiter und anderer Himmelserscheinungen, ein Fernrohr gleicher Bauweise für den allgemeinen Gebrauch, Parallelgläser und ein Quecksilberhorizont für die Bestimmung des doppelten Höhenstandes, Kompaß, Thermometer und andere unentbehrliche Instrumente, welche ich bei klarem Wetter ständig zu benutzen pflegte, um die Sonne, den Mond, die Planeten und Sterne zu beobachten und die Lage der Flüsse, Seen, Berge und anderen Teile des Landes zu bestimmen, welches ich von der Hudson Bay bis zum Pazifischen Ozean vermessen habe.

Sowohl die Kanadier als auch die Indianer fragten mich oft, warum ich die Sonne beobachtete und manchmal den Mond bei Tage und wieso ich ganze Nächte damit zubrächte, mit meinen Instrumenten den Mond und die Sterne anzusehen. Ich erklärte ihnen, dies geschehe, um die Entfernung und Richtung von meinem Beobachtungsorte aus zu anderen Orten hin zu bestimmen. Weder die Kanadier noch die Indianer glaubten mir; beide wandten ein, daß ich – falls ich die Wahrheit sagte – auf den Boden und über diesen hinweg sehen müßte, nicht aber hinauf zu den Sternen. Sie meinten jedoch, ich schaute in die Zukunft und sähe einen jeden und was sie alle täten, wüßte auch den Wind heraufzubeschwören; doch daß ich ihn auch besänftigen könnte, glaubten sie nicht, denn – so folgerten sie – ich war ja an den großen Seen gezwungen gewesen, auf das Abflauen des Windes zu warten. Die Indianer fügten noch hinzu, ich wüßte, wo das Wild stände, und dergleichen Aberglauben mehr.

Während meines ganzen Lebens habe ich es stets

sorgsam vermieden, irgendein Zukunftswissen vorzuge-
ben, und immer gesagt, ich hätte keinerlei Ahnung über
die gegenwärtige Stunde hinaus. Doch weder meine Ar-
gumente noch mein Spott vermochten etwas zu bewirken, und so mußte ich sie ihren abergläubischen Vorstellungen überlassen; außerdem ereigneten sich, ohne daß
ich etwas dagegen tun konnte, verschiedene Dinge, welche sie in ihren Ansichten bestärkten. Eines schönen
Abends im Februar kamen zwei Indianer zu dem Hause
des Handelsstützpunktes, wo ich mich gerade aufhielt,
und sie wollten Handel treiben. Der Mond ging hell und
klar auf, zusammen mit dem Planeten Jupiter wenige
Grad östlich von ihm; und wie gewöhnlich sagten die
Kanadier voraus, daß aus der Richtung dieses Sternes Indianer zum Handeln kommen würden. Um ihnen den
Unfug solcher Voraussagen zu zeigen, sagte ich ihnen,
daß ebenderselbe helle Stern am nächsten Abend genauso weit vom Monde entfernt, jedoch auf dessen westlicher Seite stehen würde. Und so geschah es natürlich
auch infolge der Bewegung des Mondes auf seiner Um-
laufbahn – wie es sich für gewöhnlich fast jeden Monat
ereignet. Und dennoch waren alle Parteien fest davon
überzeugt, ich hätte dies durch irgendwelche okkulten
Kräfte bewirkt, nur um die Voraussagen der Kanadier als
falsch hinzustellen.

Die Menschen lieben eben das Wunderbare, und sie
scheinen an Wichtigkeit und Bedeutung zu gewinnen,
wenn sie berichten können, solche Dinge gesehen zu haben. Ich habe immer das Feingefühl des Indianers bewundert, welches in seiner Fähigkeit besteht, sich durch
die dunkelsten Kiefernwälder zu genau dem Orte zu geleiten, welchen er zu erreichen beabsichtigt: seine beständige, geschärfte Aufmerksamkeit für alles und jedes – die veränderte Lage auch des kleinsten Steines,
den umgebogenen oder abgebrochenen Zweig, eine win-

zige Spur auf dem Boden … All dies spricht eine klare Sprache für ihn. Ich war sehr bemüht, dieses Wissen zu erwerben, und wenn ich oft viele Monate lang in der Begleitung von Indianern war, verfolgte ich aufmerksam, was sie mir erklärten, und ward darin bald ebenso gut wie manche von ihnen.

Diese Fähigkeiten waren mir später sehr nützlich. Die Nordwest-Gesellschaft der Pelzhändler, für welche ich nach meiner Trennung von der Hudson's-Bay-Gesellschaft arbeitete, sandte von ihrem Depot am Oberen See Brigaden mit Kanus aus, welche mit etwa drei Tonnen Waren, Proviant und Gepäck beladen waren. Die nach den entferntesten Handelsposten bestimmten wurden mit einem Vorsprung von zwei Tagen zuerst losgeschickt, um gegenseitige Behinderungen an den Tragstellen und Landübergängen zu vermeiden, wo die Kanus am Flußufer an Stromschnellen und Wasserfällen vorbei oder von einem Wasserlaufe zum nächsten getragen werden müssen. Es war in meinem ersten Jahre bei der Nordwest-Gesellschaft, und ich befand mich in der dritten dieser Brigaden von jeweils sechs Kanus. Ich hatte nichts anderes zu tun, als meine Vermessungen aufzuzeichnen und Beobachtungen zu machen, und ich stellte fest, wie weit wir uns der Brigade vor uns näherten oder wieder zurückfielen. Ich las dies an ihren Feuerstellen und anderen Spuren, welche sie hinterließen, ab, zumal wir ja mit fünf Mann in jedem Kanu alle gleichermaßen besetzt waren.

Um zu verhindern, daß der Winter uns überraschte, bevor wir unsere weit entfernten Winterquartiere erreicht hätten, mußten alle Mann von Tagesanbruch bis zum Sonnenuntergang oder gar später schwer arbeiten, und nachts schliefen sie auf dem Erdboden, wo sie ständig von den Stechmücken gepeinigt wurden.

Es blieb ihnen keine Zeit, sich umzusehen. Ich fand,

daß wir uns nur sehr wenig der vorangehenden Brigade näherten. 15 Tage nach unserem Aufbruche hätten wir den Winnipeg-See (sein Name bedeutet Meer-See und rührt von seiner Größe her) erreichen sollen, doch mehr als zwei Tage lang hatte ein Nordweststurm geblasen, welcher es der Brigade vor uns nicht gestattete, weiter voranzukommen. Ich sagte unserem Führer, daß wir sie früh am nächsten Morgen sehen würden. Diese Führer haben den Auftrag, die Tagesmärsche der Brigaden zu geleiten, und sie sind alle stolz darauf, wenn es ihnen gelingt, die Kanus vor ihnen zu erreichen. Bei Morgengrauen gelangten wir in den See, welcher nun ruhig war, und nachdem es richtig getagt hatte, sahen wir die Brigade, welche vor uns aufgebrochen war, nur eine Meile weit vor uns.

Der Führer und die Männer schrien vor Freude, und als wir die Brigade vor uns erreicht hatten, erzählten sie diesen Leuten von meinen wunderbaren Voraussagen, und daß ich ihnen jeden Lagerplatz gezeigt hätte, wo diese übernachtet hatten – und das alles nur, indem ich in die Sterne geschaut hätte. Die einen von ihnen zeigten leichtgläubiges Entzücken, die anderen fanden ihr Vergnügen an solchen Übertreibungen. Es sind eben allesamt unwissende Menschen, welche sich keinen Augenblick des Nachdenkens gönnen! Tatsache ist doch, daß Jean Baptiste – oder wie immer solch ein Kerl heißen mag – gar nicht denken will, denn er wird ja auch nicht dafür bezahlt. Wenn er eine Minute der Muße hat, raucht er seine Pfeife, welche seine ständige Begleiterin ist, und alles ist in bester Ordnung für ihn. Er durchsteht Mühsal und Strapazen, aber nur mit vollem Bauche – wenigstens einmal am Tage –, gutem Tabak zum Rauchen und einer warmen Decke sowie einem guten Herrn, welcher ihm in Not und Bedrängnis seinen Anteil tragen hilft und ihm in der Gefahr vorangeht. Männer aus der Marine oder vom Militär sind nicht geeignet, solche Leute in fernen Ländern zu befehligen, und es gelingt ihnen auch nicht, diesen Leuten als Anführer Vertrauen einzuflößen. Für solche Aufgaben wird stets ein Engländer bevorzugt, und er sollte immer darauf achten, diese Leute fortwährend zu beschäftigen, und sei es auch mit noch so leichten Arbeiten.

Ich habe acht Winter in verschiedenen Teilen dieser steinigen Gegend zugebracht und ebenso viele schnee- und eisfreie Jahreszeiten, in welchen ich ihre zahlreichen Flüsse und Seen teilweise entdeckte und vermaß. Weil die Hervorbringungen des Landes und die Art und Weise, wie die Menschen ihren Lebensunterhalt bestreiten, überall die gleichen sind, will ich Wiederholungen vermeiden und mich bei meiner Beschreibung der Erscheinungen des Klimas und aller anderen Dinge, welche Aufmerksamkeit verdienen, auf eine zentrale Gegend beschränken. Dies ist der Reed Lake, der Schilfsee im Nordwesten des Winnipeg-Sees, welcher von den Eingeborenen *Peepeequoonuskoo Sakahagan* genannt wird. Er hat eine Wasserfläche von etwa 40 Meilen Länge und drei bis fünf Meilen Breite. Das ihn umgebende Uferland zeigt zuweilen Klippen, steigt jedoch meistens sanft auf eine Höhe von etwa 100 Fuß an und hat schöne Wälder mit Birken, Espen und verschiedenen Arten von Kiefern. Das Haus der Handelsniederlassung habe ich im Jahre 1794 dort auf 54° 40′ nördlicher Breite und 101° 30′ Länge westlich von Greenwich errichtet.

Dieser Abschnitt der steinigen Gegend heißt Bisamratten-Land und hat eine Fläche von etwa 22 360 Quadratmeilen, wovon ganze zwei Fünftel der Oberfläche von Flüssen und Seen bedeckt sind. Die Erscheinungen und Merkmale dieses Landes unterscheiden sich deshalb auch deutlich von den entfernteren, trockenen und höher liegenden Gegenden im Landesinneren.

125

Die Eingeborenen hier sind die Nahathaway-Indianer, deren Vorväter schon in Zeiten, die jenseits aller Überlieferung liegen, in diesem Lande gejagt haben. Unterhält man sich mit ihnen über ihre Ursprünge, so scheinen sie niemals ihre Gedanken diesem Gegenstande zugewandt zu haben. Sie glauben wohl, daß sich das Menschengeschlecht, ebenso wie die Tiere, in beständiger Aufeinanderfolge befinde und fortsetze, ohne jegliche Veränderung. Ihr tatsächliches Wissen über vergangene Zeiten reicht nicht weiter als bis zu der Zeit, da ihre Urgroßväter lebten.

Ihre Überlieferungen von der Sintflut habe ich bereits erwähnt. Alle ihre Erzählungen beziehen sich auf Zeiten, da die Menschen viel größer und stärker waren als jetzt, und da die Tiere zahlreicher waren und sich mit den Menschen unterhalten konnten, vor allem der Bär, der Biber, der Luchs und der Fuchs.

Viele, welche bisher über die nordamerikanischen Indianer geschrieben haben, vergleichen diese mit sich selbst, die sie doch Männer von Bildung sind, und natürlich schneiden die Indianer bei solchen Vergleichen schlecht ab. Das ist ungerecht. Eher möge man sie mit jenen in Europa vergleichen, welche keine Bildung genossen haben, doch auch in einem solchen Vergleiche hätte der Indianer den Nachteil, daß ihm nicht die Erleuchtungen des Christentums zuteil geworden sind. Natürlich mangelt seinem sittlichen Charakter die Festigkeit der christlichen Moral, doch praktisch ist er jenen in Europa, welche seiner Klasse entsprechen, vollauf ebenbürtig. Er lebt ohne Gesetz, und doch gibt er und ist er sich selbst sein eigenes Gesetz. Man sagt, der Indianer sei ein Geschöpf voller Apathie; doch wenn er als solches erscheint, darf man annehmen, daß es seinem Wesen entspricht, zu verbergen, was in seinen Gedanken vorgeht. Außerdem steht ihm nichts von der nahezu

126

unbegrenzten Vielfalt von Dingen zur Verfügung, welche den zivilisierten Menschen interessieren und unterhalten.

Seine Leidenschaften, Wünsche und Gemütsbewegungen sind stark, wiewohl sie gebändigt erscheinen, und erfassen den ganzen Menschen. Das Recht auf Vergeltung, welches durchaus zulässig ist, verschafft dem Leben eines Mannes Achtung und Ansehen. Doch im allgemeinen verabscheut er das Blutvergießen, und wenn ihn irgendeine traurige Notwendigkeit dazu zwingt, was manchmal der Fall ist, gilt er als ein unglücklicher Mensch. Derjenige jedoch, welcher aus Absicht einen Mord begangen hat, wird mit Abscheu behandelt und gilt als einer, vor welchem das Leben keines Menschen sicher ist, da ein böser Geist von ihm Besitz ergriffen hat.

Als einstmals die Hudson Bay entdeckt ward und die erste Handelsniederlassung sich dort ansiedelte, waren die Eingeborenen bei weitem zahlreicher als in der Gegenwart. Im Jahre 1782 griffen die Pocken in Kanada auf diese Eingeborenen hier über, und mehr als die Hälfte von ihnen starb. Obwohl sie keine Feinde haben und ihre natürliche Umgebung sehr gesund ist, nimmt ihre Zahl nur sehr langsam wieder zu. Im Bisamratten-Lande, dessen Fläche ich genannt habe, mag es etwa 92 Familien geben, jede zu sieben Köpfen, womit sich für jede Familie eine Fläche von 248 Quadratmeilen an Jagdgründen ergibt. Das ist eine sehr geringe Bevölkerungsdichte.

Neuerdings berichtete ein Verfasser von unzähligen wilden Tieren in dieser Gegend. Solche Schreiber erzählen aufs Geratewohl, doch haben sie niemals gezählt oder nachgerechnet. Die Tiere sind keineswegs so zahlreich vorhanden, und nur in hinreichend großen Zahlen könnten sie den Eingeborenen einen genügenden Lebensunterhalt sichern; diese sind oft genug gezwungen, mit sehr wenig Nahrung auszukommen, und manchmal gehen sie fast am Hunger zugrunde.

Sehr wenige Biber lassen sich finden, die Bären sind nicht zahlreich, und alle Pelztiere, welche ein Indianer zu töten vermag, reichen kaum aus, um seine und seiner Familie bescheidenste Lebensbedürfnisse zu befriedigen. Eine merkwürdige Vorstellung herrscht bei diesen Eingeborenen – und gleichfalls bei allen Indianern bis zu den Rocky Mountains, obwohl sie einander nicht kennen –, daß nämlich, als sie selbst zahlreich waren, ehe die Pocken sie dezimierten, auch jede Art von Tieren zahlreicher vorhanden gewesen sei, jeweils im Verhältnisse zur Anzahl der Eingeborenen.

Dies bestätigte mir ein alter Schotte, welcher im Dienste der Hudson's-Bay-Gesellschaft stand, gleichfalls taten dies die Kanadier, deren Kenntnisse das ganze Landesinnere umfassen. Die Tatsache der Verringerung der Tierbestände galt als gesichert, doch wußte man von keinerlei Krankheit unter den Tieren und von nichts anderem, was dafür hätte in Betracht kommen können. Vielmehr möchte man doch annehmen, daß die Verminderung der Menschen eine Zunahme der Tiere ermöglichen würde und daß diese sogar bedrohlich für die wenigen überlebenden Eingeborenen wären; doch weder die Büffel noch das Rotwild, die Rentiere oder die fleischfressenden Tiere wurden mehr, sondern sind – wie ich bereits erwähnte – zur Not gerade ausreichend für den Lebensunterhalt der Eingeborenen und der Händler.

Die Häuser der Handelsposten überall im Lande sind an den Ufern von Seen von mindestens 20 Meilen Länge und zwei bis drei Meilen Breite gelegen, nach Möglichkeit an größeren, denn nur die großen und tiefen Seen haben genügend Fische, um die Pelzhändler und ihre

Leute zu ernähren. Die Indianer können sich bestenfalls dann und wann ein Stück Wild leisten.

Wenn ein Eingeborenenhund in der Winterszeit eine Bärenhöhle entdeckt hat und die Eingeborenen darangehen, den Bären zu töten, tragen sie zunächst die Decke der Höhle ab und finden den Meister Petz, wie er, aus seinem schlafenden Zustande aufgeweckt, dasitzt und bereit ist, sich zu verteidigen. Der älteste Mann unter den Indianern hält nun eine Rede an den Bären und tadelt ihn und seine ganze Rasse, daß sie von alters her die Feinde des Menschen seien und, da sie groß und stark waren, Kinder und Frauen getötet hätten. Nun aber, da der Manitu ihn klein und schwach gemacht habe, hätte er zwar den ganzen Willen, Böses zu tun wie bisher, jedoch nicht mehr die Kraft dazu. Er sei heimtückisch, und man könne ihm nicht trauen; obwohl er Verstand habe, mache er nur schlechten Gebrauch davon; deshalb müsse er getötet werden.

Teile dieser Rede enthalten viele Wiederholungen, um deren Wahrheit dem Bären einzuhämmern; doch dieser sitzt die ganze Zeit grinsend und brummend da, bereit zu kämpfen, aber lieber noch zu entwischen – bis die Axt auf seinen Kopf niedersaust oder bis er erschossen wird; letzteres ist häufiger der Fall, da sich die Höhlen oft unter den Wurzeln umgestürzter Bäume befinden und so durch die Verästelungen des Wurzelwerks geschützt sind.

Nachdem ein Bär solchermaßen getötet und aus seiner Höhle gezogen worden war, fragte ich den Indianer, welcher die Rede gehalten hatte, ob er denn wirklich glaubte, daß der Bär ihn verstanden hätte. Er erwiderte: »Wie könnt Ihr das bezweifeln? Habt Ihr nicht gesehen, wie ich ihn beschämt habe und wie er seinen Kopf gesenkt hat?« – »Wie sollte er nicht seinen Kopf senken, da du eine schwere Axt über seinem Kopfe schwangst, mit welcher du ihn dann tötetest!« Sie haben zahlreiche abergläubische Vorstellungen von diesem Tiere, und in ihren Erzählungen spielt er eine herausragende Rolle.

Wenn die Eingeborenen eine Birke mit tiefen Kerben sehen, sagen sie, sie sei von *Weesarkejauk*, dem Schmeichler, heftig verprügelt worden. Nach ihrer Überlieferung befahl *Weesarkejauk* allen Bäumen, vor ihm zu erscheinen, als sie nach der Sintflut wiederhergestellt worden waren. Alle Bäume außer der Birke gehorchten diesem Befehle. Für diesen Ungehorsam ward die Birke gezüchtigt, und sie trägt noch heute die Zeichen davon.

Die beste Zeit, um die Rinde von der Birke abzuziehen, ist der frühe Sommer. Da der Baum glatt ist, kann er nur schwer erklommen werden; zu diesem Behufe bindet der Eingeborene einen starken Lederriemen von einer großen Zehe seiner Füße zur anderen, indem er dazwischen einen Abstand von etwa einem Fuße läßt. Außerdem hat er ein kräftiges Vierkantmesser mit sehr scharfer Spitze in seinem Gürtel, und so steigt er den Baum hinauf, so hoch wie die Rinde gut ist. Dann schält er einen schmalen Streifen rund um den Baumstamm ab und schneidet daraufhin in einer geraden Linie den Baum hinab die Rinde ganz durch, worauf sich die Borke ohne Schwierigkeit ablöst. Während der Birkensaft hervorquillt, löst sich die Rinde so leicht, daß zwei Leute sie mit leichten Stangen noch an den Baum drücken müssen, bis sie im ganzen vorsichtig abgenommen werden kann. Sodann wird die Birkenrinde erwärmt, und ihre gebogene Form wird flachgepreßt, indem sie auf den Boden gelegt und von leichten Holzklötzen in dieser Lage gehalten wird. Auf diese Weise wird die Rinde für den weiteren Gebrauch zubereitet.

Im allgemeinen beträgt die Länge dieser Rindenstreifen zwischen neun und 15 Fuß, bei einer Breite von 24 bis 30 Zoll; nur sehr wenige Bäume liefern unter diesem

Klima eine größere Breite. Da die Birkenrinde undurch-
lässig für das Wasser ist, werden daraus Kanus gemacht,
in allen Größen bis zu 30 Fuß Länge und vier bis fünf
Fuß Breite über den mittleren Querbalken. Diese großen Kanus werden von den Pelzhändlern zum Trans-
porte von Fellen und Waren aller Art benützt; sie sind
so leicht, daß sie umgedreht von zwei Mann getragen
werden können. Am Ufer gewähren diese Kanus den
Männern gutes Obdach bei Regen und zur Nacht.

Die Kanus der Eingeborenen haben eine Länge von
zehn bis 16 Fuß sowie eine entsprechende Breite. Während der eisfreien Jahreszeit halten sie sich fast ständig
darin auf: jagenderweise sowie von einem Ort zum anderen ziehend, da ja die Flüsse und zahlreichen Seen
freien Zugang zu fast allen Teilen des Landes gewähren.
Ihre Schüsseln und Gegenstände des Hausrates sind zumeist aus Birkenrinde gefertigt und von unterschiedlicher Größe; sie sind leicht einzupacken und wegen ihrer
glatten, festen Oberfläche gut reinzuhalten. Diese Rinde
ist leicht entzündlich und liefert hell brennende Fak-
keln. Zur Abdeckung und Umhüllung der Zelte und
Hütten der Eingeborenen wird die Rinde zusammengenäht, so daß sie die gewünschte Form annimmt. Da sie
wasserdicht ist, liefert sie ein leichtes, behagliches Zelt
für jegliches Wetter; und wenn der Regen vorüber ist,
können die Eingeborenen sogleich weiterziehen, wohingegen ein vom Regen durchnäßtes Lederzelt die Dauer
eines Tages sowie Feuer zum Trocknen erfordert.

Die Chipewyan-Indianer

Bislang galten meine Bemerkungen allein jenem Teile der großen steinigen Gegend, in welchem die Nahathaway-Indianer ihre Jagdgründe haben. Der nördliche Teil der Gegend, in der Höhe der Hudson Bay sowie nach Norden und weit nach Westen, wird von einer gesonderten Indianerrasse durchjagt und im Besitze gehalten, welche, so weit sie auch verstreut sein mag, als ihren Ursprung und ihr Herkunftsland die Mündungsgegend des Churchill River in das Meer behauptet. Nach dem steinernen Fort, dem bereits erwähnten Fort Prince of Wales, nennen sie diesen Ort Steinhaus. Ihr Eingeborenen- oder Stammesname, mit welchem sie sich selbst bezeichnen, ist *Dinnie* (oder *Dene*), wobei er in Verbindung mit Jagdgegenden ihres Landes, welche wie ein Adjektiv vorangestellt werden, gebraucht wird: *Tza Dinnie* bedeutet *Biber Dinnie*. Ihre südlichen Nachbarn, die Nahatha-

Kanubau der Nördlichen Indianer:
»Fig. A ist der Boden des Kanus und das mit B bezeichnete Ende das Vorderteil. Fig. C stellt das vollständige Gerippe dar, ehe man es mit Birkenrinde verkleidet hat. Es ruht auf einem Hügel, den die Eingeborenen aufwerfen, wenn sie ein solches Fahrzeug bauen wollen. Fig. D ist ein Stoß Zimmerholz, in die passende Form gebogen, dann gebunden und zum Trocknen hingelegt. Fig. E ist ein vollständiges Kanu. Fig. F stellt ein Paddel dar, Fig. G einen Speer, mit dem die Indianer Rotwild erlegen. Fig. H zeigt die Art, wie das Kanu getragen wird. – Bei Fig. C ist noch anzumerken, daß Bug- und Heckteil mit einer gabelförmigen Stange gestützt werden und daß man den Boden des Kanus mit großen Steinen beschwert, bis das Gerippe verkleidet ist.« (Samuel Hearne)

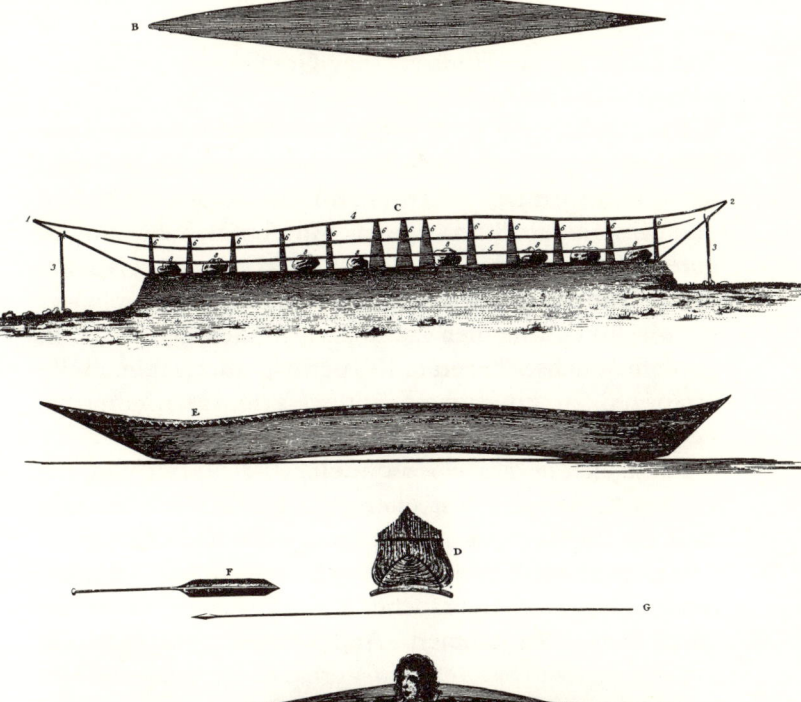

way-Indianer, nennen sie *Chipewyans* (Spitzfelle) wegen
der Form, in welcher sie ihre Biberfelle trocknen. Von
den Händlern der Hudson's-Bay-Gesellschaft werden sie
Nördliche Indianer genannt.

Ihre Gesichtsform ist oval, die Schädelform nach außen gewölbt mit spitzem Kinn und hohen Backenknochen, die Nase ragt scharf hervor, die Augen sind klein
und schwarz, die Stirn ist hoch, Mund und Gebiß sind in
gutem Zustande, das Haar ist schwarz, lang und glatt, bei
den Männern gröber. Der Gesichtsausdruck, obzwar
nicht schön zu nennen, ist doch männlich. Sie sind von
großem Wuchse, hagerem Körperbau, doch fähig, große
Strapazen zu überstehen; zudem sind sie friedfertige
Leute und verabscheuen das Blutvergießen.

Die Nahathaways sehen mit einer Art Verachtung auf
sie hinab, da sie selbst eher zum Kriegführen neigen,
weil sie im Jäger naturgemäß auch den Krieger sehen.
Die Dinnie wiederum geben auch einigen Anlaß hierzu,
indem sie deren Gebräuche, welche sie von ihnen er-
lernt haben, nachahmen. Andererseits behandeln sie
ihre Frauen wie Sklaven, ein Verhalten, welches die Nahathaways verabscheuen. Wenn sie Streit haben, greifen
die Dinnie niemals zu den Waffen, sondern klären die
Angelegenheit, indem sie miteinander ringen, sich an
den Haaren ziehen oder den Hals verdrehen.

Wenn sie auch dem Spotte ihrer Nachbarn ausgesetzt
sind, so brauchen sie keinen von den Weißen zu fürchten, welche vielmehr ihre friedfertigen Gewohnheiten
unterstützen. Die Dinnie bemerken mit Recht, daß ein
schönes Land, in dem es reichlich zu essen gäbe, die
Leute wohl ermutigen möge, gegeneinander auf den
Kriegspfad zu gehen. Doch die Strapazen und die Mühsal, denen sie sich auf der Jagd unterziehen müssen, er-
müden sie so, daß sie abends froh sind, wenn sie sich
ausruhen können. Obwohl sie oft Hungers leiden müs-

sen, verhindert doch ihre beständige Sparsamkeit, daß Elend und Not über ihre Familien kommen.

Ihr Land hat sehr große, aber auch viele kleinere Seen. Wenn das Wild zu Lande knapp ist und Zeiten längerer Windstille kommen, wenden sie sich den Seen zu und angeln Forellen oder Hechte, worin sie äußerst geschickt sind. Obgleich sie unsere Haken verwenden, ziehen sie für größere Fische ihre eigenen vor, welche aus Knochen gemacht sind; ein Fisch, den sie mit ihrem Knochenhaken gefangen haben, kann sich nicht mehr losmachen, wie es manchmal bei unseren Haken passiert.

Ob Fisch oder Fleisch – was nicht sogleich benötigt wird, heben sie sorgsam für die nächste Mahlzeit auf. Jeglichen Gegenstand, welcher ihnen von Nutzen sein kann, bewahren sie aufs sorgfältigste. Und wenn sie von einem Orte zum nächsten ziehen, was sie oft tun, sind ihre Frauen schwer beladen; die Männer tragen wenig mehr als ihre Büchse und ihr Fischgerät. Selbst ein kleines Mädchen von acht Jahren muß seinen Anteil an den Lasten tragen, wohingegen die Knaben nur irgendwelche Kleinigkeiten oder Pfeile und Bogen mit sich führen. Diese harte Behandlung hat zur Folge, daß Frauenmangel bei ihnen herrscht, und wenn ein Mädchen zwölf Jahre alt ist, wird es einem Manne vom doppelten Alter zur Frau gegeben, denn die jungen Männer können nicht ohne Schwierigkeiten eine Frau erhalten. Aus diesem Grunde kommt die Polygamie bei ihnen selten vor. Die Beschwernisse und Entbehrungen, welche die Frauen zu erdulden haben, sind es, die sie allzuoft dazu bringen, die weiblichen Säuglinge gleich nach der Geburt sterben zu lassen; und dies betrachten sie als ein gutes Werk an ihnen. Und wenn jemand von uns mit einer Frau sprach, die solches getan hatte, war für gewöhnlich ihre Antwort, sie wünschte, ihre Mutter hätte das gleiche mit ihr selbst getan.

Wenn man die Männer zu überzeugen versuchte, daß dieses mühselige, arbeitsreiche Leben zu hart für die Frauen sei und deren allzu frühen Tod verursache, daß es überhaupt eine Schande für sie sei, und wie anders doch die Nahathaways ihre Frauen behandelten – erklärten sie stets, die Frauen seien eine minderwertigere Art von Menschen und nur zum Gebrauche der Männer geschaffen; die Nahathaways seien eben ein ganz anderes Volk, von welchem sie sich nicht anleiten zu lassen brauchten. Ich fand auch heraus, daß die Frauen dem stärksten Manne als dessen Eigentum zu Gebote standen, bis sie ein Kind oder mehr geboren hatten.

Ich habe monatelang unter ihnen gelebt und fand, daß sie freundliche und gute Menschen sind; aber die Art, wie sie ihre Frauen behandelten, ließ sie mir stets als unmännliche oder gar unmenschliche Rasse erscheinen. Weder im Elende noch im Überflusse – in welchem Zustande sie sich auch immer befinden mochten –, nie sah ich sie irgendwelche religiösen Übungen vollbringen; sie feiern keine Feste, kennen keine Tänze oder Dankopfer. Sie scheinen zu glauben, daß alles von ihren eigenen Fähigkeiten und von ihrem Fleiße abhängt, und den religiösen Vorstellungen der Nahathaways schenken sie größtenteils keinen Glauben. Aus den regelmäßigen Wanderungen der Wasservögel und der Rentiere schließen sie, daß irgend etwas oder irgendwer wie ein Manitu auf sie achtet und sich ihrer annimmt, doch dies kann sie nicht daran hindern, jene zu töten. Sie glauben an eine zukünftige Existenz, welche jedoch weitgehend diesem Leben hier gleicht. Sie haben also keine großartigen Vorstellungen davon, sondern glauben lediglich, daß dieses künftige Leben etwas besser als das gegenwärtige sei. Sie fürchten den Tod als ein großes Unglück, sehen ihm jedoch mit Ruhe und gefaßter Stärke entgegen. Die Frau eines Verstorbenen muß ein Jahr lang um ihn trauern;

ihr Haar, welches abgeschnitten und neben den Toten gelegt wird, kann in dieser Zeit wieder wachsen, und danach darf sie die Frau eines anderen werden. Für die Männer gibt es nach dem Tode ihrer Frauen keinerlei Einschränkungen; sie können sich eine andere Frau zum Weibe nehmen, sobald sie dies vermögen, und lassen es oft nicht einmal zu, daß eine Witwe ihr Trauerjahr vollende, sondern nehmen sie sich vor der Zeit.

Ihre Toten begraben sie nicht, sondern lassen sie liegen und von wilden Tieren verschlingen. Dies könnte leicht verhindert werden, indem man sie mit Holz oder Steinen bedeckt, doch solches wird nur selten getan; manchmal wird der Tote auf ein Gerüst gelegt, aber auch dieses geschieht selten.

Es gibt eine alte Überlieferung bei ihnen, die besagt, daß der Große Geist auf einen Felsen herabstieg, einen Hund ergriff und diesen in kleine Stücke zerriß, welche er ausstreute. Jedes dieser Stücke ward ein Mann oder eine Frau, und diese Männer und Frauen wurden zu ihren Ureltern, von welchen sie alle abstammen. So ist der Hund ihr gemeinsamer Ursprung. Aus diesem Grunde halten sie sehr wenige Hunde, und häufig haben viele Zelte keinen einzigen Hund bei sich. Sie verabscheuen auch die Hundefeste der Nahathaways und der französischen Kanadier; letztere betrachten ja einen fetten Hund als einen Leckerbissen, ebenso wie ein fettes Schwein.

Ihre Sitten und ihre Moral sind so gut, wie man das eben von ihnen erwarten kann; sie zwingen ihre Frauen zur Keuschheit, üben sie aber wohl auch selbst aus. Sie pflegen strenge Ehrlichkeit und verabscheuen einen Dieb. Sie sind freigebig und menschenfreundlich zu denen, welche in Not geraten sind, soweit es ihnen die Umstände erlauben.

Als die kriegerischen Stämme der Schwarzfuß- und

Piegan-Indianer die Great Plains, die großen Ebenen, von den Schlangen-Indianern eroberten und in Besitz nahmen, besetzten die Nahathaways die solchermaßen verlassenen Ländereien und zogen aus dem rauhen Klima der Gegenden in 61 Grad nördlicher Breite südwärts nach 56 Grad nördlicher Breite. Die Dinnie oder Chipewyans besetzten gleichermaßen das Land hinab bis zu der letztgenannten Breite und westwärts vom Peace River, dem Friedensflusse, bis zu den Rocky Mountains. So haben sie sich stillschweigend von den arktischen Regionen bis zu ihren jetzigen Gebietsgrenzen ausgedehnt und werden weiterhin nach Süden drängen, soweit es die Nahathaways zulassen.

Eine Reise zum Athabasca-See

Nachdem ich nunmehr die Menschen beschrieben habe, unter welchen ich umherzureisen hatte, muß ich zunächst noch einmal ein paar Jahre zurückgreifen. Ich hatte den Winter vom Jahre 1794 auf das Jahr 1795 am Reed Lake, nordwestlich des Winnipeg-Sees, verbracht und dort jenen Teil der großen steinigen Gegend erkundet und aufgezeichnet, um nun in den nördlichen Teil dieser Region vorzudringen, welcher von jenen Eingeborenen bejagt wird, wie ich sie geschildert habe.

Von Mr. Joseph Colen, dem Statthalter in York Factory, hatte ich die Erlaubnis eingeholt, das Land nordwestlich des Zusammenflusses des Reindeer River, also des Rentier-Flusses, mit dem Missinipi, welcher Name »Großes Wasser« oder »Große Gewässer« bedeutet und womit der Churchill River gemeint ist, bis zum Ostufer des Athabasca-Sees zu erforschen, denn dies war gänzlich unbekanntes und unerkundetes Land. Ich stieß bis zum Fairford House vor, welches am Ufer des Churchill eine Meile unterhalb der Einmündung des Rentier-Flusses gelegen ist. Wir müssen unseren Blockhütten stets Eigennamen geben, und dieses Haus wurde im Jahre 1795 von Mr. Malcolm Ross erbaut, welcher hier den Winter zubrachte, es im Jahre darauf jedoch zugunsten von Bedford House am Westufer des Rentier-Sees aufgab. Der Name stammt aber wohl von dem Dorfe Fairford in Gloucestershire.

Nicht ein einziger Mann konnte zu meiner Begleitung vom Pelzhandel erübrigt und abgestellt werden, denn auch nur unter größten Schwierigkeiten vermochte die Hudson's-Bay-Gesellschaft damals Männer bereitzustellen, um die wenigen Handelsstützpunkte, -posten und

-häuser im Landesinneren, welche sie zu dieser Zeit besaß, zu unterhalten. Der Krieg, welcher zwischen England und Frankreich wütete, hatte die Orkney-Inseln
buchstäblich ausbluten lassen – was all diejenigen Männer betrifft, welche für die Flotte oder für die Armee
tauglich waren; und nur die als ungeeignet zurückgewie-
senen Leute konnten für den Pelzhandel geworben werden.

Ein Kanu mit drei zuverlässigen Männern und einer
Eingeborenenfrau muß alljährlich die Ankunft des Schiffes aus England abwarten, um die Briefe und Anweisun-
gen der Gesellschaft zu den Handelsposten im Landesinneren zu bringen. Doch es kamen nur sehr wenige
Männer für den Pelzhandel mit dem Schiffe, und diese
wenigen waren nur fünf Fuß und fünf Zoll groß oder gar
kleiner. Ein Mr. James Spence hatte den Befehl über das
Kanu, und seine Indianerfrau sah beständig diese Männer und dann ihren Ehemann an. Nach einer Weile
sagte sie schließlich: »James, hast du mir nicht immer gesagt, die Menschen in deinem Lande seien so zahlreich
wie die Blätter auf den Bäumen? Wie kannst du solche
Unwahrheit sprechen – sehen wir denn nicht alle ganz
klar, daß hier die allerletzten von ihnen angekommen
sind? Wenn es dort noch mehr Männer gäbe, wären
dann diese Zwerge hier?« – Dies schien die unge-
schminkte Wahrheit zu sein, und James Spence mußte
sie schweigend hinnehmen.

Daß ich also keinen Weißen finden würde, der mich
begleiten könnte, dämpfte meinen Eifer etwas; doch
meine Neugierde, unbekannte Länder kennenzulernen,
gewann die Oberhand, und da es der Zufall wollte, daß
gerade ein paar Chipewyans da waren, welche mit ihren
wenigen Fellen gehandelt hatten, verpflichtete ich zwei
junge Männer von jenen, welche mich begleiten sollten.
Beide hatten zwei Winter lang in dem Lande gejagt, wel-

ches wir erkunden sollten, waren jedoch niemals im Sommer auf den Flüssen und Seen gewesen. Beide waren unverheiratete junge Männer. Der eine, Kozdaw mit Namen, war von kräftiger Gestalt und großem Tatendrange, fröhlich, unbesonnen und zu jeglichem Dienste bereit; er erklomm Bäume und wagte sich an die Adler im Neste heran; doch bei all seiner Wildheit war er von freundlichem und treuem Gemüte. Der Name des anderen war so schwierig, daß ich ihn nicht auszusprechen vermochte, weshalb ich ihn Paddy nannte. Er war von schlanker Gestalt, nachdenklich und sanft veranlagt. Indem nichts für uns bereitstand, mußten wir in die Wälder gehen, um uns all das Material zu beschaffen, aus welchem wir ein Kanu bauen konnten. Es ward 17 Fuß lang und war 30 Zoll breit über den mittleren Querbalken.

Fairford House hat für den Handel eine günstige Lage, jedoch bringt der Fischfang hier nur kärglichen Ertrag. Mit drei Netzen, ein jedes zu 50 Faden Länge, vermochten wir uns kaum zu ernähren. Wir fingen Weißfisch, Hecht und Karpfen, von welchen keiner besonders gut war. Das Haus liegt auf 55° 33′ 28″ nördlicher Breite, und 103° 9′ 52″ Länge westlich von Greenwich am Ufer des Missinipi (»Großes Gewässer« – wegen der großen Ausbreitung seiner Wasser so genannt), welcher jetzt größtenteils Churchill River heißt, obwohl die längste seiner oberen Verzweigungen noch den Namen Biber-Fluß trägt. Dieser südlichere Zufluß kommt vom Biber-See, nicht weit von den östlichen Ausläufern der Rocky Mountains. Indem er in die Seenkette einmündet und durch das Felsenland fließt, breitet er sich in sehr unregelmäßig geformte Seen aus, welche streckenweise von Felsendämmen durchkreuzt werden und durch Felsenengen und Schluchten in ähnlich seltsam gestaltete Seen stürzen – bis auf 100 Meilen vor Churchill Factory, wenn der Verlauf dann die gewöhnliche Form eines Flusses mit vielen Stromschnellen und Wasserfällen annimmt und schließlich etwa zehn Meilen vor der Einmündung in das Meer den Wassern der Gezeiten begegnet. Diese ganze Strecke des Flußlaufes führt durch ein an Rotwild, also Rentieren, sowie Pelztieren und auch Fischen armes und für diese Tiere karges Land. Es gibt ein paar sehr gute Fischgründe, aber sie finden sich nur in den tiefen Seen dieser Gegend, welche gänzlich unabhängig von dem Missinipi sind, obschon deren Abflüsse sich in ihn ergießen.

Früh am zehnten Tag des Monats Juni im Jahre 1796 waren wir reisefertig, und unsere Ausrüstung bestand aus einer Vogelflinte, 40 Kugeln, fünf Pfund Schrot, drei Feuersteinen und fünf Pfund Pulver sowie einem Netz von 30 Faden Länge, einer kleinen Axt, einem kleinen Zelt aus grauem Baumwollstoffe, dazu ein paar Kleinigkeiten, um Proviant dagegen einzutauschen, wie Perlen, Messingringe und -ahlen; doch bestand wenig Hoffnung auf solcherlei Handel. In der Hauptsache mußten wir uns auf Gottes Vorsehung sowie auf unser Netz und unser Gewehr verlassen.

Die Mündung des Rentier-Flusses, welches der große nördliche Zufluß des Churchill River (Missinipi) ist, liegt etwa eine Meile oberhalb von Fairford House; und diesen Strom aufwärts drangen wir in nördlicher Richtung 64 Meilen weit bis zum Rentier-See vor. Dieser Fluß ist ein mächtig tiefer Strom, etwa 100 Ellen breit, und hat fünf Wasserfälle und eine ebensolche Zahl von Tragstellen, über welche wir das Kanu am Ufer entlang tragen mußten. Die Wasserfälle haben eine Höhe von vier bis zu 14 Fuß, und es gibt nur eine Stromschnelle. Die Strömung ist mäßig, etwa eine bis zwei Meilen in der Stunde, und der Fluß bildet sich an zahlreichen Stellen zu kleinen Seen aus. Die Ufer werden von schräg abfallenden hohen Felsen und zahlreichen sandigen Buchten gebildet. Die Wälder bestehen hier aus kleinen Birken, Espen und Kiefern, welche auf den Felsen mit nur sehr wenig Erdreich wachsen. An manchen Stellen gibt es so gut wie überhaupt keins, und die Bäume halten sich durch ihr gegenseitig verwobenes und verflochtenes Wurzelwerk fest, auf gleiche Weise wie die Bäume auf dem gefrorenen und niemals auftauenden Boden an der Hudson Bay. In beiden Fällen werden die Wurzeln im Sommer durch das darüberwachsende und sie bedeckende nasse Moos feucht gehalten.

Die Eingeborenen sind oftmals sehr nachlässig, wenn sie das Feuer, welches sie gemacht haben, auslöschen, und ein kräftiger Wind kann es zwischen den Kiefern wieder entfachen, welche stets leicht Feuer fangen, und so brennen die Kiefernwälder, bis ein großer Sumpf oder See dem Feuer Einhalt gebietet. Viele Meilen Landes erscheinen solchermaßen höchst unansehnlich, und viele Tiere und Vögel, insbesondere Schneehühner, welche sich offenbar nicht zu retten wissen, werden vernichtet. Doch all diese Verheerungen haben für den Indianer keine Bedeutung, denn sein Land ist groß.

Wir begaben uns am Westufer des Rentier-Sees entlang in genau nördlicher Richtung 108 Meilen weit bis zu einem Punkte mit hinlänglich gutem Kiefernbestande, dem besten, welchen wir bisher gesehen hatten, und dort bauten wir spät im Herbste ein Haus als Handelsposten. Seine Lage ist: 57° 23' nördlicher Breite, 102° 59' westlicher Länge.

Die gesamte Strecke, welche wir zurückgelegt hatten, führte über felsiges und unfruchtbares Land, und an vielen Stellen hatte das Feuer gewütet. Die Waldungen sind klein und verkümmert. In der obengenannten Höhe ergießt sich der Paint River, der Farben-Fluß, in den See, ein beträchtlicher Strom, welcher aus dem Westen kommt; außerdem münden ein paar Bäche in den See. Das Wasser ist klar und tief, und der See hat überall kleine Felseninseln, welche mit Zwergföhren bestanden sind.

Wir zogen sodann auf einem kleinen Flusse stromaufwärts, welcher sich als seicht erwies und viele Stromschnellen hatte und uns bald zu etlichen Tümpeln und Bächen mit zahlreichen Landübergängen führte, welche insgesamt eine Verbindung über 50 Meilen schufen, bis wir schließlich an den Ufern des Manitu-Sees anlangten, dessen heutiger Name Wollaston-See ist. Diese ganze Route kann in der freien Jahreszeit nur von kleinen Kanus befahren werden. Das Land hier ist wie gewöhnlich karg und felsig. Bisher waren wir keinem einzigen Eingeborenen begegnet, und die Beute unserer Flinte und unseres Netzes war äußerst gering. Diese Route wird von den Eingeborenen benützt, um die langen Uferstrecken des Rentier- und des Manitu-Sees und die Überquerung von deren großen Buchten, welche für ihre kleinen Kanus zu gefährlich wäre, zu vermeiden. Dieser große See heißt Manitu, was »übernatürlich« bedeutet, weil er zwei Flüsse in verschiedene Richtungen aussendet: Von seiner Ostseite fließt ein kräftiger Strom nach Süden und mündet in den Rentier-See und so schließlich in den Churchill River; und von der Westseite des Manitu-Sees fließt der Schwarze Fluß nach Westen zur Ostspitze des Athabasca-Sees und auf diesem Wege zum Mackenzie River. Eine solche Erscheinung ist wohl ohnegleichen auf der Welt.

Die letzten 50 Meilen hatten uns über flaches, felsiges und sumpfiges Land geführt, und Myriaden von Stechmücken hatten uns gequält. Wir befanden uns nunmehr an den Ufern des Manitu-Sees, welchen überall, soweit das Auge blicken konnte, steile Ufer umgaben. Das Land erhob sich mehrere hundert Fuß steil über den See, und diese Anhöhen waren mit Kiefernwäldern bewachsen. Auf dem See selbst befanden sich zahlreiche schöne Inseln von grob kegelförmiger Gestalt, welche gleichfalls gut mit Waldbestand bedeckt waren. Diese großartige Szenerie beeindruckte mich sehr, doch bald fand ich heraus, daß die scheinbar so schönen Wälder eine Täuschung und lediglich Zwergföhren waren, welche auf den Felsen wuchsen und nur durch ihr untereinander verschlungenes Wurzelwerk Halt fanden.

Auf unserem Wege sah ich eine schöne Insel, welche als ein vollkommener Kegel von etwa 60 Fuß Höhe erschien und offensichtlich bis zur obersten Kegelspitze bemerkenswert gut bewaldet war. Ich fuhr dorthin, obgleich meine Gefährten sagten, es wäre verlorene Zeit. Nach unserer Landung gingen wir durch den scheinbar so schönen Wald, wobei unsere Häupter über all diese Bäume hinausragten, von welchen die höchsten uns gerade bis zum Kinn reichten. Indes wir uns darüber erheiterten, erhob sich der Wind und hielt uns bis kurz vor Sonnenuntergang fest. Um uns die Zeit zu vertreiben, lösten wir die Wurzeln dieser Föhrensträucher auf etwa 20 Fuß im Quadrate. Auf einmal glitt nun dieser Föhrenbewuchs der Insel den steilen Felsen hinab in den See und bildete dort eine schwimmende Insel mit einer Fläche von 400 Quadratfuß. Die Wurzelfasern waren so fest ineinander verwoben, daß diese Insel auch zusammenhielt, als sie dorthin geriet, wo hohe Wellen gingen; nicht ein Stück trennte sich davon ab, und so trieb sie aus unserem Blickfelde. Wir lösten eine zweite kleine Insel von etwa derselben Fläche, dann eine dritte und eine vierte, und alle schwammen auf gleiche Weise von dannen. Auf dem Inselkegel waren die Wurzeln dieser kleinen Kiefern mit festem Moos von etwa zwei Zoll Dicke und gelber Farbe überdeckt gewesen.

Das Erdreich unter diesen Kiefern auf dem Felsen

war tiefschwarz und humusartig, jedoch so knapp, daß es – hätte man die Fläche von 400 Quadratfuß sauber zusammengekehrt – nicht einmal ein Scheffelmaß gefüllt hätte. Und diese geringe Menge war vielleicht in Jahrhunderten hervorgebracht worden! Die Insel war ein steiler Kegel, und die 1600 Quadratfuß, welche wir freigelegt hatten, wiesen so völlig glatten Felsen auf, daß man ihn kaum hätte erklimmen können, wäre er nicht bewachsen, sondern blank gewesen. Die Insel lag etwa zwei Meilen vom übrigen Lande entfernt – wie also kam es, daß diese Föhren darauf wachsen konnten? Wir sahen keine Zapfen und keine Samen auf ihnen und keine Vögel, welche sich davon nährten. Die Wildnis dieser Länder des Nordens stellt einen immer wieder vor Fragen, welche in der Tat schwer zu beantworten sind.

Nachdem wir die Westseite dieses Sees über 80 Meilen hin am Ufer entlang mit dem Kanu abgefahren hatten, legten wir am Abend des 23.Juni 1796 an dem Austritte des Schwarzen Flusses an und übernachteten hier am Ufer. Wie ich bereits erwähnt habe, fließt der Schwarze Fluß aus dem Manitu-See ab und ergießt sich schließlich in das östliche Ende des Athabasca-Sees.

Was ich später von den Indianern über die Geographie des Manitu- oder Wollaston-Sees erfahren konnte, bestätigte meine eigenen Ansichten hiervon. Nach deren Information hat dieser See eine sehr große Ausdehnung, und die 80 Meilen, welche wir an seinem Ufer entlanggefahren waren, zählten aufs Ganze gesehen so gut wie nichts. Sie sagen, daß keiner von ihnen jemals ganz die nördliche Ausdehnung des Sees gesehen habe, und auch von der Ostseite nur den südlichen Teil. Die hohen, bei Sturm weit dahinrollenden Wellen auf diesem See, gleich jenen, welche ich auf dem Oberen See beobachtet habe, verraten die große Tiefe des Manitu-Sees und auch, daß sie aus großer Entfernung kommen.

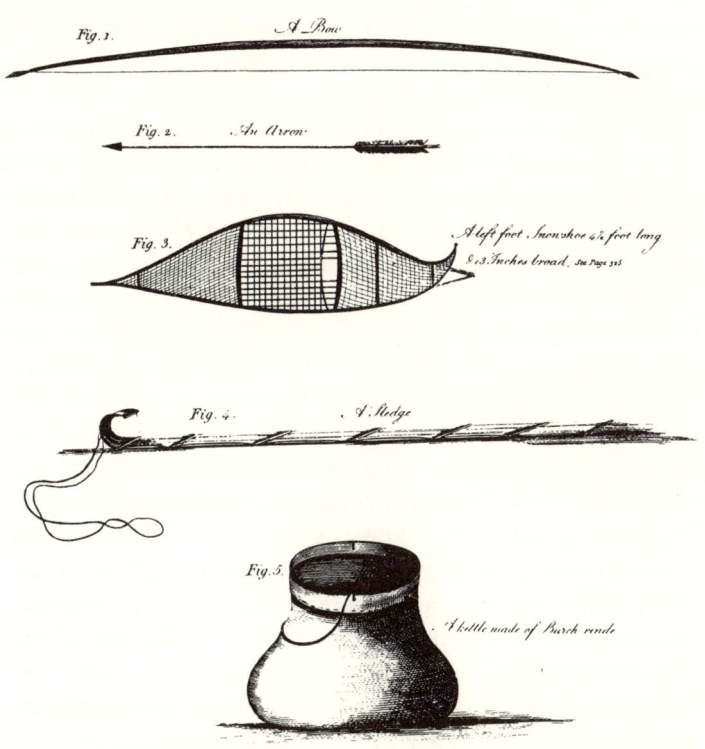

Fig. 1. A Bow

Fig. 2. An Arrow

Fig. 3. A left foot Snowshoe 4½ feet long & 13 Inches broad. See Page 313

Fig. 4. A Sledge

Fig. 5. A kettle made of Birch rinde

Gerätschaften der Indianer: Bogen, Pfeil, Schneeschuh, Schlitten und Kochtopf aus Birkenrinde

Es war stets meine Absicht gewesen, sowohl diesen als auch den Rentier-See vollständig zu erkunden und zu vermessen, doch das beklagenswerte Unglück, welches uns im unteren Laufe des Schwarzen Flusses zustieß, verhinderte dies und ließ mich schon dafür dankbar sein, daß unser aller Leben gerettet werden konnte. Daß diese Länder – selbst für die Eingeborenen – unbekannt sind, wird niemandes Überraschung erregen. Die Kanus der Eingeborenen sind klein und – vor allem, wenn sie mit Frauen, Kindern und Gepäck beladen

147

sind – nur für ruhiges Wasser geeignet, welches man auf diesen Seen selten antrifft. Die Ostufer dieser beiden Seen haben eine Länge von ganzen 600 Meilen, eine Strecke, auf welcher man keine Wälder, sondern nur Felsen und Moos findet. Auf diesem öden und kargen Landstriche trifft man in der freien Jahreszeit zahlreiche Rentiere an, denn diese finden hier reichlich Nahrung, und die beständige Kälte in den Nächten vernichtet die Fliegen und Mücken.

Die Eingeborenen, welche im Gebiete nordöstlich des Rentier-Sees jagen, können dort nicht lange bleiben. Wenn das Moos trocken ist, kann man damit zwar ein hinlänglich gutes Feuer machen. Doch bei nassem Wetter, welches sehr oft vorherrscht, hält das Moos wie ein Schwamm das Wasser fest und kann nicht zum Brennen gebracht werden. Solchermaßen in Ermangelung von Feuer sind sie oft gezwungen, das Fleisch wie auch Fische roh zu verzehren; letzteres habe ich selbst gelegentlich gesehen. Sowie ein Hecht oder eine Forelle gefangen worden ist, werden die Augen herausgeschält und im ganzen verschlungen, denn sie gelten als Leckerbissen.

Was sie auch immer an Wild erlegen, sie vermögen nicht das Fleisch zu trocknen. Sobald sie selbst sich reichlich sattgegessen und mit so vielen Fellen versorgt haben, wie sie solche nur tragen können, verlassen sie dieses Moosland und ziehen in die Waldgegenden, wo sie sich leichter ein Feuer machen und Kiefernstämme beschaffen können, um damit ihre Zelte als Obdach aufzurichten.

Als ich die Eingeborenen über das Land östlich des Manitu-Sees befragte, sagten sie mir, daß zwei von ihnen einmal zwei Tagesreisen direkt östlich des Sees gewesen seien und keine Wälder, sondern nur Moos und kleine Seen, auf denen die Enten ihre Jungen versorgten, und keine anderen Tiere als ein paar Rentier-Herden und Moschusochsen angetroffen hätten. Und es hat den Anschein, daß das ganze Land zwischen diesen beiden großen Seen und der Churchill River Factory sowie weit nach Norden hinauf so und nicht anders beschaffen ist. Der Rentier-See hat nach meinen Vermessungen eine Fläche von 18400 Quadratmeilen, der Manitu-See von nicht weniger als etwa 30000 Quadratmeilen. Die Entfernung vom Beginn des Schwarzen Flusses am Manitu-See bis Churchill Factory beträgt 339 Meilen, wobei die Breite dieses Sees, welche man mit 80 Meilen oder mehr veranschlagen kann, mit eingerechnet worden ist. Es ist bedauerlich, daß die Hudson's-Bay-Gesellschaft all diese Länder nicht erkunden läßt, denn durch ihren königlichen Freibrief und ihre Privilegien ist sie unter Ausschluß aller anderen Personen dazu befugt, dieses weite Land zu erschließen und zu nutzen.

Von zivilisierten Menschen, insbesondere denen in den Vereinigten Staaten, welche eine tödliche Abneigung gegen den nordamerikanischen Indianer – oder, wie er jetzt genannt wird, den »Roten Mann« – hegen, wird zuversichtlich vorausgesagt, daß dieser Rote Mann bald zu existieren aufhören und dem Weißen Mann Platz machen müsse. Das gilt für all die Länder, welche vordem im Besitze des Roten Mannes waren und die der Weiße Mann durch Betrug oder mit Gewalt sich anzueignen als lohnend erachtete. Aber die steinige Gegend, welche ich hier beschrieben habe, ist ein Land von unermeßlicher Ausdehnung, wo der Weiße Mann nicht leben kann, außer von der Jagd, welche er sich nicht aufbürden will. Hier ist also ein riesiger Landstrich, welchen der Höchste, der Schöpfer und Herr der ganzen Erde, dem Wild und anderen Tieren überlassen hat, und für alle Zeit auch dem Roten Manne, welcher hier, wie es viele

Jahrhunderte lang seine Väter getan haben, frei wie der Wind umherstreifen kann. Doch sein unstetes Wanderleben und die Armut des kargen Landes hindern die Bemühungen der Missionare, ihn die geheiligten Wahrheiten des Christentums zu lehren.

Am 25. Tage des Monats Juni fuhren wir den Schwarzen Fluß neun Meilen weit bis zum Hatchet Lake, dem See des Kriegsbeils, hinab. Der Fluß verläuft zwischen zwei Hügeln durch ein Tal mit grobem Grasbewuchse zu beiden Seiten. Er ist etwa 20 Ellen breit, fünf Fuß tief und hat eine mäßige Strömung. Der Hatchet Lake hat eine Fläche von etwa 300 Quadratmeilen, und die Uferböschungen erheben sich bis auf 300 Fuß und sind mit Kiefern gut bewaldet, von welchen allerdings nur wenige über 20 Fuß hoch sind, alle jedoch reich mit Ästen besetzt. Die ganze Gegend dort ist ein recht erbärmliches Land, dessen Einsamkeit nur vom Schrei der großen Möwe und von den Seetauchern unterbrochen wird. Die ersten zwölf Meilen des Flusses haben etliche starke Stromschnellen und zwei Tragstellen, von welchen die eine 204, die andere 298 Ellen Länge hat.

Wir kamen nun zum Black Lake, dem Schwarzen See, welcher recht klein ist und nunmehr auch unter dem Namen Kosdaw Lake bekannt ward. Die Wassermenge des Flusses hatte durch die Einmündungen des Stachelschwein- und des Forellen-Flusses und zahlreicher Bäche zugenommen, und auch sein Gefälle war stärker geworden. In seinem Verlaufe von 153 Meilen vom Schwarzen See abwärts trifft er auf – oder bildet selbst – viele kleine Seen und nimmt ihre Wasser mit und wächst zu einem Strome von etwa 100 bis 200 Ellen Breite. Sein Grund besteht aus Sand und Kieselsteinen, gröberen Steinen und kleinen Felsen, welche von der Bewegung des Wassers glattgewaschen worden sind. In einem Bette aus Kalkstein, aus welchem der Fels in diesem Lande besteht, verläuft der Fluß gewunden und kurvenreich, da er auf viele Hügel trifft, welche er auf seinem Wege umrunden muß. Seine Strömung ist nun stark, und er weist viele Stromschnellen auf, von welchen einige bis zu einer Meile lang sind; zudem hat er vier Wasserfälle. Von diesen befinden sich drei auf halbem Wege flußabwärts, der vierte bildet den Abschluß einer Reihe von Stromschnellen, wo sich der Fluß durch einen höheren Berg hindurchgearbeitet, ja hineingeschnitten hat. Die Ufer sind hier steil und senkrecht, und der Fluß fällt über acht Fuß hinab. Die Tragstelle, über welche man hier das Kanu am Ufer entlang tragen muß, ist 600 Ellen lang.

Anschließend ist die Strömung des Flusses über eine Meile hin sehr schnell, dann zwängt sich dieser auf 118 Ellen durch einen engen Kanal, welcher von Felsen gebildet wird und nur zwölf Ellen breit ist. Am Ende dieser Schlucht ragt ein kühner Felsenvorsprung aus Kalkstein senkrecht empor und stellt sich im rechten Winkel der Strömung des Wassers in den Weg. Der reißende Strom stürzt dagegen und wird mit solcher Macht zurückgeworfen, daß der ganze Fluß von seinem Grunde auf umgewühlt zu werden scheint. Das Wasser brodelt und schäumt, und jeder Tropfen ist weiß. Ein Teil des Wassers stürzt dann über eine Steilwand von 20 Fuß Höhe hinab; der größere Teil schießt durch jene Felsenspitze, welche den Vorsprung bildet, und verschwindet auf 200 Ellen. Dann quillt es in brodelnden Wasserstrudeln wieder empor. Das Wasser, welches gegen die Felsen stürzt, das tiefe Brüllen und Tosen des Sturzbaches, das hohle Dröhnen des Wasserfalles und die umherstehenden hohen, finster und grimmig dreinblickenden Berge bilden eine ebenso grandiose wie furchterregende Landschaftsszenerie, welche mit Recht den Namen Manitu-Fall erhalten hat. Zu jener Zeit, da die Nahathaways dieses Land im Besitze hatten, brachten sie hier Opfer dar und hielten diesen Ort für den Wohnsitz eines Manitu. Nun haben sie sich in Gebiete mit milderem Klima zurückgezogen, und die Chipewyans sind an ihre Stelle nachgerückt, welche jedoch keinerlei Opfer irgend jemandem oder etwas darbringen. Meine Reisegefährten wurden jedoch von solcher Ehrfurcht ergriffen, daß der eine einen Ring, der andere etwas Tabak opferte. Sie hatten schon von diesem Wasserfalle gehört, ihn jedoch nie zuvor selbst gesehen.

Der zweite Schwarze See, welcher immer noch diesen Namen trägt, liegt am Zusammenflusse des Schwarzen Flusses (oder Stone River) von Osten mit dem Cree River von Süden und dem Chipman River von Norden und bildet eine schöne Wasserfläche von etwa 30 Meilen Ausdehnung nach Westen und von einer bis zu sechs Meilen Breite. Fünf kleinere Inseln finden sich gegen das östliche Ende des Sees. Eine größere Insel liegt nahe beim Nordufer. Die Nordseite des Seeufers wird von einem hohen Hügel und an manchen Stellen von jähen Felsenklippen gebildet; die Südseite ist angenehmer und hat schöne Sandstrände. Am Ufer wachsen kleine Espen und Birken mit reichem Blattwerke. Hier ist der Boden fest und trocken und mit Bärentrauben bedeckt; die Blätter dieser Pflanze, welche der Preiselbeere ähnelt, werden mit Tabak untermischt zum Rauchen verwendet. Weiter landeinwärts steigt das Land leicht an und ist anscheinend gut bewaldet; es erschien uns als angenehme und erfreuliche Landschaft, nachdem wir uns so lange Zeit an die zuvor beschriebene rauhe Szenerie hatten gewöhnen müssen. Es war auch die einzige Stelle, die für landwirtschaftlichen Anbau geeignet erschien – aber es hatte nur den Anschein. Die Wälder waren sehr klein, selbst die Kiefern erhoben sich kaum bis zu einer Höhe von 20 Fuß, und der Boden war zu sandig. Die Fläche dieses Sees dürfte etwa 120 Quadratmeilen betragen. Dieser See scheint der Lieblingsaufenthalt jener Wildart zu sein, welche meines Wissens noch unbestimmbar und bisher schwer zu klassifizieren ist. Es handelt sich um eine Art Wald-Karibu, einer Zwischenform zwischen Rentier und Elch, vom doppelten Gewichte des Rentiers.

Die Nahathaways, welche mit großer Sorgfalt alle Arten von Tieren und Vögeln voneinander zu unterscheiden wissen, rechnen diese Wildart nicht zu den Rentieren, sondern nennen sie *Mahthe Moosewah*, was »häßlicher Elch« bedeutet. Dies hier ist der einzige See, an dem ich diese Tiere angetroffen habe, und auch die Eingeborenen bestätigen, daß sie nicht zahlreich und in ihrer Verbreitung auf diesen See und seine Umgebung beschränkt sind.

Womöglich wird kaum wieder ein zivilisierter Mensch auf diesem Wege reisen, denn dieses rauhe und karge Land hat weder Proviant noch Felle zu bieten, und es gibt keine Wälder, aus deren Holz er sich eine warme Hütte bauen könnte. Als Brennholz, von welchem er einer großen Menge bedarf, kann er sich bestenfalls die kleinen Stämmchen schlagen, welche fast ebenso schnell verbrennen, wie er neue zu fällen vermag. Im Winter suchen auch die Eingeborenen diese Gegenden nicht auf, sondern jagen weiter westlich.

An der Nordseite eilt der Schwarze Fluß in einem langgestreckten Wasserfalle durch einen niedrigen Berg; an der Südseite ist eine Tragstelle von 5560 Ellen Länge, welche durch lichte Wälder und über ebenen und sandigen Boden führt. Von hier gingen wir drei Meilen bis zu einem mächtigen Wasserfalle aus mehreren Katarakten und von insgesamt 40 Fuß Höhe. Die Tragstelle führt hier eine Meile weit, der Pfad läuft an hohen und steilen Ufern entlang und ist wegen vieler umgestürzter Bäume und wegen des felsigen Bodens schwer zu begehen. An seinem Ende mußten wir eine hohe und steile Uferböschung aus lockerer Erde und Kies hinabsteigen. Eine Viertelmeile flußabwärts gelangten wir bereits zum nächsten Wasserfall, und die Tragstelle war eine halbe Meile lang. Dann konnten wir wieder acht Meilen auf dem Flusse vorankommen, bis wir eine lange, mächtige Stromschnelle erreichten. Sechs Meilen weiter flußabwärts mündet der Schwarze Fluß in die Ostspitze des Athabasca-Sees, welcher sich in länglicher Gestalt weit nach Westen erstreckt, bis er dort in den von Süden kommenden Athabasca River mündet und mit diesem nach Norden zu über den Sklaven-Fluß den Mackenzie River speist.

Wir hatten am 2. Juli 1796 bei der Einmündung des Schwarzen Flusses in den Athabasca-See auf 50° 16′ 22″ nördlicher Breite und 105° 26′ westlicher Länge das Ziel unserer Reise erreicht. Dieser große See war bereits im Jahre 1791 von Mr. Philip Turnor vermessen worden. Er hatte eine Kiefer gestutzt und markiert, und dort verbrachten wir die Nacht.

Vom Manitu- oder Wollaston-See bis zum Athabasca-See hat der Verlauf des Schwarzen Flusses und seiner Seen eine Länge von 162 Meilen, welche durch unterschiedliches Land führen; je weiter man nach Westen kommt, desto besser wird es jedoch. Die kühnen, hohen oder auch schräg abfallenden und bewaldeten Hügel an den Ufern des Athabasca-Sees machten einen gleichsam sanften und angenehmen Eindruck.

Die Reise hierher war von vielen Gefahren, Mühen und Entbehrungen begleitet gewesen, denn mein Führer hatte keine Kenntnisse von dem Flusse, seinen Stromschnellen und Wasserfällen besessen, alldieweil er denselben nur gelegentlich an einzelnen Stellen auf der Jagd überquert hatte. Wir waren stets nackend unterhalb des

Winter am Athabasca-See

Gürtels wegen der Stromschnellen, Felsen, Sand- und Kiesbänke und anderen Hindernisse, an welchen wir uns mit Händen vorbeiarbeiten mußten; das heißt, wir standen und gingen im Wasser, hielten mit unseren Händen das Kanu, um es die Stromschnellen hinab zu führen. Das Flußbett besteht aus groben oder runden losen Steinen und Kies, und unsere bloßen Füße waren so wund geworden, daß wir etliche der reißenden Stromschnellen nur unter beträchtlicher Gefahr für unser Leben hinabzugehen vermochten. Am 25. Juni waren wir zu drei Zelten der Chipewyan-Indianer gekommen, wo fünf Familien von ihnen lebten. Die Zelte waren reinlich, bequem, und alles befand sich in gutem Zustande. Wie gewöhnlich empfingen sie uns auf sehr gastfreundliche Weise. Wir übernachteten dort und blieben am folgenden Tage über die Mittagszeit hinaus, um uns erquikken zu können; ich konnte außerdem Beobachtungen zur Bestimmung der geographischen Länge vornehmen.

Diese Chipewyans jagten eine besondere, große Wild- oder Rentierart, welche ich bereits beschrieben habe: *Mahthe Moose*, den »häßlichen Elch«. Sie leben von diesem Tiere, dessen Fleisch wir als fett und gut befanden. Sie erklärten mir, daß die Lebensgewohnheiten dieser Art sich beträchtlich von jenen der gemeinen umherziehenden Rentiere unterscheiden: Das Fleisch sei von minderer Güte, die Größe nahezu das Doppelte derjenigen der gemeinen Rentiere, das Augenlicht viel besser und die Jagd auf sie nahezu so schwer wie auf Elche, von welchen es jedoch in dieser Gegend keine gibt.

Auf unserer Rückreise, auf halbem Wege den Schwarzen Fluß hinauf, kamen wir zu einem der Wasserfälle mit reißenden Stromschnellen ober- und unterhalb von diesem. Wir mußten diesen Wasserfall über eine Tragstelle von 200 Ellen am Ufer entlang umgehen. Dann wollten wir versuchen, die starke Strömung oberhalb des

Wasserfalles zu bewältigen, indem meine Begleiter das
Kanu an einer Leine ziehen und am Ufer entlanggehen
sollten, während ich im Kanu saß und dieses steuerte.
Nachdem sie etwa 80 Ellen vorangekommen waren, gelangten sie zu einer Birke, welche unmittelbar am Wasser wuchs; dort blieben sie stehen und begannen sich zu
streiten, auf welcher Seite des Baumes sie die Schlepp-
leine vorbeiführen sollten. Ich rief ihnen zu, sie sollten
weitergehen, aber sie konnten mich wegen des Tosens
des Wasserfalles nicht hören. Dann winkte ich ihnen mit
der Hand zu, daß sie sich vorwärtsbegeben sollten, indes
mich die Strömung bereits auf den Fluß hinaustrieb. Ich
hatte nur eine Hand frei, um das Kanu zu lenken, und
die Indianer standen immer noch am selben Orte. Nun
ward das Kanu jäh über die Strömung getrieben, und um
sein Kentern zu verhindern, gab ich ihnen ein Zeichen
mit der Hand, daß sie die Leine los- und mich meinem
Schicksale überlassen sollten, welches sie befolgten.

Ich sprang nun zum Bug des Kanus, zog mein im Gürtel steckendes Messer, kappte die Leine am Kanu und
steckte das Messer zurück. Nun hatte mich die Strömung schon bis an den oberen Rand des Wasserfalles getrieben, und alles, was ich noch zu tun vermochte, war,
das Kanu so zu drehen, daß es mit dem Bug zuvörderst
hinabschießen würde. Im selben Augenblicke ward das
Kanu den zwölf Fuß hohen Wasserfall hinabgestürzt
und unter den Strudeln des Wassers begraben. Ich selbst
ward hinausgeschleudert, und als ich aus den Wellen
auftauchte, kam das Kanu auf mich zu und begrub mich
unter sich. Dann stieß ich mit den Füßen gegen den rauhen, felsigen Grund, vermochte mich aber zu erheben
und in die Nähe des Kanus zu bewegen. Dieses ergriff
ich und – da ich nunmehr in flacherem Wasser war –
führte es ans Ufer. Meine beiden Begleiter kamen zum
Ufer hinabgelaufen, um mir zu Hilfe zu eilen. Nichts

war im Kanu verblieben außer einer Axt, einem kleinen Zelt aus grauem Baumwollstoffe und meiner Flinte, außerdem ein Zinngefäß. Als das Kanu ans Ufer gezogen worden war, mußte ich mich auf die Felsen niederlegen, verwundet, voller blauer Flecken und Quetschungen und von meinen großen Anstrengungen vollends erschöpft. Die Indianer gingen am Ufer entlang flußabwärts, und nach einer halben Stunde kehrten sie mit meiner mit Kork ausgelegten Kiste zurück, welche meinen Sextanten und ein paar Instrumente, Papiere mit Aufzeichnungen meiner Vermessungen, Landkarten etc. enthielt, sowie mit unseren drei Paddeln. Wir hatten keine Zeit zu verlieren, und alles, was mir zur Bekleidung verblieben war, waren mein Hemd und ein dünnes Leinenhemd, und meine Gefährten waren in gleicher Verfassung. Wir schnitten das kleine Zelt in drei Teile, in welche wir uns hüllen konnten, um uns bei Tag gegen die Mücken und bei Nacht ein wenig gegen die Kälte zu schützen, denn die Nächte sind stets sehr kalt. Als ich mich von meinem Felsenlager erhob, nahm ich wahr, daß mein linker Fuß sehr blutig war; und als ich ihn näher ansah, fand ich das Fleisch von der Ferse bis zu den Zehen weggerissen. Dies war geschehen, als ich mit den Füßen gegen den Felsengrund gestoßen war, um mich aus den Strudeln des Wasserfalles erheben zu können. Ich band ein Stück meines Anteiles von dem Zeltstoffe um die Wunde, und so mußte ich barfuß über die Tragstellen an den steinigen Ufern gehen.

Die Indianer gingen in die Wälder, um Harz von den Kiefern zu holen und damit das Kanu zu reparieren. Als sie zurückkehrten, stellte sich uns die Frage, wie wir Feuer machen sollten, denn wir hatten keinen Stahl und Feuerstein mehr. Ich zeigte auf die Flinte, aus welcher wir den Zündstein entnahmen. Dann holte ich mein Messer hervor, welches eine Stahlklinge hatte. Hätte ich einen Geist aus meiner Tasche gezaubert, wären die Indianer kaum überraschter gewesen. Sie flüsterten einander zu, wie habgierig ein Weißer Mann doch sein müsse, daß er noch, wenn er über einen Wasserfall zu Tode stürze, auf sein kleines Messer achtgäbe. Dies berichteten sie später auch noch anderen Indianern, welche die gleiche Bemerkung hierzu abgaben. Ich aber sagte ihnen: »Hätte ich nicht mein kleines Messer gerettet, wie sollten wir dann Feuer machen können, ihr Narren? Geht zu den Birken und holt Holz zum Anzünden!« – Solches brachten sie bald, ein Feuer ward entfacht; wir reparierten unser Kanu und trugen alles über den Wasserfall und die Stromschnelle hinauf. Meine Begleiter trugen das Kanu, und meine Bürde waren die Flinte, die Axt, das Zinngefäß und die Sextantenkiste. Spät am Abend machten wir ein Feuer und wärmten uns daran.

Wir mußten nun unserem armseligen Zustande ins Auge sehen, einer langen Reise über karges Land, ohne Proviant und ohne Mittel, uns solche Vorräte zu beschaffen, nahezu nackend, unter dem Wetter leidend, welchem wir ausgesetzt waren. Alles, was vor uns lag, war sehr düster. Aber ich hatte Hoffnung, daß der Allmächtige durch unseren großen Erretter, an welchen ich morgens und abends meine kurzen Gebete richtete, Wege zu unserer Erhaltung finden und weisen würde. Am Abend des zweiten Tages gelangten wir zu einem kleinen See, welchen der Fluß bildet, und über einer grasbewachsenen Bucht sahen wir zwei große Möwen kreisen. Dies brachte uns auf den Gedanken, daß sie ihre Jungen versorgten. Wir suchten und fanden drei junge Möwen, die wir in unser Kanu setzten. Hier sei angemerkt, daß die Möwe nicht tauchen kann, weil sie zu leicht ist. Diese kleinen Möwen gaben uns aber nur wenig, nicht einmal vier Unzen Fleisch. Dadurch ward unser Hunger nur noch stärker.

Als wir am nächsten Tage weiterzogen, erinnerte ich mich eines Adlernestes an den Ufern eines kleinen Sees vor uns. Ich fragte meine Gefährten, ob die jungen Adler fliegen könnten. Sie sagten, sie seien jetzt groß, könnten jedoch noch nicht fliegen. »Warum fragt Ihr?« wollten sie wissen. Ich sagte: »Erinnert ihr euch nicht des Adlernestes an dem See vor uns? Wir werden dort um die Tagesmitte angelangt sein und uns die jungen Adler als Abendmahlzeit holen.« Zur entsprechenden Zeit gelangten wir an den See und gingen zu dem Adlerneste. Es befand sich etwa 16 Fuß über dem Boden im breiten Geäst einer Birke, und die Alten waren abwesend. Doch kaum hatte Kozdaw das Nest erreicht, als sie auch schon herbeikamen, und Paddy und ich konnten sie nur mit Mühe durch Geschrei und Steinwürfe davon abhalten, Kozdaw anzugreifen. Dieser warf uns bald die beiden jungen Adler herab, welche, auf dem Rücken liegend, mit Schnäbeln und Krallen um ihr Leben kämpften. Als sie augenscheinlich tot waren, bekam Kozdaw einen von ihnen auf unachtsame Weise zu fassen, und dieser schlug ihm sofort die Krallen eines Fußes tief in den Arm oberhalb des Handgelenks. Die Krallen saßen so fest in seinem Arme, daß ich die Klaue des Vogels am ersten Gelenke abschneiden mußte; und selbst dann noch schloß sich jede einzelne Kralle sogleich wieder, nachdem wir sie herausgezogen hatten, so daß wir schließlich kleine Holzstückchen unter jede Kralle klemmen mußten, ehe wir alle herauszuziehen vermochten.

Wir setzten unsere Reise bis zum Abend fort, da wir wie gewöhnlich am Ufer anlegten und uns dort niederließen und ein Feuer machten. Da wir die jungen Adler öffneten, schien ihr Inneres nur aus einer Masse gelben Fettes zu bestehen, welches wir sammelten und zusammen mit dem Fleische in drei gleiche Portionen teilten. Paddy und ich aßen nur das Fett aus dem Inneren und

Blockhaus

hoben das Fleisch für den folgenden Tag auf, aber wir beobachteten, daß Kozdaw sich das Fleisch briet und mit dem Fette sich lediglich einölte. In der Nacht wachten Paddy und ich auf, da wir von dem Adlerfette die schlimmste Ruhr bekommen hatten. Kozdaw sagte uns, daß dies stets die Wirkung des inneren Fettes des kahlköpfigen Fischadlers und auch aller anderen Raubvögel, welche von Fischen leben, sei. Paddy machte ihm bittere Vorwürfe, weil er es zugelassen hatte, daß wir dieses Fett aßen. Wir mußten den ganzen folgenden Tag in diesem jammervollen Zustande weiterziehen, und am Abend füllte ich mein Zinngefäß mit Labrador-Tee, stellte mittels heißer Steine einen starken Aufguß her und trank ihn so heiß wie möglich. Dies verschaffte mir spürbare Linderung. Paddy tat das gleiche mit ebensolcher Wirkung.

Tag für Tag setzten wir unsere Reise fort und ernährten uns von Beeren, hauptsächlich von der Schwarzen Krähenbeere, welche am Boden wächst und nicht sehr nahrhaft ist. Bis zum 16. Juli waren Paddy und ich infolge des Hungers, der Ruhr und der kalten Nächte zu Skeletten abgemagert, und wir waren so schwach, daß wir meinten, es sei zwecklos, noch weiterzugehen. Vielmehr könnten wir auch gleich hier sterben, wo wir waren.

Kozdaw brach daraufhin in Tränen aus, doch wir sagten ihm, daß er ja noch bei Kräften sein müßte, da er nicht unter der Krankheit zu leiden gehabt hätte. Er antwortete: »Wenn ihr beide sterbt, werde ich sicherlich getötet werden, denn jeder wird glauben, ich hätte euch getötet, und der Weiße Mann wird euren Tod an mir rächen, und die Indianer werden das gleiche tun.« Ich sagte ihm, er möge mir ein Stück dünner weißer Birkenrinde bringen, und ich würde ihm ein Schreiben geben. Dies geschah, und mit Holzkohle schrieb ich einen kurzen Bericht über unsere Lage auf, welchen ich ihm gab. Daraufhin sagte er: »Nun bin ich sicher.«

Dennoch begaben wir uns in unsere Kanus und setzten unsere Reise langsam fort; wir waren sehr schwach. Gott sei Dank – am Nachmittag kamen wir zu zwei Zelten der Chipewyans, und diese erbarmten sich unserer elenden Verfassung. Sie gaben uns eine Suppe, jedoch noch kein Fleisch bis zum folgenden Tage. Ich erhielt auch einige Vorräte, einen Feuerstein und neun Schuß Munition sowie ein Paar Schuhe für jeden von uns und einen alten Kessel – alles auf Kredit, bis sie das nächste Mal zu uns kämen, um Handel zu treiben, und wir ihnen dann alles bezahlen könnten. Nun konnten wir unsere Reise frohen Herzens und voller Dank an unseren Schöpfer fortsetzen. Wir schossen unterwegs zwei Schwäne und erreichten ohne jeden weiteren Zwischenfall am 21. Juli Fairford House am Churchill River, von wo wir zu unserer Reise aufgebrochen waren. Bis zum 26. August verbrachten wir nunmehr unsere Zeit mit Jagd und Fischfang. Doch trotz all unserer Anstrengungen und Bemühungen vermochten wir uns kaum davon zu ernähren.

Am 26. August traf Mr. Malcolm Ross mit vier kleinen Kanus von der York Factory ein. Jedes der Kanus brachte Waren mit einem Gewichte von etwa 600 Pfund. Wir verließen nunmehr das Haus dieses Handelspostens und begaben uns den Rentier-Fluß aufwärts bis zum Rentier-See und an dessen Westseite etwa auf die halbe Höhe des Sees bis zum Austritte eines Flüßchens, wo sich am Ufer eine Stelle mit brauchbaren Kiefern fand. Aufgrund zahlreicher Beobachtungen stellte ich die nördliche Breite mit 57° 23′ und die Länge mit 102° 58′ 35″ westlich von Greenwich mit einer Nadelabweichung von 15° Ost fest. Hier bauten wir Blockhütten, um den Winter darin zu verbringen. Die Kamine bauten wir aus Lehm und festem Grase, doch irgendwie zog der Rauch nicht richtig ab, so daß die Hütten abscheulich verräuchert waren und wir – wie schlecht das Wetter auch sein mochte – nur allzu gern die Hütten verließen. Dieser Handelsposten, welchen wir am Westufer des Rentier-Sees erbauten, erhielt den Namen Bedford House. Mit Mr. Malcolm Ross verbrachten wir hier den Winter anno 1796 auf das Jahr 1797, einen der kältesten Winter, welchen es je im westlichen Kanada gab.

Winter am Rentier-See

In unserer Ernährung waren wir gänzlich auf die von uns ausgelegten Netze und auf das wenige Rentier-Fleisch, welches uns die Chipewyans brachten, angewiesen. Während der kurzen schnee- und eisfreien Jahreszeit war der Fang von Weißfisch einigermaßen erfolgreich, doch waren die Fische nicht von bester Güte. Als jedoch der See zufror, verlegten die Fische wie gewöhnlich ihre Standplätze, und was wir zu fangen vermochten, reichte kaum fürs Überleben aus. Der Winter brach früh herein, und es war der strengste Winter, welchen ich je erlebt habe. Ich hatte es mir nämlich bereits seit einigen Jahren zur Gewohnheit gemacht, meteorologische Aufzeichnungen zu führen.

Im Monat Oktober 1796 lagen die Temperaturen bereits viele Grade unter dem Gefrierpunkte, und vom 17. Oktober an blieb der Schnee auf dem Boden liegen. Und dieser große, tiefe See von 230 Meilen Länge und 80 bis 100 Meilen Breite war gänzlich zugefroren. Im Laufe des Winters wurde das Eis auf dem See fünf bis sechs Fuß dick. Im darauffolgenden Jahre sahen wir erstmals am 5. Tag des Monats Juli wieder Wasser am Ufer entlang. Und am 7. Juli zerbrach ein Sturm auf dem See die Eisdecke in Stücke, und das ganze Eis verschwand bis auf ein paar Bruchstücke am Ufer, nachdem der See nun sieben Monate und drei Wochen zugefroren gewesen war!

Ich darf an dieser Stelle anmerken, daß das harte Leben, welches zu führen ich gezwungen war, mich nötigte, Löcher in das Eis zu schlagen, um durch diese während all der Jahreszeiten, in welchen der See zugefroren war, Fische zu angeln. Dies führte mich zur Beobachtung eines seltsamen Naturvorganges: Das Eis auf diesen großen Seen, in welchen keine Strömung herrscht, taut unter dem Einflusse milden Wetters nur sehr gering an der Oberfläche auf, und das wenige, welches am Tage antaut, wird während der Nacht wieder zu festem Eise. Vielmehr ist es das Wasser unter dem Eise, welches es auflöst, wenn die milde Jahreszeit herannaht: Die Einwirkung des Wassers läßt es langsam von unten herauf vergehen. Oftmals, da ich Löcher ins Eis zum Angeln machte, erschien die Oberfläche zwar fest und hart wie im Winter, doch mein Eis-Meißel stieß im Nu durch die Eisdecke hindurch. Wenn ich dann ein Stück mit einer Fläche von etwa einem Quadratfuße aus der Eisdecke heraustrennte, erwies sich das feste Eis als lediglich vier Zoll stark. Der Rest bestand aus dem, was wir als Kerzen bezeichnen, nämlich Eiszapfen von 15 bis 18 oder gar mehr Zoll Länge, jeder von den anderen gesondert stehend. Auf solche Weise bereitet die Natur das Eis vor, auf daß es von einem starken Sturmwinde gebrochen werden könne. So hatte am Morgen des 7. Juli der See noch ganz und gar einen winterlichen Eindruck erweckt; doch am Nachmittage war er gänzlich befreit vom Eise, als wäre er niemals zugefroren gewesen. Ein Sturm hatte nichts außer ein paar Eiszapfen am Ufer übriggelassen.

Bereits im November war die Kälte äußerst streng gewesen, doch nicht so sehr, daß es die Thermometer auf eine äußerste Probe stellte. Am 15. Dezember hingegen fiel das große Thermometer auf 42 Grad unter Null, das andere zeigte nur 40 Grad, und das Quecksilber des Quecksilber-Thermometers fiel bis in die Kugel, welche es nur noch zu vier Fünfteln ausfüllte. Am Morgen des 18. Dezember waren es nach dem großen Thermometer 56 Grad, und es hatte den Anschein, als ob keine noch so strenge Kälte die Flüssigkeit dazu bringen könnte, bis in die Kugel abzusinken. Dieser 18. Dezember war der

Tag der allerstärksten Kälte. Das Eis auf dem See riß nach allen Richtungen hin, und der aus den Kaminen kommende Rauch fiel wie in Klumpen zu Boden.

Diese äußerste Kälte gab mir vielerlei Gelegenheiten, Quecksilber gefrieren zu lassen und zu versuchen, es zu feinen Plättchen breitzuklopfen, als wäre es Blei. Doch wie vorsichtig ich auch zu Werke ging, brachen die Kanten stets aus, und nach ein paar raschen Hammerschlägen – mochten sie auch noch so leicht geführt worden sein – verflüssigte sich das Quecksilber wieder.

Bisher habe ich noch wenig über die Aurora Borealis dieser nördlichen Länder, also über das Nordlicht, gesagt. An der Hudson Bay erscheint es nordwestlich und leuchtet nur gelegentlich besonders hell. Ich habe vier Winter zwischen der Hudson Bay und dem Rentier-See zugebracht, und je weiter ich nach Westen kam, desto höher und heller schien dies elektrisierte Gas, jedoch stand es stets nach Westen hin. Und hier, am Rentier-See, stand der ganze Himmel in leuchtendem Glühen, als der Winter voranschritt, insbesondere im Februar und März. Wir schienen uns im Mittelpunkte dieses Vorganges zu befinden, denn das Nordlicht war in jeder Himmelsrichtung am Horizonte gleichermaßen hell, von Nord nach Süd, von Ost nach West. Oft zog es in riesigen Flächen und mit zitternder Bewegung von einem Horizonte zum anderen, wobei es von den Farben des Regenbogens getönt ward. Manchmal kehrte für zwei Minuten gänzliche Stille ein, und die Hunde heulten vor lauter Furcht. Das Nordlicht war oft so hell, daß ich allein in seinem Lichte auf eine Entfernung von 20 Ellen eine Eule zu schießen vermochte. Während der raschen Bewegungen des Nordlichtes waren wir alle fest davon überzeugt, die Aurora Borealis auch zu hören. Der Verstand sagte mir zwar, daß dies nicht möglich sein könne, aber hier sprach die kühle Vernunft gegen die sinnliche

167

Wahrnehmung. Meine Leute waren sich völlig sicher, daß sie die schnellen Bewegungen der Aurora tatsächlich hörten – so sehr kann das Auge das Ohr täuschen.

Wie ich schon sagte, waren wir darauf angewiesen, unseren Lebensunterhalt mit dem Fischen und der Jagd zu bestreiten. Ein Teil unseres Fischfanges bestand darin, die großen Forellen zu angeln, welche man aber nur im tiefen Wasser von 20 bis 40 oder mehr Faden Tiefe fangen kann. Bei diesem Fische werden nämlich keine Haken verwendet, sondern es wird die Fangmethode der Chipewyans übernommen: Als erstes schlägt man ein oder mehrere Löcher mit dem Eis-Meißel oder Beitel ins Eis. Dies ist ein kleiner Eisenstab von zwei Pfund Gewicht, welcher an einem Ende flach und am anderen ein Meißel von einem Zoll Breite ist. Zum größten Teile steckt das flache Ende in einer Vertiefung in einem kräftigen Pfahle aus Birkenholz von ganzen sechs Fuß Länge, welcher als Stiel dient; an seinem Ende schaut der Meißel nur fünf Zoll weit daraus hervor. Mit diesem Geräte vermag man rasch ein Loch in eine Eisdecke von jeglicher Stärke zu machen, ohne daß man dabei im geringsten naß wird. Eine Axt findet hierbei keine Verwendung. Nun nimmt man eine Lotleine, um sich der Tiefe des Wassers zu versichern, welche nicht weniger denn 20 Faden betragen darf, da man die große Forelle nur in tiefem Wasser antrifft. Die Angelschnur wird dann sorgfältig abgemessen, wobei eine Rolle von fünf Faden Länge säuberlich vermittels eines Laufknotens mit dem Köder verknüpft wird, welches die vordere Hälfte eines Weißfisches ist, denn die Forelle verschlingt den Weißfisch immer mit dem Kopfe zuerst. Ein kleiner runder Birkenholzstock, über dem Feuer gut getrocknet und gehärtet, jedoch nicht verbrannt, wird am unteren Teile des Köders auf etwa sechs Zoll Länge leicht befestigt und die Leine etwa ein Drittel unterhalb des Kopfes des Köders angebracht. Dann hängt man den Köder möglichst genau sechs Fuß über dem Grunde aus. Die Forelle nimmt den Köder, der Laufknoten gibt fünf Faden Leine frei, so daß sie den Köder schlucken kann, nach deren Ende sie aber mit einem Ruck emporgebracht wird, so daß sich das Holzstückchen im Maule der Forelle senkrecht hochstellt und die Kiefer auseinanderspreizt. Dadurch finden wir oft eine ertrunkene Forelle vor, welches ein seltsamer Tod für einen Fisch ist.

Beim Forellenangeln – ganz gleich, ob mit der Schnur oder im Netz – sind die lebend gefangenen Fische besser als die ertrunkenen. Das Gewicht der Forellen, welche wir fingen, reichte von 25 bis zu 40 Pfund; ich habe sogar von welchen bis zu 55 Pfund gehört. Dies ist ein sehr nahrhafter Fisch, welcher auch eine kräftige Brühe ergibt, und jedes Pfund seines Fleisches ist gutem Rindfleische gleichwertig.

Eines Tages hatte ich wie gewöhnlich neue Löcher ins Eis gebohrt und die alten mit einem Eiskratzer gereinigt, als ein alter Chipewyan-Indianer zu mir kam. Ich sagte ihm, daß ich fünf Löcher ins Eis gemacht hätte, ohne in den letzten zwei Tagen auch nur irgend etwas gefangen zu haben. Er schüttelte den Kopf, verließ mich und ging von mir aus 100 Ellen nach Westen; wir befanden uns etwa fünf Meilen vom Ufer entfernt. Dann blickte er auf all das Land, welches in Sichtweite war, veränderte seinen Standort, bis alle seine Markierungspunkte übereinzustimmen schienen, bohrte dann ein Loch durch das Eis und legte sein Angelgerät aus, und innerhalb einer Stunde zog er eine schöne Forelle von ganzen 30 Pfund herauf. Gegen ein Uhr mittags fing er eine weitere, sogar noch größere; bald danach beendete er dies, nahm sein Angelgerät auf und kam zu mir herüber.

Ich hatte nichts gefangen. Er wollte meinen Köder sehen, welchen ich ihm auch zeigte; er glich dem seinen. Doch er bemerkte, daß mein Köder nicht eingefettet war, und er zeigte mir seinen Köder, welcher gut mit Fett beschmiert worden war. Er holte einen kleinen Beutel hervor, und in diesem trug er ein Stück Fett bei sich, mit welchem er seinen Köder zweimal am Tage eingefettet hatte. Und er sagte mir, ich müßte das gleiche tun. Außerdem machte er die Bemerkung, daß ich zu früh gekommen und zu lange geblieben sei; die Forelle würde nur während einer ganz bestimmten Zeit zwischen Sonnenaufgang und Sonnenuntergang anbeißen, und um die Mittagsstunde sei die beste Zeit. Es erschien mir immer seltsam, daß eine Forelle in 40 Faden Tiefe und mit einer fünf Fuß starken Eisdecke über dem Wasser an einem düsteren, bewölkten Tage wissen sollte, wann die Sonne auf- und untergeht – und doch ist es so. Ich befolgte die Ratschläge des Chipewyan und hatte künftighin mehr Erfolg.

Aber beim Jagen hatten wir nur wenig Glück und erlegten nicht mehr als ein paar Rentiere. An schönen Tagen zogen kleine Herden einige Meilen weit vom Lande fort hinaus auf den See und legten sich für ein paar Stunden auf das Eis, um sich abzukühlen. Eines schönen kalten Tages erlegten Mr. Ross und ich eine Rentierkuh. Da wir an den Händen froren, brachen wir sie auf und tauchten unsere Hände in das Blut, um sie zu erwärmen; die Hitze des Blutes war jedoch so groß wie diejenige von kochendem Wasser, und wir vermochten sie nicht zu ertragen. Beide waren wir erfahren in der Jagd und kannten wohl die Hitze im Blute vieler Tiere, doch diesmal waren wir überrascht. Wir untersuchten den Magen und fanden ihn voll weißen Mooses. Dieses kostete ich und schluckte ein wenig davon herunter, und es war sehr warm in meinem Magen. Dann spürte ich den Ort auf, wo die Rentiere geäst hatten, und fand dort saftiges, frisches weißes Moos von kreisförmiger Gestalt und jeweils etwa zehn Zoll Durchmesser, jedes Polster für sich, doch alle dicht beisammen stehend. Ich nahm ein kleines Stück von der Größe einer Muskatnuß, kaute es und empfand einen milden Geschmack. Als ich es jedoch herunterschluckte, ward es wie ein Stück glühender Kohle in meinem Magen. Ich hütete mich natürlich, dieses Experiment jemals zu wiederholen. Aber ich hatte nunmehr also erfahren, daß Tiere und Vögel in kalten Regionen durch Nahrung von solcherart warmer Beschaffenheit in die Lage versetzt werden, nicht nur die stärkste Kälte zu ertragen, sondern auch noch dazu Wärme zu empfinden. Solchermaßen teilt sich die in jeglicher Nahrung enthaltene Wärme dem Blute mit: von der Wassermelone und dem wilden Reis bis hin zum Rentiermoos.

Dies löste für mich das Rätsel der außerordentlichen Hitze im Blute des Rentiers, und dieses Moos habe ich auch nur an diesem See gefunden. Ich habe all die Moosarten am Oberen See und an vielen anderen Seen gekostet, aber ich habe keins dergleichen mehr gefunden. Es hat den Anschein, daß dieses Moos eigentümlich sei für die unfruchtbaren Länder des Nordens, die Länder von Fels und Moos, und daß diese Nahrung der Rentiere und Moschusrinder ihnen Temperaturen von 50 bis 70 Grad unter dem Gefrierpunkte (Fahrenheit) so natürlich erscheinen lassen wie unseren Rindern in England das Wetter im Monat April.

Mein Aufenthalt in Bedford House am Rentier-See, welcher nunmehr das Land der Chipewyans geworden ist, ließ mich Einblicke in die Sitten und Gebräuche dieser Menschen gewinnen, wie ich sie zuvor nicht gekannt hatte. Die Behandlung ihrer Frauen war mir schon zuvor aufgefallen gewesen, und alles, was sich im Verlaufe dieses Winters ereignete, bestätigte dies. Während dieses

Winters kamen viele von ihnen zu uns, um zu handeln. Vom Ufer des Sees bis zu unserem Hause stieg ein niedriger, regelmäßiger Abhang empor. Ich sah eine Frau ans Ufer kommen, welche ein schweres Kind trug und einen langen, schwer beladenen Schlitten zog. Ich hieß einen der Männer, welcher für seine große Kraft bekannt war, ihr helfen, und sie gab ihm den Zugriemen. Da er glaubte, eine Frau könnte kein nennenswertes Gewicht ziehen, nahm er die Zugleine lässig mit zwei Fingern – und vermochte den Schlitten nicht zu bewegen. Ja, er mußte schließlich alle seine Kraft aufwenden, um den Schlitten in Bewegung zu setzen und zu dem Hause zu ziehen. Der Schlitten und seine Ladung wogen mehr als 160 Pfund.

Bei den Indianern befand sich auch ein kleines Mädchen von etwa sechs Jahren, welches einen Schlitten zu ziehen hatte – und auf diesem einen Messingkessel von vier Gallonen Fassungsvermögen. Die Knaben hingegen hatten nur einen leichten Schlitten oder trugen ein Gewicht von wenigen Pfund. Die Männer trugen außer ihren Gewehren kaum etwas. Auf solche Weise ziehen sie im Winter von einem Platz zum anderen. Diejenigen, welche während des Sommers Kanus benützen – und diese sind jetzt in nahezu allgemeinem Gebrauche –, schaffen dadurch auch ihren Frauen Erleichterung. Die Männer beteiligen sich auch am Paddeln der Kanus und am Ein- und Ausladen. Tatsache bleibt jedoch, daß die Frauen als die Arbeitstiere der Männer angesehen werden.

Solange sie keine Kinder haben, scheinen die Frauen als das Eigentum des jeweils stärksten Mannes angesehen zu werden, welcher selbst keine Frau hat. Eines Tages gegen Ende Februar suchte ein Chipewyan-Indianer bei uns einen Crane-Indianer auf, dessen Frau auch bei uns im Hause weilte. Der Crane (Kranich) trug seinen Namen zu Recht, denn er war groß, hager und geschäftig, und zuweilen jagte er auch für uns. Sein Eheweib war eine hübsche junge Frau, und sie schienen sich zu lieben, auch wenn sie noch keine Kinder hatten. Sechs oder sieben von uns saßen im Wachraume und unterhielten sich übers Wetter, der Crane rauchte seine Pfeife, und sein Weib saß neben ihm.

Plötzlich trat der Chipewyan ein, welcher von gleicher Größe, aber viel kraftvollerem Körperbau war. Er ging geradewegs auf den Crane zu und sagte: »Ich komme dein Weib holen. Ich muß es haben. Meine Frau ist tot, und ich brauche diese Frau hier, damit sie meine Arbeit tue und meine Sachen trage.« Und auf daß den Worten auch Taten folgten, drehte er seine Hand in ihr Kopfhaar, um sie daran fortzuzerren. Da sprang der Crane auf, packte ihn um den Leib, worauf der Chipewyan die Frau losließ und auf gleiche Weise den Crane packte. Es folgte ein Ringkampf, in welchem sich der Crane eine Zeitlang wohl zu behaupten verstand. Aber sein Gegner war zu stark, und nach und nach verließen ihn seine Kräfte. Da ward er zu Boden geworfen, und sein Widersacher setzte das Knie auf seine Brust, ergriff mit beiden Händen seinen Kopf und verdrehte ihm den Hals so sehr, daß sein Gesicht nahezu ganz auf seinem Rücken war. Da wir befürchteten, ihm würde der Hals gebrochen, befreiten wir ihn sofort und jagten seinen Gegner mit einem Fußtritte aus dem Hause, wobei wir ihm versicherten, daß wir ihn mit einer Kugel durchlöchern würden, falls er wiederkäme und solches abermals täte. Er schien einzusehen, daß er Unrecht getan hatte, worauf wir ihm sagten, er könne jederzeit gerne kommen, um zu rauchen und zu handeln, jedoch nicht, um Streit vom Zaune zu brechen.

Nachdem er ein paar Minuten lang dagestanden hatte, sagte er zu dem Crane: »Jetzt stehst du unter dem

Schutze des weißen Mannes. Aber im Sommer werde ich dir auf unserem Lande begegnen, und dann drehe ich dir den Hals herum und nehme mir deine Frau!« Er ging davon, und wir sahen nie wieder etwas von ihm.

Ihr Land, auf welches die Chipewyans Anspruch erheben als auf ihr eigenes Heimatland und worauf keine anderen Stämme ein Recht haben, liegt östlich vom Rentier- und Manitu-See und reicht bis nach Churchill Factory und dann nordwärts an der Küste entlang. Alle anderen Landstriche, in welchen sie jagen, gehörten den Nahathaways, welche sich jedoch in Richtung Südwesten zurückgezogen haben.

Anfang Dezember kam einmal nach Mitternacht und ganz allein ein Chipewyan von mittlerer Größe und im Alter von etwa 25 Jahren zu unserem Hause. Er brachte ein Bündel Biber- und Marderfelle mit und sah sich argwöhnisch um. Er fragte, ob Eingeborene sich in der Nähe des Hauses befänden. Wir sagten ihm, daß seit etlichen Tagen keine dagewesen seien. Dann tauschte er seine Pelze gegen die von ihm benötigten Bedarfsgegenstände ein, außer ein paar Marderfellen, für welche er Perlen und Ringe erhielt. Er erzählte mir, er habe eine Frau und zwei Kinder, und fragte mich, ob ich einen bestimmten Indianer kenne. Ich bejahte dies. »Gut, dann sagt ihm, wenn Ihr ihn seht, daß wir alle wohlauf sind. Er ist mein Onkel und der einzige Mensch, der gut zu mir ist.«

Nachdem wir geraucht hatten, bot ich ihm einen Mantel aus Bisonfell an, damit er darauf schlafen könne. Aber er sagte, er müsse sich sogleich wieder aufmachen. Nachdem er nur etwa eine Stunde lang dagewesen war, tat er dies auch. Er hatte etwas Seltsames an sich, und das erregte meine Neugier. Etwa einen Monat später kam sein Onkel zu unserem Hause, und ich sagte ihm, ich hätte seinen Neffen gesehen, welcher allein in der

Nacht gekommen sei, um zu handeln, und mich gebeten habe, ihm auszurichten, daß sie alle wohlauf seien. Dann fragte ich nach dem Grunde des hastigen Aufbruches seines Neffen aus unserem Hause, nachdem dieser den Handel beendet hatte. Der Onkel rauchte eine Weile und sagte dann: »Mein Neffe ist ein Mann, aber er hat nicht klug gehandelt, und er ist nicht stark. Vor etwa fünf Wintern ward ihm eine junge Frau gegeben, und nach ein paar Monden lagerten wir bei einigen anderen Zelten der Chipewyans. Dort war ein großer und starker junger Mann, welcher keine Frau hatte. Er kam zu meinem Neffen und forderte von diesem dessen Frau. Als er sich weigerte, packte ihn der andere, warf ihn auf den Boden und begann ihm den Hals zu verdrehen. Wir sagten ihm, er möge meinen Neffen freilassen und die Frau nehmen. Sie ging nur widerwillig mit dem kräftigen Chipewyan, worauf dieser sie am Haare packte, um sie fortzuzerren. Mein Neffe sprang empor, nahm seine Flinte und erschoß ihn. So befleckte er die Erde mit Menschenblut, welches er nicht hätte tun dürfen. Hals über Kopf machten wir uns davon, und seither lebt er allein und fürchtet sich davor, auf irgendwelche Zelte zu treffen, denn man würde ihm alles wegnehmen und ihm nichts als die Kleider an seinem Leibe lassen. Schon zweimal ist er all dessen, was er hatte, beraubt worden, und deshalb hält er sich allein und abseits.«

Ich sagte ihm, daß auch ich eine Frau hätte und sicherlich jeden erschießen würde, der da käme, um sie mir wegzunehmen. Worauf er erwiderte: »Ach, das ist die Art, wie die weißen Männer und unsere Nachbarn, die Nahathaways, immer sprechen und handeln. Man darf da eine Frau nicht berühren, sonst nehmt ihr gleich die Flinten oder langen Messer. Aber wozu ist denn eine Frau schon nütze? Sie vermag nicht zu jagen, sie kann nur arbeiten und unsere Lasten tragen. Aus keinem solchen Grunde darf die Erde mit dem Blute eines Menschen befleckt werden.«

Also nehmen sich die starken Männer die Frauen, wann immer sie sie wollen, denn die starken Männer haben gewissermaßen ein Recht auf die Frauen. Und wenn die Frau Kinder bekommt, so ist das dem starken Manne wohlgefällig. Und was die Frauen betrifft, so werden sie wie seelenlose Tiere behandelt.

Der Ausdruck »die Erde mit Menschenblut beflecken« wird von allen Eingeborenen Nordamerikas für etwas besonders Verabscheuenswertes verwendet. Bei den südlicheren Indianerstämmen, welche mehr an das Kriegführen gewöhnt sind, beschränkt sich dieser Begriff nur auf die eigenen Verwandten und den eigenen Stamm. Doch in jedem Falle hat der Ausdruck eine tiefere Bedeutung, welche ich in dem Sinne, wie die Eingeborenen ihn gebrauchen, nie ganz zu erfassen vermochte. Sie scheinen nämlich dem Ausdrucke »die Erde mit Menschenblut beflecken« oder »den Erdboden mit dem Blute eines Menschen rot färben« eine geheimnisvolle Bedeutung anzuhängen.

Gegen Ende März kam dieser unglückliche, einsame Eingeborene wieder zu unserem Hause. Er hatte gut gejagt und viele Felle erbeutet, die er gegen Kleidung für sich selbst und für seine Familie eintauschte, weiterhin gegen Munition und Tabak und, nicht zu vergessen, Perlen und andere Dinge für seine Frau handelte. Ich fragte ihn, ob das wahr sei, was sein Onkel mir erzählt hatte, und er sagte, das sei es. Zweimal sei er ausgeplündert worden, wobei die Frauen schlimmer gewesen wären als die Männer. »Seht, ich bin abermals bei Nacht zu Euch gekommen, und bevor ich zu Eurem Hause ging, habe ich mich versichert, daß keine Chipewyans da sind. Wäre ich welchen begegnet, hätten sie mir all meine Jagdbeute genommen und mir nichts gelassen.«

176

Ich fragte ihn, warum er denn nicht bei den Nahathaways sein Zelt aufschlage, welche ihre Frauen höher
schätzen und tapfere Männer lieben. Aber er wußte darauf nichts zu sagen oder zu tun.

Was die Unsterblichkeit der Seele anbetrifft sowie die
Beschaffenheit jener anderen Welt, so erfuhr ich darüber am meisten von einer Frau, mit deren Mann ich
zwei Winter lang gehandelt hatte. Sie hatten einen hübschen Knaben im Alter von sechs Jahren, der ihr einziges Kind war. Er wurde krank und starb. Ihren Bräuchen
gemäß mußte sie zwölf Monate lang um ihn trauern und
mit leiser Stimme *»She azza, She azza!«* (»Mein kleiner
Sohn!«) wimmern und während des Wachseins nie damit
aufhören. Dabei mußte sie oft in Tränen ausbrechen.

Etwa drei Monate danach sah ich sie wieder, und
diese kummervolle Frau weinte auf gleiche Weise. Ihr
Mann war dabei sehr gut zu ihr. Sechs Monate später begegnete ich ihr erneut, aber sie weinte nicht mehr »She
azza« und war auch nicht mehr voller Kummers. Ich
fragte nach dem Grunde für diesen Wandel. Sie antwortete: »Als mein kleiner Sohn in jene andere Welt ging,
gab es dort niemanden, der ihn empfangen hätte, denn
selbst sein Großvater war noch am Leben. Ohne Freund
wanderte er alleine zwischen den Zelten umher«, hier
vergoß sie abermals Tränen, »und es gab niemanden, der
sich seiner angenommen und ihm einen Bissen Fleisches
gegeben hätte. Vor mehr als zwei Monaten starb sein
Vater, welchen ich betrauerte und noch immer schmerzlich vermisse, aber er ist zu meinem Sohne gegangen.
Also wird sich der Vater dem Sohne dort mit großer Fürsorge widmen. Mein Sohn wird nicht mehr allein umher-
wandern müssen, sein Vater wird immer bei ihm sein, und
wenn ich sterbe, werde ich zu den beiden gehen.«

Dieser Glaube tröstete die arme kinderlose Witwe,
und ich bestärkte sie darin und sagte ihr, daß wir hier

auf Erden ein gutes Leben führen müßten, um in jener anderen Welt glücklich sein und zu unseren Lieben gelangen zu können.

Obwohl diese Leute den Wechselfällen des Lebens sehr ausgesetzt sind, leiden sie doch weniger unter der Hungersnot als die Nahathaways. Letztere sind stolz darauf, von der Jagd auf Tiere zu leben, und erachten Fisch als eine Nahrung von minderem Werte sowie das Fischen als unter der Würde eines Jägers. Erstere hingegen sind stolz darauf, erfahrene und geübte Angler zu sein und das Fischen sorgfältig studiert zu haben. Die großen Seen ihres Landes liefern ihnen den besten Fisch, und wenn die Rentierjagd erfolglos ist, wenden sie sich bereitwilligst dem Angeln zu, auch wenn sie dadurch keine Bekleidung – wie beim Wilde – erlangen können. Sie verfügen über die Kenntnis vieler Geheimnisse, wie man die richtigen Köder für die verschiedensten Fischarten macht, und diese Geheimnisse wollten sie mir natürlich nicht offenbaren. Aber da ich in ihrer Gesellschaft war, konnte ich doch einiges beobachten.

Der Köder für die Forelle, welche der größte Fisch dieser Seen ist, bestand aus der vorderen Hälfte eines Weißfisches, und diese mußte gut mit Adlerfett oder – in Ermangelung dessen – mit anderem rohem Fette eingerieben werden, wie ich es bereits beschrieben habe. Fett, welches schon über dem Feuer zerlassen worden war, durfte nicht verwendet werden. Hechte – und auch kleine, junge Hechte – nehmen alles an, sogar einen roten Lappen. Der Stolz dieser Leute ist es, den Weißfisch angeln zu können, eine Kunst, welche nur wenige Menschen beherrschen. Sie wollten mich nicht über die Zusammensetzung der Köder in Kenntnis setzen, und die wenigen, welche ich untersuchte, waren alle scheinbar gleich. Zu einer dicken, festen Paste verarbeitetes Bibergeil (Castoreum) war der Hauptbestandteil. Außenherum waren die feinen roten Federn des Spechtes angebracht, und oben auf dem Köder war ein Körnchen Adlerfett. Der Haken war gut in dem Köder verborgen. Dieser hatte ein appetitliches Aussehen. Die Kunst des Weißfischangelns ist für diese Leute von größter Bedeutung. Ein junger Mann bot sogar sein Gewehr für die Offenbarung dieses Geheimnisses an – und diese ward ihm doch verwehrt.

Diese Menschen mit dem Eingeborenennamen *Dinnie* (Dene), uns jedoch besser bekannt unter ihrem Namen »Chipewyans«, sind in vielen verschiedenen Stämmen, welche Dialekte derselben Sprache sprechen, über den Fraser-Fluß hin nach Westen bis fast zum Pazifischen Ozean verbreitet. Ich habe bereits erwähnt, daß sie als ihr rechtmäßiges eigenes Land die Gegend von Churchill Factory nach Norden bis zum arktischen Eismeere beanspruchen. Ihre Herkunft dürfte ihren eigenen Berichten zufolge Grönland gewesen sein. Auf welche Weise sie von ihrer Ursprungsgegend in den nordöstlichen Teil des amerikanischen Kontinents gelangten, müßte Gegenstand gesonderter Untersuchungen sein.

Wenn wir beispielsweise den Entwicklungsstand der Kunst des Bogenschießens in Grönland oder Island kennen würden, könnten wir daraus etwas Genaueres über diese Indianer folgern. Alle Eingeborenen Nordamerikas nämlich – mit Ausnahme der *Dinnie* – halten den Bogen in einer senkrechten, aufrechten Stellung, wenn sie ihn mit dem Pfeile spannen. Dadurch erhält ihr Arm die volle Beweglichkeit und Kraft. Die *Dinnie* aber halten den Bogen andersherum, also horizontal, und der Pfeil wird auf der Schnur gehalten, indem zwei Finger oben und der Daumen unten liegen. So wird die Bogenschnur bis an die Brust gezogen, wodurch der Bogen nicht einmal zwei Drittel seiner Kraft entwickelt.

Durch Übung sind die Chipewyans gute Schützen geworden, was das Zielen anbelangt. Aber ihre Bogen sind von schwacher Kraft und Wirkung. Gibt es wohl irgendwelche Völker in Grönland, Island oder im Norden Europas, welche den Bogen auf solche Weise handhaben? Falls dies zutrifft, mag man einige Schlußfolgerungen daraus ziehen.

Die Nordwest-Gesellschaft

Bisher hatte ich die verschiedenen Landstriche mit der Genehmigung von Mr. Joseph Colen erforscht, einem sehr aufgeklärten Manne, welcher in York Factory die Stelle des Statthalters und Gouverneurs bekleidete. Vermittels eines Briefes benachrichtigte er mich, daß er, wie groß die noch unbekannten Gebiete auch sein mochten, keine weiteren Vermessungen mehr genehmigen könnte. Meine Zeit bei der Hudson's-Bay-Gesellschaft war nun ohnedies um, und ich beschloß, mich bei der kanadischen Handelsgesellschaft, welche den Fellhandel unter dem Namen »Nordwest-Gesellschaft« betrieb, um eine entsprechende Anstellung zu bemühen. Mit zwei Eingeborenen machte ich mich also Ende Mai 1797 zur nächstgelegenen Handelsniederlassung auf, welche unter der Leitung von Mr. Alexander Fraser stand, und erreichte auf dem für Kanus üblichen Wege Grand Portage (was »Große Tragstelle« bedeutet) am Nordufer des Oberen Sees (Lake Superior), damals das Handelsdepot und der zentrale Umschlagplatz für die Waren aus Montreal und die Felle aus dem Binnenlande. Die Agenten und gleichzeitigen Teilhaber der Gesellschaft waren der ehrenwerte William McGillivray und Sir Alexander Mackenzie, welche beide über einen hohen Stand an Wissen und Erfahrung verfügten. Sir Alexander Mackenzie hatte den Friedens-Fluß (Peace River) befahren und so die Rocky Mountains überquert und war auf dem Fraser River schon nahe an den Pazifik herangekommen, als Feindseligkeiten der Eingeborenen ihn zur Umkehr zwangen. Vom Großen Sklavensee aus hatte er den breiten Strom erforscht, welcher von dort in das Nördliche Eismeer fließt und nun mit Recht Mackenzie River heißt.

Meine Ankunft bot diesen Herren und den anderen anwesenden Teilhabern die Möglichkeit, die tatsächliche Lage ihrer Handelsniederlassungen und -posten, desgleichen deren Entfernung voneinander und vom 49. nördlichen Breitengrade zu erfahren. Seit dem Jahre 1792 nämlich bildete dieser Breitenkreis von der Nordwestseite des Lake of the Woods bis zu den Ostausläufern der Rocky Mountains die Grenzlinie zwischen den britischen Dominions und den Territorien der Vereinigten Staaten – anstelle eines Grenzverlaufes von der Nordwestseite des Lake of the Woods geradewegs nach Westen zur Quelle des Mississippi, wie der Vertrag von 1783 es vorsah. Damals war die Quelle oder das Quellgebiet des Mississippi nur den Eingeborenen und einigen wenigen Fellhändlern bekannt, und infolge seines gewundenen Laufes vermuteten sie sein Quellgebiet noch nördlicher als das Nordufer des Lake of the Woods. Ich ward aufgefordert, den Grenzverlauf auf dem 49. Breitengrade zu bezeichnen, wo immer ich ihn festzustellen vermochte, vornehmlich am Roten Flusse (Red River). Und falls möglich, sollte ich meine Vermessungen auch bis zum Missouri ausdehnen, die Dörfer der Eingeborenen aufsuchen, welche hier schon seit alter Zeit ansässig sind und Ackerbau betreiben, und mich bei ihnen nach versteinerten Knochen großer Tiere und nach jedweden Denkmälern, die den Zustand jener unbekannten Landstriche zu alter Zeit erhellen könnten, erkundigen. Die Agenten und Teilhaber vereinbarten, daß an all ihre Handelsposten Order ergehe, mir Männer mitzugeben und alles zu Gebote zu stellen, dessen ich bedürfe.

Welch anderer, großzügiger und gemeinsinniger Geist herrschte doch hier bei der Nordwest-Gesellschaft der Handelsherren Kanadas gegenüber der knauserigen und eigennützigen Politik der Hudson's-Bay-Gesellschaft, welche mit »Ehrenwerte« betitelt ward und doch mit geringem Kostenaufwande den nördlichen Teil dieses Kontinentes bis zum Pazifik hätte vermessen lassen und die Gebiete für Handelsposten wesentlich erweitern können. Sie tat aber nur so viel, wie die britische Regierung von ihr verlangte. Ein kurzer Bericht über die Unternehmungen dieser Gesellschaft wird der Öffentlichkeit die Wahrheit dessen bezeugen, was ich behaupte, und jene Entdeckungen besser erklären, welche von Zeit zu Zeit ans Tageslicht kommen.

Damals stand der Fell- und Pelzhandel allen Personen in Kanada offen, welche einen Kredit für eine Kanu-Ladung gewöhnlicher Handelsgüter erwerben konnten, und etliche Personen versuchten sich nun in diesem Geschäfte, unter anderen auch jene Handelsherren aus Schottland, welche die Nordwest-Gesellschaft gründeten. Zu den Sekretären dieser zuletzt genannten Gesellschaft zählte ein Mr. Peter Pond, welcher aus Boston in den Vereinigten Staaten stammte. Er war ein recht arbeitsamer Mensch mit guter Allgemeinbildung, besaß jedoch ein hitziges Temperament und einen gewissenlosen Charakter. Sein Dienstort war Fort Chipewyan an der Nordseite des Athabasca-Sees, wo er drei Winter zubrachte. Am Oberen See (Lake Superior) beschaffte er sich einen Kompaß und las die Richtungen des Wegverlaufes bis zu seinem Winterquartier vom Kompasse ab. Für die Entfernungen übernahm er die Seemeilen der kanadischen Kanufahrer und skizzierte die Ufer des Sees, so gut er es vermochte. Als Ausgangspunkt diente ihm das Handelsdepot am Oberen See, dessen geographische Länge und Breite bekannt waren, so wie sie die französischen Ingenieure bestimmt hatten. Und während der Wintermonate fertigte er eine Landkarte an, welche die Routen der Kanus wiedergab. In den Grundzügen war sie einigermaßen korrekt, doch indem er die Seemeile der Kanufahrer für drei geographische Meilen eingesetzt hatte (ich fand heraus, daß sie nur zwei Meilen betrug), dehnte er die geographische Länge so weit, daß er den Athabasca-See, vielmehr sein Westufer, in die Nähe des Pazifischen Ozeanes rückte. Den Agenten der Nordwest-Gesellschaft ward eine Kopie dieser Landkarte gegeben, welche sie in London Sir Alexander Dalrymple vorlegten, der als Wissenschaftler mit großen geographischen Kenntnissen hohes Ansehen genoß. Dieser verglich nun die geographische Länge des Westufers des Athabasca-Sees auf der Karte von Mr. Pond mit den Seekarten von Captain Cook und stellte fest, daß die Entfernung vom Pazifik nur 100 Meilen oder weniger betrage. Und er meinte sogleich, hier böte sich ein kurzer Weg zu den Küsten Asiens, den Versand und andere Zwecke betreffend, an. Um die Richtigkeit dieser Landkarte zu bestätigen, wandte sich der Kolonialminister an die Hudson's-Bay-Gesellschaft, welche eine gehörig befähigte Person ausschicken sollte, um die geographische Länge und Breite des Westufers des Athabasca-Sees zu ermitteln. Die Gesellschaft war verpflichtet, diesem Ersuchen wenigstens dem Anscheine nach zu entsprechen.

Also sandte sie – wie ich bereits erwähnt habe – im Jahre 1785 einen Mr. George Charles aus, welcher 15 Jahre alt war und den sie für sieben Jahre in die Lehre genommen hatte. Ich sah ihn, als er in Churchill Factory eintraf, und fragte ihn, wie er an diese Aufgabe geraten sei. Und er antwortete mir, er hätte etwa ein Jahr lang die mathematische Schule besucht und dreimal vermittels eines Quadranten die Sonne auf eine Kreidelinie an der Wand gebracht, wäre damit für vollkommen kompetent erklärt und nun auf Erkundungsreise ausgesandt worden. Natürlich vermochte man nichts dagegen zu unternehmen. Hätte diese Ehrenwerte Gesellschaft wirklich gewollt, daß die Lage des Westufers des Sees bekannt wird, so hätten damals viele Marineoffiziere mit

halbem Lohne gerne die Forschungsreise zum Athabasca-See unternommen und seine Lage geklärt. Welchen Zweck die Gesellschaft wohl damit verfolgte, die
verlangte genaue Ermittlung zu verhindern, vermochte
niemand zu ersinnen, auch wenn es häufig Gegenstand
eines Gespräches war. Ihre Privilegien hatte die Gesellschaft von England verliehen bekommen, und die Fellhändler in Kanada unterhielten dort etliche Jahre lang
Niederlassungen und Handelsposten. Dies wäre Ver-
pflichtung genug gewesen.

Welche Absichten die Gesellschaft auch gehabt haben
mag – dieser Streich, einen jungen Burschen auszusenden, ließ das Kolonialministerium fünf Jahre lang auf die
gewünschte Auskunft warten. Dann jedoch zwangen die
dringlichen Nachfragen des Ministeriums die Hudson's-
Bay-Gesellschaft, einen Herrn damit zu beauftragen,
welcher über die nötige Befähigung verfügte: Mr. Philip
Turnor, einer der Verfasser des Nautischen Almanachs.
Im Jahre 1790 reiste er nach Fort Chipewyan am Westufer des Athabasca-Sees und dem Quellgebiet des Großen Sklavenflusses (Great Slave River), wo er den Winter zubrachte und von dort im folgenden Jahre nach
England zurückkehrte. Nach dieser großen Anstrengung
verfiel die Hudson's-Bay-Gesellschaft wieder in Schlum-
mer bis zu der Zeit, da Captain Franklin seine Vermessungen von der Küste am Nördlichen Eismeere östlich
des Kupferminen-Flusses (Coppermine River) durch-
führte.

Ich hatte Mr. Peter Pond bereits als einen gewissenlosen Menschen von ungestümem Wesen beschrieben. Er
war in den Tod eines Fellhändlers namens Mr. Ross verwickelt und der Haupttäter bei der Ermordung eines
Mr. Wadden, welcher ebenso Fellhändler war. Für dieses
letztgenannte Verbrechen ward er vom Athabasca-See
aus in das auf die Südregion beschränkte *Kanada* ge-

Franklins Fort Enterprise am Yellowknife River (1820)

bracht, um vor Gericht gestellt zu werden. Doch die gerichtlichen Behörden meinten, die Zuständigkeit des Gerichtshofes von Quebec erstrecke sich nicht auf die Territorien der Hudson's-Bay-Gesellschaft, und deshalb könnten sie kein Gerichtsurteil über den Mord fällen. Und er ward freigelassen und ging zurück nach Boston. Dies geschah im Jahre 1782.

Im darauffolgenden Jahre ward Frieden geschlossen. Die Regierungsbevollmächtigten Großbritanniens waren zwei ehrbare, wohlmeinende Herren, verstanden jedoch von der geographischen Beschaffenheit des Landes westlich des Ontario-Sees nichts, und die Karten, an welche sie sich halten sollten, waren erbärmlich zusammengeschustert worden. Eine von ihnen, diejenige von Faden – welche auch ich besaß –, stammte aus dem Jahre 1773 und reichte bis zur Mitte des Ontario-Sees. Die binnenländischen Landstriche jenseits davon waren als Gemisch von Fels und Sumpf dargestellt und als unbewohnbar bezeichnet. Die beste Karte war die von Mitchell. Solche Karten gaben Mr. Peter Pond, welcher die Gebiete ja selbst kannte, jeden Vorteil in die Hand. Damals wäre eine Grenzlinie durch die Mitte des Lake Champlain und von dort geradewegs nach Westen von den Vereinigten Staaten angenommen worden, denn dies war mehr, als sie mit Recht verlangen konnten, hätte Großbritannien nur einen verständigen Mann ausgewählt, doch zu jener Zeit ward Nordamerika gering geachtet.

Für die Regierungsbevollmächtigten der Vereinigten Staaten ersah Mr. Pond eine Grenzlinie aus, welche durch die Mitte des Sankt-Lorenz-Stromes bis zum Oberen See, durch diesen und das Binnenland hindurch zur Nordwestecke des Lake of the Woods und von dort nach Westen zur Quelle des Mississippi verlief. Das war doppelt soviel an Territorialgebiet, als die Vereinigten Staaten beanspruchen konnten. Diese übertriebene Forderung akzeptierten die britischen Bevollmächtigten, und sie ward von beiden Nationen bestätigt.

Solcher Art waren die Einflüsse, welche bei der Festlegung des Grenzverlaufes zwischen den Dominions Großbritanniens und den Territorien der Vereinigten Staaten die Hand führten. Der berühmte Edmund Burke sagte hierzu und hat dies auch schriftlich niedergelegt: »Es gibt einen unglückbringenden Einfluß, welcher alle Maßnahmen der britischen Regierung in bezug auf die nordamerikanischen Kolonien begleitet.« Und alle Verhandlungen Großbritanniens mit den Vereinigten Staaten über Staatsgebiete sind Beispiele für diese traurige, aber wahre Äußerung. Man denke nur daran, wie Lord Ashburton beim Vertrage von Washington von Mr. Daniel Webster überlistet ward. Es mag erwähnt sein, daß das von den Vereinigten Staaten auf diese Weise erworbene Land für England keine Bedeutung habe. So sei es denn. Lassen wir dann England den Vereinigten Staaten eben das freimütig schenken, was sie verlangen! Die Geschichte wird all diese Abmachungen in das rechte Licht rücken, und der dumme Vertrag von Lord Ashburton wird Gegenstand des Spottes sein.

Das Südostende von Grand Portage lag in einer kleinen Bucht des Oberen Sees, und zwar auf 47° 58′ 1″ nördlicher Breite und 89° 44′ 20″ Länge westlich von Greenwich. Der Ort war damals – und blieb dies etliche Jahre – das Depot der Fellhändler. Hierher kamen die Kanus von Montreal, jedes mit einer Fracht von 40 bis 45 Warenballen, alkoholische Getränke eingeschlossen. Jeder Ballen wog 90 bis 100 Pfund. Und hier wurden die Kanus dann mit den Fellpacken, dem Ertrag des Winterhandels im Landesinneren, beladen und nach Montreal zurückgeschickt. Die Waren für den Winterhandel der entfernteren Handelsposten wurden assortiert und in

Ballen zu je 90 Pfund zusammengepackt. Die Kanus waren weniger groß, und ihre Ladung bestand aus 25 Ballen, dazu kam noch der Proviant für die Reise und das Gepäck der Männer: Dies alles ergibt ein Gewicht von 2900 Pfund, zu dem man noch fünf Mann hinzufüge, womit jedes der Kanus also ein Gewicht von 3700 Pfund trägt. Sie werden zu Brigaden von vier bis acht Kanus für die verschiedenen Teile des Binnenlandes zusammengestellt.

Am 9. August bestieg ich eines dieser Kanus und brach damit auf, um die Gebiete im Süden zu vermessen. Es gehörte einer Brigade von vieren an und stand unter der Leitung von Mr. Hugh McGillis. Wir nahmen unseren Weg über die Große Tragstelle, welche acht Meilen und 20 Ellen lang ist und in nordwestlicher Richtung zum Tauben-Flusse (Pigeon River) führt. Für die Männer bedeutete diese Tragstelle fünf Tage harter Arbeit. Von hier beträgt die Entfernung zur höchsten Erhebung des Landes 38 Meilen, darin sind fünf Tragstellen von fünfeinhalb Meilen eingeschlossen. Die höchste Erhebung des Landes ist dort, wo die Flüsse einmal nach Südosten in den Oberen See und einmal nach Nordosten in den Winnipeg-See und von dort in die Hudson Bay fließen.

In geringer Entfernung südöstlich davon steckt in den Rissen und Spalten eines steilen Felsens, etwa 20 Fuß über dem Wasserspiegel eines kleinen Sees, eine Anzahl dünner und kurzer Pfeile der Sioux-Indianer. Die Chippewa, die Eingeborenen dieser Gegend, erklären es so: Diese Pfeile seien die Stimme der Sioux, und sie sagte ihnen: »Wir sind gekommen, um mit euch Krieg zu führen. Da wir euch jedoch nicht vorfanden, lassen wir unsere Pfeile, mit welchen wir gehofft hatten, eure Leiber zu durchbohren, in den Felsen in eurem Lande zurück.« Das geschah etwa im Jahre 1730. Das Volk der Sioux ist

immer noch sehr mächtig, und ihre Jagdgründe erstrek-
ken sich vom Mississippi zum Missouri. Nun benutzen
sie jedoch Pferde anstelle der Kanus.

Für den Landwirt ist dieses Gebiet gegenwärtig noch
ohne Wert. Vielleicht verwandelt die Zeit es dereinst in
Folge der vielen Bäche und kleinen Seen mit klarem
Wasser in Weidefläche.

Gegen Nordosten hin neigt sich das Land nun wieder,
und seine vielen kleinen Wasserläufe vereinigen sich zu
einem schönen Flusse. Der erste Ort, welcher Beachtung
verdient, ist der prächtige, 19 Meilen lange Regen-See
(Rainy Lake), von welchem der Regen-Fluß (Rainy River) mit einem Gefälle von etwa zehn Fuß abfließt. In
dessen unmittelbarer Nähe befindet sich, auf 48° 36′ 58″
nördlicher Breite und 93° 19′ 30″ westlicher Länge, eine
Handelsniederlassung der Nordwest-Gesellschaft. Die
Entfernung von der höchsten Erhebung des Landes beträgt 117 Meilen. Bis hierher wird das Gelände immer
besser, und an etlichen Stellen könnten ansehnliche
Landgüter entstehen. Der Regen-Fluß ist 300 Ellen breit
und der schönste Fluß des ganzen Landstriches. Er liegt
$50\frac{1}{2}$ Meilen vom Lake of the Woods entfernt und hat nur
eine Stromschnelle, bei welcher die Eingeborenen zur
rechten Zeit zahlreiche gute Störe mit dem Speere fischen. An seinen Ufern scheint der Boden zum Anbau
geeignet, doch jene, die diese Gegend kennen, meinen,
der Fels befinde sich zu nahe an der Erdoberfläche.

Als die Franzosen aus Kanada diese Pelztiergegenden
betraten, kam anfänglich, so wird erzählt, jeden Sommer
ein Priester, um die Händler und ihre Männer in ihren
religiösen Pflichten zu unterweisen und zu ihnen und
den Eingeborenen in lateinischer Sprache zu predigen.
Denn sie sei die einzige Sprache, welche der Teufel
nicht verstehe und auch nicht zu erlernen vermöge. Der
Priester hatte etwa 20 Männer und einige Eingeborene

auf einer kleinen Felsinsel um sich geschart. Als er sie einst einmal belehrte, fiel ein großer Kriegstrupp von Sioux-Indianern über sie her und metzelte sie nieder. Keiner kam lebend davon. Während dies geschah, schritt der Priester weiterhin auf einem ebenen Felsen auf und ab, seinen Blick auf sein Buch geheftet, und schien nichts zu bemerken. Als er sich endlich umdrehte, schoß einer der Sioux einen Pfeil auf ihn ab, und er fiel tot zu Boden. Da erzitterte und erbebte die kleine Felsinsel, die Sioux begannen sich zu fürchten und zogen sich zurück, ohne den Toten die Kleider zu rauben oder sie zu skalpieren. Von jenem Tage an wurden diese Inseln – es sind ihrer drei – »Inseln der Toten« (Les isles aux morts) genannt. So erzählte es mir ein betagter Kanadier, der es wiederum von den Fellhändlern gehört hatte, welche unter diesen Indianern lebten.

Der Lake of the Woods ist deshalb denkwürdig, weil er in jedem Vertrage die nordwestliche Grenze zwischen den Provinzen von Großbritannien und den Territorien der Vereinigten Staaten bildet. Man mag ihn wohl als den südlichsten See der steinigen Region bezeichnen. Der Lake of the Woods ist $32\frac{1}{2}$ Meilen lang, besitzt viele Buchten und Inselchen, und seine Fläche mag sich über etwa 800 Quadratmeilen ausdehnen. Seine Nordostufer bestehen aus Granit, Grünstein und Tonschiefer, die Westufer aus Kalkgestein, und er grenzt an das große westliche Schwemmland an. Vermittels etlicher Wasserfälle entsendet dieser See den Winnipeg-Fluß (Winnipeg River, auch Sea River) nach Nordwesten in den Winnipeg-See. Der Winnipeg River ist ein mächtiger, tiefer Strom von etwa 300 Ellen Breite, der viele Inseln und Nebenflüsse besitzt und durch Granit fließt. Die Länge des Flußlaufes beträgt 125 Meilen, wobei 32 Wasserfälle auf ebensovielen Tragstellen von insgesamt drei Meilen zu überwinden sind. An seiner Mündung in den Winnipeg-See hatten die Franzosen eine Handelsniederlassung errichtet, welche dann von der Nordwest-Gesellschaft übernommen und unterhalten ward. Sie liegt auf 50°37′46″ nördlicher Breite und 95°39′34″ Länge westlich von Greenwich mit einer Nadelabweichung von neun Grad Ost. Die gesamte Fläche dieses Gebietes vom Oberen See bis zu dieser Niederlassung vermag, im Vergleiche zu ihrer Ausdehnung, nur wenige Eingeborene – hier vom Stamme der Chippewa – zu ernähren. An Wildtieren war das Land wohl nie sehr reich gewesen, und der geringe Bestand ist längst erschöpft: Rotwild wie Rentiere sind nahezu unbekannt. So verbleiben nur wenige Pelztiere. Die Eingeborenen bestreiten ihren Lebensunterhalt vornehmlich vom Fischen in den Seen. Diese beherbergen Störe, Lachsfische, Hechte und Karpfen von guter Beschaffenheit. Zumeist dient das Winnipeg-Haus als Depot für Nahrungsmittelvorräte, welche vermittels Kanus und Booten von den Äsungsgebieten des Bisons am Roten Flusse und am Saskatchewan hierher gebracht und sodann auf jene Kanus und Boote aufgeteilt werden, welche ihre Reise zu den Niederlassungen für den Winterhandel antreten. Der Winnipeg-See (oder einfach »das Meer«, von den Eingeborenen wegen seiner Größe so benannt) hat die Form eines groben Parallelogramms, und seine geologische Struktur ist die nämliche wie bei allen Seen gegen Norden und Westen. Seine östlichen Ufer bestehen vornehmlich aus Granit. Die Nordseite weist meist hohe Erdböschungen auf, die Westseite ist tief gelegen, und Ufer sowie Inseln bestehen aus Kalkstein. An seiner Westseite mündet in der südlichen Bucht der Rote Fluß ein, welcher vom Winnipeg-Haus bis dorthin 42 Meilen zurücklegt.

Die Great Plains

Bislang lernte der Leser nur die unfruchtbare, steinige Region und die große Seenplatte kennen. Nun wird sich meine Reise über Gebiete von ganz anderer Gestaltung erstrecken. Diese werden allgemein als Great Plains (Große Ebenen oder Prärien) bezeichnet und für älter gehalten als die steinige Region und die große Seenplatte.

Mit Ebene oder Prärie meine ich ein Grasland, dessen Gras jedoch zu kurz für die Sense ist. Wo das Gras hoch genug wächst, um es zu mähen und zu Heu werden zu lassen, bezeichne ich es als Wiese. Die Great Plains beginnen wohl an der Nordseite des Golfs von Mexiko und dehnen sich nach Norden bis zum 54. Breitengrade aus, wo die Wälder des Nordens, welche sich ununterbrochen bis zum Nördlichen Eismeere fortsetzen, sie begrenzen. Gegen Osten bildet der Mississippi ihre Grenze und nördlich davon die Seenplatte. Im Westen reichen sie bis zu den Rocky Mountains. Die Länge der Great Plains beträgt von Süden nach Norden 1240 Meilen und ihre Breite von Osten nach Westen zu den Ausläufern der Rocky Mountains 550 bis 800 Meilen, was also eine Gesamtfläche von 1031500 Quadratmeilen ergibt, die Ozark Hills eingeschlossen.

Der ewige Schnee und die Gletscher der Rocky Mountains liefern das Wasser und lassen viele Flüsse entstehen. Solche, die südlich des 49. Breitengrades liegen, fließen in den Mississippi, der nördlichste davon ist der Missouri. Gleich im Norden des Quellgebietes des Missouri entspringen die Südarme des Saskatchewan, welcher in die Hudson Bay mündet. Gegen Norden folgen darauf der Athabasca River und der Friedens-Fluß

(Peace River). Sie ergeben mit anderen, kleineren Flüssen den Mackenzie River, welcher sich in das Nördliche Eismeer ergießt. Den übrigen großen Verschiedenheiten zwischen der steinigen Region und den Great Plains sei noch hinzugefügt, daß alle Flüsse der steinigen Region und auch solche, die durch sie hindurchfließen, sich mit Seen oder Wasserfällen vereinigen oder solche selbst bilden, die Flüsse auf ihrem Wege durch die Great Plains und das nördliche Waldland hingegen nicht einen einzigen See hervorbringen. So münden die drei großen Flüsse Nordamerikas in drei verschiedene Meere: der Mississippi in den Golf von Mexiko, der Saskatchewan und Nelson River in die Hudson Bay und der Mackenzie River in das Nördliche Eismeer. Obgleich diese Flüsse auf derselben Seite der Rocky Mountains ihren Ursprung haben, fließen sie also in gänzlich verschiedene Richtungen.

Auf ihrer Ostseite bieten die Prärien der Great Plains einen schönen Anblick: Ausgedehnte Wiesen mit fruchtbarem Erdreich, eine niedere, gut bewaldete Hügelkette und viele klare Quellen und kleine Flüsse erfreuen das Auge. Diese kleinen Flüsse – wie der Dauphin, Swan, Mouse und Stone Indian River – sind, mit Bedacht auf ihre Größe, noch mit Kanus und Booten befahrbar. Zu den Erhebungen der Great Plains zählen der südlichste und nicht weit vom Missouri entfernte Turtle Hill, gegen Norden folgen die Hair, Nut, Touchwood, Dauphin, Eagle und Forest Hills. Deren Westseiten – von den Ebenen aus betrachtet – zeigen sanfte Anhöhen von etwa 200 Fuß, doch von Osten her steigen sie bis zu einer relativen Höhe von 500 bis 800 Fuß an und sind mit sehr schönen Waldungen aus gutgewachsenen Papierbirken, etlichen Kiefernarten, Pappeln, Espen und kleinen Eschen und Eichen bestanden. In diesen Hügeln halten sich der Elch, mehrere Hirscharten und der Gabelbock bevorzugt auf. Die Bären (der Schwarzbär, Braunbär und Grizzlybär) ernähren sich von Beeren, Nüssen und allem anderen, dessen sie habhaft werden können; einmal ward ein Bär erschossen, der ein Stück Gabelantilope bewachte, welche er gerissen und schon teilweise gefressen hatte. Wie dieses plumpe Tier ein so flinkes wie die Gabelantilope zu fangen vermochte, war sehr wundersam. Die Bären legen keinen Wintervorrat an und halten zumeist Winterschlaf. Auf unserem Wege durch die schönen Wälder waren wir stets aufs neue überrascht, mit welcher Betriebsamkeit die Eichhörnchen Haselnüsse für den Winter sammeln. Jedes von ihnen trägt mehr als einen Scheffel Nüsse zusammen. Die Eichhörnchen in den Wäldern des Nordens scheinen hingegen nichts aufzuheben, sondern gehen täglich auf Nahrungssuche und ernähren sich von den Samen in den Zapfen der Weißfichte. Die Feldmäuse sind gleichermaßen emsig, Wintervorräte anzulegen.

Es herrscht hier ein gutes Klima. Der Winter dauert etwa fünf Monate, und auf einen warmen Sommer folgt ein Herbst mit vielen sonnigen Tagen. Der Boden ist humus- und nährstoffreich, und das jährlich abfallende Laub und das Gras der Wiesen sorgen für eine Menge pflanzlichen Moder. Zweifellos wird sich über diesen niedrigen Hügeln die Zivilisation ausbreiten; sie sind gut zur Rinderzucht geeignet und, wenn die Wölfe ausgerottet sind, auch zur Schafzucht. Und das Hirtenleben wird dort von der Landwirtschaft abgelöst, wo in diesem Gebiete Märkte entstehen können, jedoch nicht weiter, denn *Kanada* liegt zu entfernt, und der Weg dorthin ist zu beschwerlich. Der einzige Hafen, welcher den Bewohnern hier offenstünde, ist York Factory an der trostlosen Küste der Hudson Bay. Er ist nur vier Monate im Jahre eisfrei, und nach York Factory zu reisen und wieder zurück würde gerade jenen Teil des Sommers in Anspruch nehmen, welchen man nicht entbehren kann. Doch wenn eine zivilisierte Bevölkerung diesen Landstrich bewohnen wird, finden sich auch Möglichkeiten, seine Erzeugnisse einem Markte zuzuführen.

Das Land am Schwan-Fluß

Ich hoffe, ich habe einen kurzen allgemeinen Einblick in
die Gestaltung und Beschaffenheit der Great Plains gegeben, so daß der Leser mir auf meinen Reisen nun
leicht zu folgen vermag. Eins der vornehmlichsten Ziele
der Nordwest-Gesellschaft war es, die Verläufe der
Flüsse, die Lage der Seen und die ihrer verschiedenen
Handelsniederlassungen, welche in manchen Teilen des
Landes zu nahe zueinander standen, in anderen wieder
zu weit voneinander entfernt, zu ermitteln.

Vom Winnipeg-Haus fuhren wir Anfang September
1797 das Ufer des Winnipeg-Sees entlang – es bestand
aus Kalkstein und war meist tief gelegen, doch zuweilen
bildete es bis zu 50 Fuß hohe Klippen aus – bis zur Einmündung des Dauphin River, später auch Little Saskatchewan River genannt. Auf diesem schönen Flusse von
etwa 30 Ellen Breite und einer durchschnittlichen Was-
sertiefe von drei Fuß setzten wir unsere Fahrt fort. Je
weiter wir kamen, desto besser ward der Boden, desgleichen die Wälder, welche den Fluß säumten. Aber Rotwild, Rentiere und Biber sahen wir selten. Nachdem wir
auf reichlich gewundener Strecke 80 Meilen gegen Südwesten zurückgelegt hatten, gelangten wir zur 2 760 Ellen langen Meadow Portage, einer Tragstelle, welche
vom Flusse zum Lake Winnipegosis (dem Kleinen
Meere) führt. Der Dauphin River tritt zwar wieder aus
diesem See aus, doch nun ist sein Lauf so weitschweifig
und birgt seichte Stromschnellen, daß die Tragstelle bevorzugt wird. Wir fuhren 59 Meilen über den See bis zur
Einmündung des Schwan-Flusses (Swan River), einem
kleinen Strome von etwa 15 bis 20 Ellen Breite und etwa
drei Fuß Tiefe. Mit sanfter Strömung trug er uns durch

eine prächtige Gegend, denn nun befanden wir uns bei den schönen niederen Hügeln, von welchen ich bereits sprach. Hier leben Biber in Fülle, nur das Rotwild verläßt erst allmählich die Anhöhen der Hügel, wo es den Sommer zubringt.

Nach zwölf Meilen erreichten wir das Schwanfluß-Haus (Swan River House) der Nordwest-Gesellschaft, welches auf 52° 24′ 5″ nördlicher Breite und 100° 36′ 52″ westlicher Länge mit einer Nadelabweichung von 13 Grad Ost liegt. Dort fanden wir nur zwei Familien der Eingeborenen, der Nahathaway-Indianer, vor, welchen diese Gebiete gehören. Doch auch etliche Chippewa waren vor kurzem aus dem Süden heraufgezogen, denn in ihren eigenen Gebieten gab es kaum noch Biber oder Rotwild. Nachdem sich die beiden Familien mit Munition und Tabak versorgt hatten, machten sie sich zu ihren Stammesbrüdern auf, um diese von der Ankunft der Kanus zu benachrichtigen.

Am 26. September 1797 nahmen wir Pferde und ritten weiter zum Stone-Indianer-Flusse (Stone Indian River), an welchem die Nordwest-Gesellschaft mehrere Niederlassungen besitzt, und zum oberen Hause, das Cuthbert Grant verwaltete. Unser Weg dorthin führte uns zumeist durch schöne Wälder, wo unsere Pferde überall guten Boden vorfanden, einige nasse Wiesen ausgenommen, in welchen sie jedoch kaum knöcheltief einsanken. Mein indianischer Führer hatte gehört, daß die Pawnee-Indianer besiegt worden wären, und obwohl er nicht wußte, wer sie geschlagen hatte, grölte er den ganzen Tag: »Wir haben gegen die Pawnee gekämpft und sie bezwungen!« Er selbst war Chippewa. Als wir am Abend unser Lager aufschlugen, sagte ich ihm, er sei der einzige Krieger, den ich je kennengelernt habe, welcher sich des Sieges über ein Volk rühme, das er nie gesehen hatte und auch kaum sehen werde, und daß niemand ihm glaube. Da erwiderte er: »Wir jungen Männer haben keine Gelegenheit, uns hervorzutun. Die Feinde, gegen welche unsere Väter Krieg führten, sind über den Missouri zurückgedrängt und weit außerhalb unseres Bereiches. Doch ich will aufhören zu singen.«

Von hier wandten wir uns nun zu der Handelsniederlassung, welcher Monsieur Belleau vorstand und die zwischen dem Schwan- und dem Stone-Indianer-Flusse gelegen war. Wie immer bestimmte ich die genaue Lage: 51° 51' 9" nördliche Breite und 102° 30" westliche Länge. Die Entfernung betrug 30 Meilen. Zahlreiche Weiher und Tümpel, welche infolge der Biberdämme gefüllt bleiben, sorgten bis hierher für viel nassen Boden. Wir kehrten zu Mr. Grants Haus zurück und reisten von dort zum Oberen Hause (Upper House) am Red Deer River, welches Mr. Hugh McGillis leitete und das auf 52° 59' 7" nördlicher Breite und 101° 32' 27" westlicher Länge lag. Die Entfernung betrug 111 Meilen, doch aufgrund der Weiher und Biberdämme, welche wir überschreiten mußten, verlängerte sich die Strecke auf 150 Meilen.

Die klugen Biber besaßen das ganze Land, doch ihre Vernichtung hatte bereits begonnen und war nun in vollem Gange. All die obengenannten Handelsniederlassungen der Nordwest-Gesellschaft von Kanada befanden sich auf der Südwestseite jener niederen Hügel, welche die Ostseite der Great Plains begrenzen, und bisher bereitete mir jede Reise Vergnügen. Hier waren die Wälder etwas lichter und offener, und der Elch kam zahlreich vor. Er ist zwar immer ein wachsames und vorsichtiges Tier, jedoch schien er in dieser Gegend nicht so scheu wie in den dichten, dunklen Kiefernwäldern des Nordens. Vielleicht, weil er hier daran gewöhnt ist, auch andere Arten von Rotwild und Rentieren und ebenso Pferde zu sehen. Aber der Stolz dieser Wälder und Wiesen ist der Hirsch mit seinem halben Dutzend Hirschkühen, welche er sorgsam bewacht und für die er zu kämpfen bereit ist wie ein türkischer Pascha für seinen Harem. Wenn jedoch, wie jetzt, die Zeit der Liebe vorüber ist und seine Hirschkühe ihn verlassen, sinkt sein Haupt herab, und er ist nicht länger das stolze Tier, welches so leicht über die Wiesen zu springen schien wie ein Vogel im Fluge.

Ob solcher Vielfalt an Hügeln und Ebenen, Wäldern und Wiesen hatte ich erwartet, etliche Mineralquellen zu finden, die in anderen Gegenden ja so häufig vorkommen. Doch wie sehr ich meine ganze Aufmerksamkeit auch darauf richtete und Erkundigungen einholte, so vermochte ich auf keine einzige Quelle zu stoßen. Meine gesamte Information führte mich nur zu den salzhaltigen Bächen des Roten Flusses, aus welchen von einigen durch Kochen des Wassers Salz gewonnen wird. Alle diese Landstriche sind die Jagdgründe der Nahathaway-Indianer.

Vor der Entdeckung Kanadas (welche heute wohl 300 Jahre zurückliegt) war, so darf man wohl sagen, dieser Kontinent vom 40. nördlichen Breitengrade bis zum Nördlichen Polarkreis und vom Atlantik bis zum Pazifik im Besitze zweier verschiedener Arten von Lebewesen: des Menschen und des Bibers. Der Mensch war nackt und mußte sich von der Haut und dem Felle der Tiere seine Kleidung beschaffen. Seine einzigen Waffen bestanden aus einem zugespitzten und im Feuer gehärteten Pfahle, einem Bogen mit Pfeilen, deren Spitzen ebenfalls im Feuer gehärtet oder die mit Spitzen von Stein oder Knochen vom Rotwilde versehen waren, einer Lanze, welche die nämliche Art von Spitze trug, und einer Keule von schwerem Holze oder aus einem abgerundeten Steine von vier bis fünf Pfund Gewicht. Der Stein war in rohe Tierhaut gehüllt und vermittels

solcher auch fest an einen etwa zwei Fuß langen Holz-
stiel gebunden. So sahen die Waffen aus, welche der
Mensch zur Verteidigung und zur Beschaffung von
Nahrung und Kleidung besaß. Gegen die Knochen eines
Tieres richteten seine Pfeile und seine Lanze recht wenig aus. Doch die Flanken jeden Tieres sind ohne schüt-
zende Knochen, und dorthin, in das Gedärm, lenkte der
Indianer seine todbringenden und unfehlbaren Pfeile.
Jeder Jäger weiß darum, wie die Verletzungen der verschiedenen Körperteile eines Tieres wirken. Mit einem
Pfeile oder einer Kugel durch das Gedärm wird das Tier,
wenn man es verfolgt, noch eine lange Strecke zurückle-
gen. Überläßt man es aber sich selbst, so wird es bald
sehr krank, legt sich nieder und verendet. Neben diesen
Waffen benutzten die Indianer die Schlinge, bei großen
Tieren von der Lanze unterstützt. Allen Berichten zufolge kamen Rotwild und Pelztiere sehr zahlreich vor,
und so war der Mensch Herr über alles trockene Land
und was sich darauf befand.

Die andere Art von Lebewesen war der Biber, welcher
außer dem Menschen und dem Vielfraße keine Feinde
hatte. Jedes Jahr warf ein Biberweibchen fünf bis sieben
Junge, die das Biberpaar sorgsam aufzog. So wuchs die
Zahl der Biber und stieg unmäßig an. Und außer den
großen Seen, deren Wellen zu stürmisch sind, ergriffen
sie von allen Gewässern im Norden des Kontinentes Besitz. An jedem Flusse, welcher eine mäßige Strömung
und ausreichend tiefes Wasser hatte, legten sie in den
Uferböschungen gleich am Wasser ihre Baue an. Zu allen kleinen Seen und Weihern errichteten sie Dämme,
auch dorthin, wo der Boden gelegentlich vom Regen
überflutet war. Daraus schufen sie dann bleibende Tümpel, und wenn sie die Dämme erhöhten, wurden die
Tümpel größer und tiefer. So gehörte das gesamte Tiefland dem Biber, desgleichen die Mulden von höhergele-

Biber

genen Gegenden. Das trockene Land wurde weniger und mit ihm das Herrschaftsgebiet des Menschen. Überall sah er sich vom Wasser eingeengt, ohne die Macht, dies zu verhindern. Er konnte die Zahl der Biber nicht halb so schnell verringern, wie sich diese vermehrten. Ihre Baue hielten seinem zugespitzten Stocke stand, und nur selten vermochten seine Pfeile ihr Fell zu durchdringen.

In diesem Zustande waren Mensch und Biber viele Jahrhunderte lang verblieben, bis die Entdeckung Kanadas durch die Franzosen und deren Siedlungen am Sankt-Lorenz-Strome aufwärts die Eingeborenen dem Biber bald weit überlegen werden ließ.

Ohne Eisen ist der Mensch schwach, sehr schwach sogar, doch mit Eisen versehen, wird er zum Gebieter über die Erde. Kein anderes Metall kann dabei die Stelle des

Eisens einnehmen. Für die Felle, welche die Eingeborenen ablieferten, handelten sie sich von den Franzosen Äxte, Beitel, Messer, Speere und andere Artikel aus Eisen ein, mit welchen sie erfolgreich Pelztiere jagten und sich dann für die Felle Wollkleidung beschafften. So ausgerüstet, vermochten sie die Behausungen der Biber nun zu durchdringen, die Dämme zu brechen, und das Wasser in den Weihern und Tümpeln ging zurück oder floß gänzlich aus. Und die Baue der Biber waren trockengelegt, wodurch diese Tiere für die Jäger nun eine leichte Beute wurden.

Von dieser Abschweifung kehre ich jetzt zu meiner Reise durch das Gebiet des Nut Hill zurück. An einem schönen Nachmittage im Oktober mußten wir einen solchen langen Biberdamm mit unseren Pferden überschreiten. An zwei Stellen des Weihers sahen wir Ansammlungen von Biberbauen, welche wie kleine Dörfer anmuteten. Als wir die Hälfte des Dammes – er war eine ganze Meile lang – erreicht hatten, trafen wir auf einen alten Indianer. Er hielt die Arme über der Brust gekreuzt und sah gedankenvoll den Bibern zu, wie sie im Wasser schwammen und ihre Wintervorräte zu den Bauen schleppten. Der Mann war von großer und aufrechter Gestalt, hatte nahezu weißes Haar, und dies schien der einzige Einfluß des Alters, obwohl er – so schlossen wir – etwa 80 Jahre alt sein mußte, was uns denn auch die Leichtigkeit und Natürlichkeit, mit welcher er von längst vergangener Zeit erzählte, bestätigte. Bei ihm erkundigte ich mich, wie viele Biberbaue sich in dem Weiher vor uns befänden, und er meinte: »Nun sind es 52. Etliche Baue haben wir bereits ausgehoben, und das war schwierig und zumeist nur vermittels des Wassergeräusches, welches ein starker Wind hervorrief, zu bewerkstelligen.« Er lud uns ein, die Nacht in seinem Zelte zu verbringen, welches ganz in der Nähe stand.

Die Sonne sank bereits, und so nahmen wir das Angebot an.

Im Zelte saß ein Mann von nahezu seinem Alter, umgeben von Frauen und Kindern. Wir zogen es vor, im Freien zu bleiben, machten ein gutes Feuer, zu welchem beide alten Männer kamen, und nachdem wir eine Weile schweigend geraucht hatten, begann eine Unterhaltung. Mit den Eingeborenen redete ich stets so, als spräche ein Indianer zum anderen, und ich war immer darauf bedacht, etwas von ihren Überlieferungen über Tiere, die Menschheit und andere Dinge aus alter Zeit zu erfahren, und hier schien sich eine günstige Gelegenheit dazu zu bieten. Fragen und Antworten, welche zu ermüdend wären, lasse ich nun beiseite. Die beiden alten Männer sagten, daß nach alter Überlieferung, deren Ursprung sie nicht kannten, die Biber ein uraltes Volk gewesen wären und auf dem trockenen Lande gelebt hätten. Sie waren nie Menschen, sondern immer schon Biber, weise und mächtig, und weder Mensch noch Tier führte Krieg gegen sie.

»Sie waren gut gekleidet, wie jetzt auch, und da sie kein Fleisch aßen, machten sie keinen Gebrauch vom Feuer und bedurften seiner auch nicht. Wie lange sie auf diese Weise lebten, vermögen wir nicht zu sagen, müssen jedoch annehmen, daß sie kein rechtschaffenes Leben führten, denn der Große Geist ward zornig auf sie und befahl *Weesarkejauk*, sie allesamt in das Wasser zu treiben. Dort sollten sie, noch immer weise, leben, aber ohne Macht. Sie sollten dem Menschen als Nahrung und Bekleidung dienen und die Beute anderer Tiere sein. Zum Schutze vor alledem war es ihnen gegeben, Dämme zu bauen. Die Dämme, welche wir für die Fischerei errichten, werden häufig vom Wasser zerstört, doch die Biberdämme bleiben erhalten. Der Bau des Bibers besteht nicht aus Sand, sondern aus fester Erde und Holz und zuweilen kleinen Steinen. Und er legt Gänge an, um seinen Feinden zu entkommen, und stets hat er seine Wintervorräte zur rechten Zeit gesichert. Wenn der Biber einen Baum fällt, sieht man, wie er ihn beobachtet und aufpaßt, daß der Baum ihn nicht trifft.« – »Wenn er aber so weise ist, warum fällt der Biber dann große Bäume, von welchen er keinerlei Gebrauch macht?« – »Das wissen wir nicht; vielleicht juckt es ihn in den Zähnen oder im Zahnfleische.«

Der alte Indianer hielt inne, verstummte, und dann redeten beide leise miteinander. Darauf setzte er seine Belehrung fort: »Ich erwähnte bereits, daß wir glauben, daß der Große Geist in längst vergangener Zeit zornig auf den Biber war und *Weesarkejauk* (dem Schmeichler) befahl, sie alle vom trockenen Lande in das Wasser zu treiben. Und sie vermehrten sich und blieben stets sehr zahlreich. Doch der Große Geist war und ist auch jetzt noch sehr zornig auf sie, und so sind sie alle dem Untergange geweiht. Vor etwa zwei Wintern offenbarte *Weesarkejauk* unseren Brüdern, den Nepissing und den Algonkin, das Geheimnis ihrer Vernichtung: Ihr Vorliebe für das Bibergeil ihrer eigenen Spezies betört sie alle. Sie mögen es noch lieber als wir das Feuerwasser. Nun töten wir die Biber ohne jegliche Mühe und sind jetzt reich. Doch bald werden wir arm sein, denn wenn sie vernichtet sind, haben wir nichts mehr, womit wir das erwerben können, was wir für unsere Familien benötigen. Fremdlinge überschwemmen unser ganzes Land mit ihren Eisenfallen, und sowohl wir als auch sie werden bald arm sein.«

Der Indianer ist kein Materialist und glaubt auch nicht an den Instinkt, einen Begriff des zivilisierten Menschen, welcher damit viele Teile menschlicher Handlungen und alle Vorgänge in der belebten Natur erklärt. Der Indianer glaubt, daß jedes Tier eine Seele besitze, welche all seine Bewegungen steuert und seine Tätigkeiten bestimmt. Selbst ein Baum, meint er, müsse irgendwie beseelt sein, obwohl er seinen Platz nicht zu verlassen vermag. Als die Indianer von Kanada und New Brunswick vor einigen Jahren (1797) sahen, wie gut sich die Stahlfallen bei der Jagd auf Füchse und andere Tiere bewährten, wollten sie diese Fallen anstelle ihrer eigenen ungeschickten Fallen, welche oft versagten, ebenfalls für den Biberfang einsetzen. Anfänglich stellte man sie bei den Ausstiegen der Biber auf, von etwa vier Zoll Wasser bedeckt, und als Köder steckte ein grünes Espenzweiglein darin. Auf diese Weise fing man mehr Biber als nach der herkömmlichen Art. Aber die Biberpfade beschränkten den Gebrauch solcher Fallen zu sehr. Und so ward alle Erfindungskraft aufgewendet, um einen Köder zu finden, welcher den Biber zu dem Platze locken sollte, wo die Falle aufgestellt war. Verschiedene Dinge und Mixturen wurden erfolglos ausprobiert. Doch der Zufall ließ einige versuchen, das männliche Tier zu fangen, indem man der Lockspeise das Bibergeil des weiblichen Tieres zusetzte. Und eine Mixtur von diesem Castoreum, verrührt mit grünen Espenknospen, ward bereitet. Ein etwa acht Zoll langes Stück trockener Weide ward gequetscht, in das Gemisch eingetaucht und an den Rand des Wassers, etwa einen Fuß von der Stahlfalle entfernt, gelegt, so daß der Biber, um es zu erreichen, geradewegs über die Falle treten mußte und dabei gefangen ward. Der Köder erwies sich als erfolgreich, aber zum Erstaunen der Indianer gingen die weiblichen Tiere ebenso in die Fallen wie die männlichen. Das Geheimnis dieser Lockspeise verbreitete sich bald, und jeder Indianer beschaffte sich von den Händlern vier bis sechs Stahlfallen, von welchen eine sechs bis acht Pfund wog. Aller Plage war damit ein Ende. Nun zog der Jäger nach Belieben mit seinen Fallen und seinem unfehlba-

ren Köder mit Castoreum umher. Ich selbst sah mehrere
Beispiele für die Betörung dieses Tieres infolge des Castoreum. Einmal ward eine Falle vermittels ihrer kleinen
Kette nachlässig an einem Pfahle befestigt, um zu verhindern, daß der darin gefangene Biber die Falle fortschleppe. Die Kette glitt ab, der Biber schwamm mit der
Falle davon, und man gab Biber und Falle verloren. Zwei
Nächte darauf fand man ihn in einer anderen Falle gefangen. Die alte Falle umklammerte noch seinen Lauf.
Ein anderes Mal hatte ein Biber, welcher über die Falle
hinweg zu dem Castoreum gelangen wollte, sich das
Hinterbein gebrochen. Mit seinen Zähnen nagte er sich
das gebrochene Bein ab und war verschwunden. Wir
dachten, er käme nie wieder. Aber zwei Nächte später
fand man auch ihn in einer Falle gefangen. Immer war
das Castoreum aufgefressen, der Stock mit der Mixtur
stets abgeleckt oder sauber abgelutscht. Es schien wie
ein Betäubungsmittel zu wirken, denn oft kamen die Biber mehr als einen Tag nicht aus ihrem Baue heraus.

Nachdem die Nepissing, Algonkin und Irokesen ihre
eigenen Gebiete ausgebeutet hatten, dehnten sie ihre Biberjagd auch auf dieses Land aus, und sowie sie den Biber ausgerottet hatten, zogen sie weiter nach Norden
und Westen. Die Eingeborenen, die Nahathaways, hinderten sie nicht im geringsten daran. Die Chippewa und
andere Stämme benutzten ebenfalls die Fallen aus Stahl
und das Castoreum. Etliche Jahre lang waren alle diese
Indianer sehr wohlhabend. Männer, Frauen und Kinder
schmückten ihre Gewänder überreich mit Silberbroschen und trugen Ohrringe, Wampums, Glasperlen und
anderen Tand. Ihre Mäntel waren von feinem scharlachrotem Tuche, und alles war Glanz und Putz. Die Kanus
der Fellhändler fuhren mit Packen von Biberfellen vollgeladen, und der Überfluß dieses Artikels ließ die Preise
auf dem Londoner Markt sinken. Jeder verständige

Mensch sah die Armut, welche der Ausrottung des Bibers folgen würde, aber es gab keine Häuptlinge, welche dies einschränkten. Alles war eitel Freiheit und Gleichheit. Vier Jahre danach (1797) war nahezu das ganze weite Land der Biber beraubt, die Eingeborenen verfielen in Armut und beschafften sich nur mit Mühe die notwendigsten Dinge zum Leben, und in diesem Zustande verbleiben sie nun, wahrscheinlich für immer. Ein ausgelaugtes Feld vermag gedüngt und wieder fruchtbar gemacht zu werden, doch die Biber, einmal ausgerottet, lassen sich nicht wieder herbeibringen. Nach ihnen entstand die Goldmünze des Landes, mit welcher die Güter für das tägliche Leben gekauft wurden.

Es wäre eine lohnende Aufgabe für jemanden, der nichts zu tun hat, einmal die Verkäufe auf den Auktionen anzusehen und die Zahl der Felle, welche privat verkauft werden und solche, über die auf andere Weise verfügt ward, und die Anzahl der Biber zu zählen, welche getötet und aus dem nördlichen Teil dieses Kontinentes herangeschafft wurden.

Die Reise zu den Dörfern der Mandan

Wir hatten alle Vorkehrungen für eine Reise zu den Dörfern der Mandan an den Ufern des Missouri getroffen und brachen am 28. November 1797 auf. Unser Führer und Dolmetscher, welcher acht Jahre in diesen Dörfern gelebt hatte, war ein gewisser Monsieur René Jussomme, der die Sprache der Mandan fließend beherrschte. Zu unserem Trupp gehörte Mr. Hugh McCrachan, ein gutherziger Ire, welcher schon oft in diesen Dörfern gewesen war und dort für einige Wochen oder Monate gewohnt hatte. Dazu kamen noch sieben französische Kanadier, eine Gruppe stattlicher, abgehärteter und gutmütiger Männer, die gerne viel aßen und auch bereit waren, dafür zu jagen, doch noch mehr, das Erjagte zu genießen. Wenn ich sie wegen ihrer Gefräßigkeit tadelte – sie vertilgten ganze acht Pfund frischen Fleisches pro Tag –, so antworteten sie mir darauf, daß das Essen ihr größtes Vergnügen im Leben sei. Sie alle waren höchst ungebildet und ohne die geringste Erziehung; sie schienen auch keinen Wert darauf zu legen.

Außer meinem Diener Joseph Boisseau, welcher als Soldat gedient hatte, waren alle freie Händler und unternahmen diese Reise auf ihre eigene Rechnung. Und jeder von ihnen führte, auf Kredit von Mr. McDonell, einen Einsatz an Waren und Schmuck im Werte von etwa 40 bis 60 Fellen mit sich, welche sie von den Eingeborenen der Dörfer einhandeln wollten. Ich ward bereitwillig mit allem versorgt, dessen ich bedurfte, und dies war vornehmlich Munition, Tabak und ein wenig Schmuck und Tand für Auslagen. Ich verfügte über zwei Pferde, Monsieur Jussomme über eins, und die Männer hatten 30 Hunde, welche ihnen selbst gehörten und von denen je zwei einen flachen Schlitten mit den darauf festgezurrten Waren zogen. Alle diese Hunde waren von den Stone-Indianern eingehandelt worden, welche sie in ihren Lagern häufig einsetzen. Sie waren halb Hund, halb Wolf und stets auf der Lauer nach etwas, das sie verschlingen könnten. Die Hunde arbeiteten nicht gerne, und die meisten von ihnen hatten noch nie einen flachen Schlitten gezogen. Doch vermittels ständigem Peitschen richteten die Kanadier, welche große Freude daran zu haben schienen, sie bald ab. Der Lärm und das Geheul während unseres Marsches waren unerträglich, deshalb ritt ich stets zwei oder drei Meilen voraus.

Da meine Reise zum Missouri durch einen Teil der Great Plains führt, werde ich sie nun in der Art eines Tagebuches wiedergeben, denn diese Form, so langweilig sie auch sein mag, halte ich für die einzige Methode, welche dem Leser eine klare Vorstellung zu vermitteln vermag. Mit unseren drei Pferden, 30 Hunden und den Schlitten überquerten wir den Stone-Indianer-Fluß (Stone Indian River) auf seinem Eise. Am Boden lag der Schnee drei Zoll hoch. Die Hunde liefen kreuz und quer, da sie das Ziehen nicht kannten, und die Männer waren den ganzen Tag damit beschäftigt, auf sie zu fluchen und einzuschlagen. Wir gingen etwa sechs Meilen und stellten in den Waldungen am Maus-Flusse (Mouse River), welcher sich etwa zwei Meilen unterhalb der Niederlassung mit dem Stone-Indianer-Flusse vereinigt, unsere Zelte auf. Dann ward den Hunden das Geschirr abgenommen und ein Stück Leine um den Hals gebunden, wobei ein Vorderlauf (oder auch beide) noch hindurchgesteckt wurde, um die Hunde ruhig zu halten und am Weglaufen zu hindern.

30. November. Wir besaßen keine Nahrungsmittel mehr, mußten auf Bisonjagd gehen und erlegten zwei Bullen. Doch wir vermochten nur die Hälfte des Flei-

sches zum Zelte zu bringen. Aber für uns und die
Hunde genügte es.

1. Dezember. Wir konnten nicht weiterziehen, hatten
jedoch das Glück, eine Bisonkuh zu erlegen, was uns
bei guter Laune hielt. Die strenge Kälte und der starke
Wind machten das Zelt sehr rauchig, so daß wir trotz
des schlechten Wetters den größten Teil des Tages in
den Wäldern umherstreiften.

3. Dezember. Unsere Reise führte uns über freie Ebenen, von einem Fleckchen Wald zum nächsten, denn am
Maus-Flusse, an welchem wir lagerten, stehen immer
nur an manchen Stellen Wäldchen, viele Meilen voneinander entfernt. Diese Waldflecken muß man im Auge
behalten, um den Weg über die Ebenen zu finden. Und
keiner der Männer kannte den Gebrauch des Kompasses, und keiner wollte ihm vertrauen. Wir konnten nicht
weitergehen, und der Rauch im Zelte war widerlich.

4. Dezember. Nach elf Meilen stießen wir auf fünf Zelte
der Stone-Indianer, welche uns, wie üblich, freundlich
empfingen. Sie hießen unsere Reise zum Missouri nicht
gut und teilten uns mit, daß zwischen den Mandan und
den Sioux einige Scharmützel stattgefunden hätten. Die
Sioux hätten dabei etliche Männer verloren und schrieben dies der Munition zu, welche die Handelsgruppen
vom Stone-Indianer-Flusse, so wie wir eine wären, den
Mandan lieferten. Deshalb hätten sie beschlossen, uns
aufzulauern, uns all dessen zu berauben, was wir besäßen, und zu skalpieren. Und die Stone-Indianer ermahnten uns, auf der Hut zu sein. Mir gefiel diese Nachricht
gar nicht, doch die Männer schenkten ihr keine Beachtung und dachten, sie sei dem Haß gegenüber den Mandan entsprungen. Wir setzten unseren Weg am Flußufer
fort und schlugen nach sieben Meilen um vier Uhr nachmittags unser Lager auf. Der Fluß ist etwa 20 Ellen breit
und führt gegenwärtig wenig Wasser.

5. Dezember. Wir hielten in Richtung auf den Turtle Hill zu. Das Land stieg langsam an, doch der Turtle Hill war noch nicht zu erblicken. Alles um uns war grenzenlose Ebene, und Monsieur Jussomme vermochte nicht zu sagen, wo wir uns befanden. Schon zogen sich drohend die Wolken zusammen, das Wetter schien sich auf einen Sturm vorzubereiten. Unsere Lage war beunruhigend, und Angst sprach aus allen Gesichtern, denn wir wußten nicht, an welchen Ort wir uns zu unserem Schutze wenden sollten. Ich saß auf, ritt zur höchsten Erhebung in unserer Nähe und suchte mit meinem Teleskope den ganzen Horizont ab, doch nicht die Spur eines Waldes zeigte sich. Nur geradewegs im Nordwesten von uns entdeckte ich die Kronen einiger Bäume, welche wie Eichen aussahen. Bange fragten mich die Männer, ob ich Wald gesehen hätte. Ich berichtete ihnen, was ich gesehen hatte, und daß ich unter Zuhilfenahme des Kompasses mit meinem Diener, dem alten Soldaten, sogleich losritte, da der Wald weit entfernt läge. McCrachan und ein Kanadier schlossen sich uns an, die übrigen sechs Männer berieten, was zu tun sei. Zu Lande hatten sie kein Vertrauen zum Kompasse und hielten es für das beste, so lange in irgendeine Richtung zu marschieren, bis sie mit eigenen Augen Wald ausmachen könnten. Aber schon nach einer halben Meile folgten sie uns, denn sie meinten, es wäre sicherer, wenn alle beieinander blieben. Der Sturmwind kam und ward immer heftiger. Vier bis sechs Zoll hoch lag der Schnee und trug eine dünne Kruste. Wir marschierten weiter und gaben die Hoffnung fast schon auf, den Wald zu erreichen. Glücklicherweise waren die Hunde nun gut abgerichtet und bereiteten uns keinen Verdruß. Der Abend brach an, und wir mußten sorgsam darauf achten, beieinander zu bleiben; bisweilen riefen wir einander zu, um zu hören, daß niemand fehlte. Um sieben Uhr abends langten wir dank der gütigen Vorsehung Gottes endlich beim Walde an. Wir waren sehr erschöpft, denn gegen den Sturm zu gehen, war ebenso mühevoll, wie knietief im Wasser zu waten. Wir bauten unser Zelt auf und begaben uns in seinen Schutz. Obgleich wir zu dieser letzten Strecke sechs Stunden benötigt hatten, waren wir, so fand ich vermittels meiner Beobachtungen heraus, doch nur 13 Meilen vorangekommen.

7. Dezember. Ein schöner, milder Tag. Wir marschierten fünf Meilen den Maus-Fluß hinauf bis zu einer alten Handelsniederlassung, infolge der Fülle an Eschen »Ash House« genannt. Man hatte die Niederlassung aufgeben müssen, da sie den Einfällen der Sioux zu sehr ausgesetzt war. Zwei Stone-Indianer kamen zu uns und sagten, ihr Lager sei nicht weit. Monsieur Jussommes Stute und mein Fuchs lahmten jeweils auf einem Beine, und wir vermochten sie nicht weiter durch diese Ebenen zu reiten. Jedes der beiden Pferde besaß ein weißes und drei schwarze Beine, und beide lahmten mit dem weißen Beine auf dieselbe Art. Der harte Schnee hatte die Haare ganz weggescheuert, und über dem Hufe zeigte sich ein kleines Loch im Fleisch. Die drei schwarzen Beine waren gänzlich unversehrt. Mein zweites Pferd war dunkelbraun und hatte vier schwarze Beine. Da die Pferde dieses Landes nicht beschlagen sind, achtet man sehr auf die Farbe der Hufe. Ein gelb gefärbter Huf ist spröde und nutzt sich schnell ab. Deshalb reiten die Eingeborenen, wenn möglich, auf ihren Kriegszügen nur Pferde mit schwarzen Hufen. Die Eingeborenen im Lager der Stone-Indianer trieben bei der Niederlassung von Mr. John McDonell Handel, also überließen wir die beiden Pferde der Obsorge eines alten Indianers, welcher sie dorthin mitnehmen sollte. Monsieur Jussomme besaß nun kein Pferd mehr und mußte Hunde kaufen.

9. Dezember. Wir zogen den Fluß hinauf zu acht Zelten

der Stone-Indianer, welche uns sehr gastfreundlich behandelten, und jedem von uns ward ein gutes Mahl vorgesetzt. Als sie hörten, daß wir zum Missouri wollten, warnten sie uns vor den Sioux und meinten, diese würden uns beim Dog Tent Hill auflauern, und sie ermahnten uns, vor einem plötzlichen Überfalle auf der Hut zu sein. Wir boten einem jungen Manne ein hohes Entgelt, wenn er uns zu den Dörfern der Mandan führe, doch so verlockend das Angebot auch war, weder er selbst noch irgendein anderer Eingeborener mochte es annehmen. Sie sagten uns unmißverständlich, daß wir gewärtig sein müßten, den Sioux zu begegnen, und diese stünden mit den Mandan nicht auf gutem Fuße. Wir gingen etwa drei Meilen, sahen schon den Turtle Hill und stellten unser Zelt auf. Hier befanden wir uns nahe dem Orte, an welchem im Jahre 1794 ein großer Kriegstrupp der Sioux 15 Zelte der Stone-Indianer überfallen und ihre Bewohner getötet hatte, obgleich sie vom selben Volke stammten.

Nach den Berichten der Stone-Indianer war vor etwa 40 oder 50 Jahren eine Fehde ausgebrochen, und auf beiden Seiten gab es etliche Tote und Verwundete. Etwa 500 Zelte spalteten sich vom Hauptvolke ab und wählten den Roten Fluß (Red River) und die Ebenen, welche sich nach Nordwesten am rechten Flußufer den Saskatchewan entlang bis etwa 300 Meilen von den Rocky Mountains erstrecken, als Jagdgründe. Und da sie ein strenges Bündnis mit den Nahathaways hatten, welche diese Sioux auf dem Kriegspfade begleiteten, waren sie mächtig. Und gemeinsam mit ihren Verbündeten ließen sie ihre Stammesbrüder, das große Volk der Sioux, etliche Jahre die Stärke ihres Grolles spüren, bis die Pocken im Jahre 1782 auftraten, welche sie alle in das gleiche Elend stürzte und die Zahl aller Parteien sehr verringerte.

Die Sioux hatten mehrere Männer verloren, die nicht mehr von der Jagd zurückgekehrt waren, und der Verdacht fiel auf die Stone-Indianer und deren Verbündete. Also beschlossen die Sioux, Rache zu üben, und die Zerstörung dieser 15 Zelte war das Ergebnis. Danach entdeckten sie, daß der Verlust ihrer Männer zu Lasten der Chippewa, ihrer immerwährenden Feinde, ging, und bereuten tief, was sie getan hatten. Die alten Männer leisteten Abbitte und boten den Frieden an. Im Jahre 1812 ward er angenommen, und eine Wiedervereinigung fand statt. In diesen Frieden waren die Verbündeten und Bündnispartner mit eingeschlossen, und er besteht heute noch.

10. Dezember. Um halb acht Uhr morgens setzte sich unsere kleine Karawane in Bewegung. Da die Hunde frisch waren, kamen wir eine Weile mit gutem Tempo voran. Ein sanfter Südwind erhob sich und ward immer stärker. Um zehn Uhr war er zum heftigen Sturme mit düsteren Wolken und dichtem Schneetreiben angewachsen. Ich mußte den Kompaß in die Hand nehmen, da ich dem Winde nicht vertrauen konnte. Am Mittag war es ein vollkommener Sturm. Wir hatten keine Wahl und mußten weitermarschieren, was uns jedoch nur langsam und unter großer Anstrengung gelang, denn der Sturm blies uns entgegen und schleuderte uns den Schnee ins Gesicht. Der Abend brach herein, ich vermochte den Kompaß nicht mehr zu sehen und mußte mich auf den Wind verlassen. Das Wetter ward wieder milder, denn nun regnete es leicht, doch der Sturm hielt an. Einige der Männer riefen, wir sollten uns dort zur Nacht hinlegen, wo wir waren, aber weil das Land nun augenscheinlich leicht anstieg, gingen wir noch weiter, und dank der gütigen Vorsehung stieß mein Kopf bald gegen junge Eichenbäumchen, und ich verkündete, daß wir den Wald erreicht hätten.

Schnell ward ein Feuer angezündet, und da es auf einem erhöhten Platze brannte, war es weithin sichtbar. Augenblicklich saß nur mein Diener, der das Pferd geführt hatte, bei mir, und besorgt erwarteten wir die anderen. Sie kamen, kaum fähig, sich zu bewegen, einer nach dem anderen, und in etwas mehr als einer Stunde waren neun Männer mit ihren Hunden und Schlitten eingetroffen. Aber ein Mann und ein Hundeschlitten fehlten. Nach dem Schlitten zu suchen war zwecklos, doch wir wußten uns keinen Rat, wie wir den Mann finden sollten, warteten noch eine halbe Stunde und vermeinten dann, seine Stimme zu hören. Immer noch tobte der Sturm. Wir schwärmten in Rufweite voneinander aus, und der entfernteste Mann vernahm die Stimme ganz deutlich, fand den Vermißten, hob ihn empor und brachte ihn vermittels der Hilfe einiger anderer zum Feuer, und wir alle dankten dem Allmächtigen für unsere Rettung. Dieser letzte Mann erzählte uns, er sei immer schwächer geworden, etliche Male gestürzt und habe endlich nicht mehr aufzustehen vermocht. Er habe sich schon aufgegeben und im Sturme umkommen sehen, als er den Kopf hob und zufällig das Feuer sah, und dies habe ihm Mut eingeflößt. Zu stehen vermochte er nicht, doch auf Händen und Knien kroch er durch den Schnee vorwärts und schrie aus Leibeskräften, bis wir ihn glücklicherweise hörten. Wir warfen die Zeltplane über einige aufkommende Eichen und begaben uns vor den Regen-, Hagel- und Schneeregenschauern in den Schutz des Zeltes. Ich hatte schon manch schweren Sturm überstanden, doch dieser war der qualvollste, welchen ich je erlebt hatte.

11. Dezember. Sturm aus dem Süden mit Schneeschauern. Es war ein milder Tag, doch wir waren alle zu erschöpft, als daß wir weitergehen konnten. 30 Ellen entfernt stand ein schöner Espenhain, welchen uns die

Dunkelheit nicht hatte erkennen lassen. Dorthin verlegten wir unser Zelt. Der abgängige Hundeschlitten gehörte Francis Hoole, und auf dem Schlitten befanden sich Waren im Tauschwerte von 60 Fellen und sein gesamtes Gepäck. Er bot die Hälfte der gesamten Fracht dem an, der ihn begleiten wolle, um nach dem Schlitten zu suchen, doch es wollte niemand mit ihm gehen, so sehr war die Möglichkeit einer ähnlichen Qual wie der gestrigen gefürchtet.

12. Dezember. Sturm aus SSW, das Thermometer zeigte 32 Grad unter dem Gefrierpunkte. Wir marschierten acht Meilen an der Nordseite des Turtle Hill entlang und stellten unser Zelt auf. Alle waren wir sehr hungrig, und die Hunde wurden allmählich schwächer, also mußten wir uns ernstlich der Jagd widmen. Unweit von uns äste eine kleine Bisonherde, und drei von uns gingen auf Bisonjagd: Die beiden, welche mit mir kamen, sollten sich kriechend anpirschen, und wenn sie fehlten, sollte ich den Bisons zu Pferde nachjagen, wozu ich bereit war. Nachdem die beiden Männer sich eine Stunde lang angepirscht hatten, feuerten sie Schüsse ab, doch ohne Wirkung. Die Herde flüchtete, ich jagte hinterher, holte sie ein und schoß einen ziemlich guten Bullen. Dies ist die bei den Plains-Indianern gebräuchliche Art, den Bison zu jagen. Damit waren wir für den Augenblick mit Nahrung versorgt, und die Hunde taten sich an den Fleischabfällen gütlich.

13. Dezember. Ein klarer Tag mit Sturm von Norden und zeitweiligem, heftigem Schneegestöber. Wir konnten unseren Weg nicht fortsetzen, aber ich ermittelte – wie ich dies bei klarem Wetter immer tat – die geographische Breite und Länge und die Nadelabweichung des Kompasses. Wir beratschlagten über den Fall von Francis Hoole, welcher seine Hunde und seinen gesamten Wareneinsatz verloren hatte, und alle waren einverstan-

218

den, ihm Waren im Werte von je zwei Biberfellen zu schenken und sie für ihn auf den anderen Schlitten mitzuziehen. Somit besaß er nun wieder einen Wareneinsatz im Werte von 18 Biberfellen, und der Ire McCrachan und ich selbst verdoppelten unseren Anteil. Denn Francis Hoole konnte ja keinesfalls alleine umkehren.

16. Dezember. Nun mußten wir den Turtle Hill verlassen und eine ausgedehnte Ebene bis zu einem Eichenhaine am Maus-Fluß durchqueren. Ein Sturmwind mit Schneetreiben blies von Norden her, und die Männer wollten nicht weitergehen, nachdem sie schon so viel erlitten hatten. Da der Wind aber von hinten kam, überredete ich sie, mir zu folgen, und 20 Minuten nach acht Uhr früh brachen wir auf. Unterwegs gelang es uns glücklicherweise, einen feisten Bison zu erlegen – ein Segen, denn wir hatten schon seit vielen Tagen kein rechtes Stück Fleisch mehr genossen und besaßen auch sonst nichts, wovon wir uns zu ernähren vermochten. Nach 19 Meilen langten wir unversehrt beim Eichenhaine an. Am Abend wandte sich unser Gespräch den Sioux zu, welche uns auflauern sollten. Denn jetzt näherten wir uns dem Dog Tent Hill, wo wir mit ihnen rechnen mußten, und unsere Lage – mit so vielen Hunden und beladenen Schlitten, auf welche zu achten hatten – lieferte uns ihnen wehrlos aus. Für eine Rückkehr waren wir aber schon zu weit vorangekommen, und meine Hoffnungen lagen in der fortgeschrittenen Jahreszeit und den Einflüssen, welche das stürmische Wetter auf einen Kriegstrupp ausüben mußte, der ja häufig keine Zelte mitnahm. Beim letzten Lager der Stone-Indianer hatte man uns geraten, den üblichen Pfad zu verlassen, Holz für das Feuer zweier Nächte zu fällen und es auf den Schlitten mitzuziehen, sodann mutig zum Missouri hinüberzuqueren, welchen man in drei Tagen zu erreichen vermochte. Doch die Furcht war zu groß, als daß wir dies befolgen wollten. Am Abend erhob sich von Nordwesten her ein schwerer Sturm, und wir waren dankbar, daß wir die Ebene hinter uns gebracht hatten und nun wohlgeschützt unter hohen Eichen lagen.

19. Dezember. Ein furchtbarer Sturm von Westen mit heftigem Schneegestöber wütete den ganzen Tag. Der Himmel war so finster wie bei Nacht. Das Röhren des Windes klang wie Wellen auf stürmischer See, die krachend an den Felsen zerschellen. Es war ein schrecklicher Tag, und erst am Abend ließ der Sturm nach. Meine Männer schrieben diese heftigen Sturmwinde und ihre Häufigkeit der Jahreszeit zu. Doch dies kann nicht die Ursache sein, denn solch stürmische Winde kennt der Westen nicht. Hier gibt es keine bemerkenswerten Hügel oder Berge, und die Winde vermögen von allen Seiten ungehindert durchzuziehen. Ich selbst wußte solch gewaltige Winde in diesem Teile der Great Plains nicht zu begründen. Dies erklärte aber, warum wir nur so wenige Bisons sahen, und warum die Herden so klein sind und kaum über 20 Stück zählen. Gegen Westen hin und nahe den Rocky Mountains findet man Bisons hingegen in großer Zahl. Bis hierher entdeckten wir auch keine Fährte vom Rotwilde. Selbst der Wolf kommt selten vor, und Vögel sahen wir gar keine. Was also mag die Ursache für die Stürme und die strenge Kälte dieses Landstriches sein? Wir befanden uns nun auf 48° 9′ 16″ nördlicher Breite und 100° 34′ 12″ westlicher Länge, wo eigentlich ein milderes Klima herrschen sollte.

23. Dezember. Ein kalter Tag mit bewölktem Himmel. Bis zum Mittag schneite es, dann ward es klar und schön. Wir marschierten zwölf Meilen den Fluß entlang nach Südwesten und schlugen unser Lager auf. Drei Männer gingen auf die Jagd und erlegten vier Bisonbullen, Kühe hatten sie keine bemerkt. Jetzt haben wir überreichlich zu essen, doch das Fleisch ist so zäh, daß uns das Kauen bereits völlig ermüdet, ehe wir gesättigt sind. Wir befinden uns nun am Knie des Maus-Flusses und können seinem Laufe nicht weiter folgen, denn jetzt kommt der Fluß von Nordwesten, und das Gebiet ist kaum bewaldet. Obwohl er nur 15 Ellen breit ist, fassen seinen gesamten Lauf gleichsam doppelte Ufer ein: Das erste Ufer hält ihn in seinem Bette und steigt gewöhnlich etwa zehn bis 20 Fuß an, daran dehnt sich auf jeder Seite eine ebene Fläche unregelmäßiger Breite, von 30 bis 600 Ellen, aus, welche allgemein als »Talboden«, oder »Talaue«, bezeichnet wird. Von hier erhebt sich zu beiden Seiten eine jäh ansteigende, grasbewachsene Böschung bis zu einer Höhe von 60 bis 100 Fuß, mit welcher sie die Hochfläche erreicht. Große Flüsse besitzen oft drei solcher Ufer, also den Talboden und zwei Terrassen, bis zur Hochebene. Auf dem Talboden wachsen die Bäume und sind vor den Stürmen geschützt, auf der Ebene selbst vermag sich kein Baum zu entwickeln. Wo der Talboden breit genug ist, entfalten sich die Bäume zu vollkommener Gestalt. Hier maß ich Eichen von 18 Fuß Umfang, hoch und makellos gewachsen, desgleichen standen die Ulme, Esche, Birke und der Nußbaum in voller Größe da. Denn infolge der Überschwemmungen des Flusses besitzt der Talboden fruchtbares Erdreich.

24. Dezember. Südwind, eine stetige Brise wehte, zuweilen mit schwachem Schneetreiben. Es war schönes, mildes Wetter. Um halb neun Uhr früh brachen wir auf und gingen den Fluß entlang bis zur höchsten Erhebung, als sich uns der Dog Tent Hill zeigte. Nun mußten wir 19 Meilen nach Südwesten auf eine Schlucht zuhalten. Über das wellige, mit kleinen Kuppen übersäte Gelände der Ebene näherten wir uns dem Dog Tent Hill, welcher später auch »Dog Den Butte« genannt ward. Ängstlich behielten wir ihn im Blicke, denn an diesem

Orte sollten uns ja die Sioux auflauern. Gegen zwei Uhr nachmittags nahm ich wahr, wie sich auf dem Kamme des Hügels etwas regte, und durch mein Fernrohr sah ich eine Anzahl Reiter nach Süden galoppieren. Ich gab den Männern ein Zeichen, sich hinzulegen, was sie auch taten. Nachdem ich die Reiter zehn Minuten beobachtet hatte, erkannte ich deutlich, daß sie uns nicht bemerkten. Sie ritten die Westseite des Hügels hinab, und bald verlor ich sie aus den Augen. So rettete die gütige Vorsehung infolge der Stürme und der späten Jahreszeit unser Leben und unsere Güter. Etwa einen Monat darauf erzählten die Stone-Indianer Mr. McDonell, daß die Sioux den Hügel nur aus Mangel an Nahrungsmitteln verlassen hätten und wiederkehren würden. Der Dog Tent Hill (die Stone-Indianer nennen ihn *Sungur Teebe*) ist von etlichen Gräben oder Schluchten zerfurcht, in denen kleine Quellen die Talböden bewässern und Bäume wachsen lassen. An einer solchen Quelle an seiner Westseite stellten wir um halb fünf Uhr nachmittags bei den wenigen Eichen und Ulmen unser Zelt auf.

26. Dezember. Gleich in der Frühe erhob sich ein furchtbarer Sturm aus SSW und tobte den ganzen Tag. Das Geräusch des Windes hörte sich wie gewaltiges Meeresrauschen an. Joseph Houle erlegte eine gute Bisonkuh, vermochte aber nur einen Teil ihres Fleisches zu uns zu tragen.

27. Dezember. Ein klarer Tag mit heftigem Sturme aus WSW. Wir mußten warten, bis der Sturm sich legte, und hatten auch auf der Jagd keinen Erfolg. Wir schlugen Brennholz, welches wir mitnehmen wollten. Denn wir hatten gehört, daß die Pawnee und die Mandan einander feindlich gesinnt waren, und kurz vor den Dörfern der Mandan stand ein großes Dorf der Pawnee, und darauf steuerten wir geradewegs zu. Und da ich mich mit Monsieur Jussomme und Mr. McCrachan oft über die

Pfade, Sitten und Gebräuche der verschiedenen Indianerstämme in diesen Gebieten unterhalten hatte, vermochte ich mir vorzustellen, was uns erwartete. Aufgrund unserer Wehrlosigkeit war ich entschlossen, jedweden Zusammenstoß mit uns feindlich gesinnten Eingeborenen zu vermeiden. Und alle Männer stimmten meinem Vorschlage zu, etliche Meilen oberhalb des unteren Mandan-Dorfes zum Missouri zu ziehen. Dazu mußten wir jedoch zwei Tage über die freien Ebenen marschieren.

28. Dezember. Gott sei Dank – ein schöner, klarer und milder Tag. Um halb acht Uhr früh machten wir uns auf den Weg. Zeltstangen und Brennholz nahmen wir mit, und bis halb fünf Uhr nachmittags legten wir 22 Meilen zurück. Dann stellten wir unser Zelt für die Nacht auf. Das Gelände war alles andere als eben, und die sechs Zoll Schnee darauf hatten uns sehr ermüdet. Nur wenige Bisons hatten wir gesehen und eine Stunde vor dem Aufbauen des Zeltes weit draußen zu unserer Linken zehn oder zwölf Reiter bemerkt. Endlich verbrachten wir eine angenehme Nacht.

29. Dezember. Wieder ein schöner, milder Tag. Um sieben Uhr 20 brachen wir auf, und bald wurden wir der Uferhöhen des Missouri ansichtig. Wir änderten unseren Kurs und gingen nun 15 Meilen zum Flusse und diesen entlang. Um halb vier Uhr nachmittags fanden wir einen guten Lagerplatz nahe dem Strome. Der Marsch durch das hügelige Land war anstrengend gewesen, und wir hatten viel Zeit verloren, einmal, indem ich die Gegend genauer betrachtete, insonderheit aber, weil wir die Hunde zurückbringen mußten, welche den Bisons nachstellten – und hier gab es viele Bisonherden. Ein alter Bulle hielt es für unter seiner Würde, flüchtig zu werden, griff jedoch zum Glücke statt der Hunde den Schlitten an. Und bald hätte er ihn in Stücke zerbrochen, hätten ihn nicht die Männer dazu bewegt, gemächlich abzuziehen – schneller mochte er sich nicht bewegen. Etwa zwei Meilen vom Flusse entfernt stießen zwei Fall-Indianer zu uns und erlegten einen guten Bullen. Der Fluß war 290 Ellen breit und zugefroren, der Baumbestand der nämliche wie am Maus-Fluß, mit Pappeln, Espen und Birken, alle von schönem Wuchse.

30. Dezember (1797). Sturm aus dem Norden und bewölkter Himmel. Nun zogen wir – zuweilen auf dem Eise des Flusses, zuweilen auf dem Talboden – zum oberen Dorfe der Fall-Indianer, dann zum Hauptdorf und über zwei weitere Dörfer zum Hauptdorfe der Mandan.

Als Folge des schlechten Wetters hatten wir 33 Tage für eine Reise von sonst zehn Tagen bei gutem Wetter benötigt. Doch dies hatte mir die Möglichkeit gegeben, von sechs verschiedenen Orten die geographische Breite zu bestimmen, und auf dem Weg zum Flusse die geographische Länge von drei weiteren. Insgesamt hatten wir 238 Meilen zurückgelegt.

Drei von den Männern verblieben bei den Dörfern der Fall-Indianer. Einer blieb bei Manoah, einem Franzosen, welcher schon lange Zeit dort lebte. Wir übrigen gingen zu dem großen Dorfe der Mandan, wo wir in verschiedenen Häusern Quartier bezogen.

Die Mandan und ihre Sitten

Die Bewohner dieser Dörfer leben noch nicht lange an den Ufern des Missouri. Ihr früherer Wohnort befand sich an den Quellwassern der südlichen Nebenflüsse des Roten Flusses (Red River), desgleichen entlang seiner Ufer, dort, wo das Erdreich fruchtbar und mit ihren einfachen Geräten leicht zu bearbeiten war. Im Süden von ihren Dörfern standen die Dörfer der Pawnee, mit welchen sie, gelegentliche Streitigkeiten ausgenommen, Frieden hatten. Im Südosten grenzte ihr Gebiet an das der Sioux-Indianer, welche zwar zahlreich waren, deren Pfeile mit Steinspitzen ihnen jedoch kaum etwas anzuhaben vermochten. Die Wälder im Nordosten gehörten den Chippewa. Diese waren aber in gleicher Weise ungefährlich, bis sie sich mit Feuerwaffen, Pfeilen mit Eisenspitzen und Lanzen ausgerüstet hatten: Dann versammelten sie sich still im Walde und führten gegen das nächstgelegene Dorf der Mandan Krieg, sobald der größte Teil der Männer in einiger Entfernung auf der Jagd war, und steckten es in Brand, oder sie griffen die Männer auf der Jagd an. Und so plagten sie die Mandan, wann immer sie eine Gelegenheit dazu sahen. Nachdem sie das Unheil angerichtet hatten, zogen sie sich in die Wälder zurück, wo es zu gefährlich war, sie zu suchen. Die Chippewa belästigten und zerstörten stets nur diejenigen Dörfer, welche ihnen am nächsten lagen. Die anderen ließen sie in Frieden. Die Leute aus einem überfallenen Dorfe wichen immer weiter nach Westen aus, und ein Dorf folgte dem anderen von Strom zu Strom, bis sie die Ufer des Missouri erreichten und daselbst nun in Sicherheit vor den Chippewa leben, weil die freien Ebenen sie schützen.

Monsieur Jussomme stellte mich einem Häuptling mit Namen »Big White Man« (Großer Weißer Mann) vor, was ihn gut kennzeichnete, und sagte ihm, ich sei einer der Häuptlinge der Weißen und würde mich nicht mit dem Handel befassen. Dies überraschte ihn etwas, bis man ihn wissen ließ, daß meine Aufgabe darin bestand, das Land zu erkunden, mit den Eingeborenen zu sprechen und herauszufinden, wie man sie regelmäßiger mit Waffen, Munition und anderen Artikeln, derer sie sehr bedürften, zu versorgen vermöchte. Dies, so meinte er, sei sehr gut, denn zuweilen hätten sie viele Tage keine Munition. Unser Gepäck ward in sein Haus gebracht, und meinem Diener Joseph Boisseau und mir ward jedem ein Bett zugewiesen. Der Anblick dieser Dörfer hatte meine Neugierde geweckt, denn ihre Bewohner betrieben Ackerbau. Es waren die ersten Bodenbauer, welche ich sah, und ich hoffte, über die Vergangenheit dieser Leute viel Merkwürdiges zu erfahren. Und um leichter zur Kenntnis von den Sitten und Gebräuchen der Mandan zu gelangen, begleiteten mich Monsieur Jussomme und Mr. McCrachan zu jedem Dorfe. Doch die Auskünfte, welche ich erhielt, fielen bei weitem knapper aus, als ich erwartet hatte. Meine beiden Begleiter waren ohne jegliche Bildung, und entweder verstanden sie meine Fragen nicht, oder die Eingeborenen hatten keine Erwiderung darauf.

Ich werde nun zusammenstellen, was ich gesehen und gehört habe. Wir besichtigten also die Dörfer und zählten die Häuser. Das obere Dorf bestand aus 31 Häusern und sieben Zelten der Fall-Indianer. Das nächste, darunterliegende Dorf ward das »Große Dorf« genannt und umfaßte 82 Häuser. Es lag am Schildkröten-Flusse (Turtle River), etwas oberhalb von dessen Einmündung in den Missouri. Das anschließende Dorf besaß 52 Häuser und lag ebenfalls am Schildkröten-Flusse. Einige

Häuptling der Mandan-Indianer

Häuser gehörten Fall-Indianern, die übrigen den Mandan. In diesem Dorfe wohnte Manoah. Das vierte Dorf, mit 40 Häusern der Mandan, stand am rechten Ufer des Missouri. Die 113 Häuser der Mandan bildeten das fünfte und letzte Dorf. Alle Dörfer, das obere Dorf der Fall-Indianer ausgenommen, waren von einem starken Pfahlzaune umschlossen. Die Pfähle hatten einen Durchmesser von zehn bis zwölf Zoll, staken etwa zwei Fuß tief im Boden, ragten zehn Fuß darüber hinaus und waren mit zahlreichen Schießlöchern versehen. Der Zaun verlief um das Dorf herum, zuweilen auch ganz nahe an den Häusern, und zwei entgegengesetzte Eingänge, groß genug, um einen Mann zu Pferde durchzulassen, gewährten Einlaß. Ich sah weder Türen noch Tore: die Eingänge werden, wenn erforderlich, mit Holzbalken verrammelt.

Alle Häuser zeigten dieselbe Bauart: Jedes hatte die Form einer Kuppel und war regelmäßig angelegt. Das Haus, in welchem ich wohnte, war eins der geräumigsten und kreisrund — wahrscheinlich vermittels einer von der Mitte aus gezogenen Linie. Auf diesem Rund hatte man eine Reihe von etwa sechs Fuß langen Brettern einige Zoll in den Boden getrieben und alle nach innen geneigt. Umlaufende Holzstücke hielten sie an ihrem oberen Ende zusammen. Diese Holzstücke besaßen eine Breite von fünf Zoll nach außen und drei Zoll nach innen. In sie war wiederum das untere Ende einer weiteren Bretterreihe von etwa fünf Fuß Länge eingesetzt und das obere Ende auf die nämliche Weise zusammengefaßt. Diese Reihe neigte sich in einem kleineren Winkel nach innen als die untere. Und so ging es fort: Jede folgende Reihe besaß kürzere und stärker nach innen geneigte Bretter, bis sie oben, in der Mitte der Decke, ein dicker Holzring von etwa drei Fuß Durchmesser auffing, an welchem sie befestigt waren und der

dazu diente, den Rauch abziehen und das Licht herein-
zulassen. In dem Hause, in welchem ich untergebracht
war, betrug die Höhe der Kuppel etwa 18 Fuß, und der
Boden maß etwa 40 Fuß im Durchmesser. Eine vier bis
fünf Zoll dicke, trockene Erdschicht umgab es überall an
der Außenseite und schloß es auf diese Weise fest und
dicht ab. Jedes Haus war auf die nämliche Art gedeckt
und ein Haus vom nächsten 15 bis 30 Fuß entfernt. Sie
schienen keiner bestimmten Ordnung zu folgen. Dazwischen befand sich ein freier Platz. Wenn man von weiter
oben am Ufer auf sie herabschaute, muteten sie wie eine
Traube von vielen großen Bienenstöcken an.

Aus dem, was ich beobachten, und auch nach der besten Auskunft, welche ich erhalten konnte, bewohnten
im Durchschnitt etwa zehn Seelen ein Haus. In den
Häusern der Mandan sah man nicht viele Kinder, anders
jedoch bei den Fall-Indianern: Bei ersteren leben etwa
acht Seelen in einem Hause, bei den letzteren etwa
zehn. Die 190 Häuser der Mandan beherbergen also insgesamt 1520 Seelen, von welchen sie etwa 220 Krieger
aufbieten müssen. Mit 128 Häusern und sieben Zelten
ergibt die Einwohnerzahl der Fall-Indianer 1330 Seelen,
190 davon sind Krieger. Die gesamte Streitmacht dieser
Dörfer mag etwa 400 Mann umfassen. Ich hörte, daß
man sie auf 1000 Mann schätzte, doch dies geschah wohl
aus Mangel an einer Berechnung.

Die Waffen der Eingeborenen glichen den Waffen jener, welche den Gebrauch des Eisens nicht kennen. Ihre
Lanzen und Pfeile tragen Spitzen aus Feuerstein, welche
sie gerne durch Eisenspitzen ersetzen. Die Lanze
scheint ihre Lieblingswaffe zu sein. Sie besteht aus
einem etwa acht Fuß langen Schaft, dessen Ende mit
einem flachen, neun bis zehn Zoll langen Eisenbajonett
versehen ist. Von der Spitze weg erweitert es sich sym-
metrisch zu einer Breite von vier Zoll und weist zu bei-

den Seiten scharfe Schneiden auf. Das breite Ende läuft in einem etwa vier Zoll langen Eisenstiele aus, welcher in den Schaft eingefügt und mit dünnen Schnüren umwunden und festgebunden ist. In der Hand eines entschlossenen Mannes ist diese Lanze eine furchtbare Waffe. Im Verhältnis zu der Zahl der Männer besaßen die Bewohner hier nur wenige Waffen; sie haben ja keine Versorgung, sondern sind auf das angewiesen, was ihnen die kleinen Gruppen bringen, welche auf eigene Rechnung Handel treiben, so wie die Gruppe, welche mit mir reiste, und ähnliche Gruppen von der Hudson's-Bay-Gesellschaft. Wir hatten zehn Gewehre, von welchen wir sieben gegen Felle eintauschten. Die Eingeborenen verwendeten zwar Schilde aus Bisonhaut als sicheren Schutz gegen Pfeile und die Lanze, doch bei Kugeln waren diese Schilde von keinem Werte.

Beide Geschlechter verhalten sich höflich und freundlich zueinander. Bei unseren Streifzügen durch die Dörfer fanden wir alles ruhig und gesittet vor, hörten kein Schelten und kein lautes Reden. Das Stehlen betrachten sie als das beschämendste aller Laster und halten einen Räuber für einen viel besseren Menschen als einen Dieb. Sie haben keine Gesetze zur Bestrafung eines Vergehens: Alles bleibt der geschädigten Partei überlassen, und das Recht der Vergeltung tritt in Kraft. Infolge dieses Rechtes ist auch der Mord bei ihnen sehr gefürchtet, denn die Rache kann einen nahen Verwandten des Mörders ebenso treffen wie ihn selbst, und dann ist es die Aufgabe der Familie dieses Verwandten, der solches widerfuhr, seinen Tod zu rächen. Und so entsteht eine endlose Fehde. Um solches Blutvergießen zu vermeiden, versuchen die alten Männer, wenn man dem Mörder, welcher ja häufig flüchtet, nicht das Leben zu nehmen vermag, die Betroffenen für das Verbrechen vermittels Geschenken zu entschädigen, welche stets zurückgewiesen werden, es sei denn, die betroffenen Personen wissen, daß sie selbst zu schwach sind, sich eine andere Genugtuung zu verschaffen. Werden die Geschenke angenommen, so ist der Preis für das Blut bezahlt, und die geschädigte Partei hat nicht länger das Recht, dem Verbrecher nach dem Leben zu trachten. Dieses Recht der Vergeltung und das Abfinden vermittels Geschenken für das Leben des Mörders scheinen, falls sie angenommen werden, die unveränderlichen Gesetze bei allen Eingeborenen Nordamerikas zu sein.

Die Männer sind in weiches weißes Leder gekleidet: Den Körper bedeckt ein Kleidungsstück mit Ärmeln, welches wie ein großes Hemd aussieht und von einem Ledergürtel zusammengehalten wird; einige verwenden für die Winterkleidung Bisonfelle. Ferner tragen sie Beinkleider von weichem weißem Leder, welche so lang sind, daß sie über den Gürtel hinausragen. Ihre Schuhe sind ebenfalls aus Bisonfell gefertigt, und man sieht die Männer nie ohne Bisonrobe. Die Kleidung der Frauen besteht aus einem Hemde vom Leder der Gabelantilope oder des Rotwildes oder Rentiers (es ist auf der Schulter zusammengefaßt und reicht bis zu den Füßen), einem Gürtel um die Taille, kurzen Beinkleidern bis zu den Knien und Schuhen von Bisonfell. Die Frauen boten einen hübschen Anblick darin. Beide, Frauen und Männer, sind den Europäern an Wuchs völlig gleich.

Der Fluch der Mandan ist ein nahezu gänzlicher Mangel an Keuschheit. Dies wußten die Männer, welche mit mir gekommen waren, und ich stellte fest, daß es fast der alleinige Beweggrund für ihre Reise hierher gewesen war. Die Waren, welche sie brachten, verkauften sie um 50 bis 60 Prozent über deren Wert, und wenn sie genug zurückgelegt hatten, um ihre Schulden zu bezahlen, gaben sie alles übrige für Frauen aus. Deshalb konnten wir die Eingeborenen auch nicht zur Keuschheit ermahnen, und aus ihrer Erfahrung ließen sie mich wissen, daß eine leichte Form der Syphilis bei ihnen allgemein verbreitet sei. Diese Leute halten jährlich, wenigstens einmal in jedem Sommer, die folgende verabscheuungswürdige Zeremonie ab, welche drei Tage währt: Am ersten Tage gehen beide Geschlechter einige Stunden inner- und außerhalb des Dorfes umher, als hätten sie Kummer und suchten nach Personen, welche sie nicht zu finden vermögen. Dann setzen sie sich auf den Boden und weinen wie aus Schmerz. Darauf ziehen sie sich in ihre Häuser zurück. Am nächsten Tage wiederholt sich das nämliche, doch von leisem Gesange begleitet, und der Schmerz scheint größer. Der dritte Tag beginnt damit, daß beide Geschlechter (tränenlos) weinen und eifrig nach jenen suchen, welche sie finden möchten, aber nicht können. Wenn sie dieser Narrheit endlich müde sind, trennen sich die Geschlechter, und die Männer setzen sich in einer Linie auf den Boden. Die Ellbogen ruhen auf den Knien, und der Kopf liegt auf den Händen, als hätten sie Kummer. Die Frauen stehen und schluchzen – trockenen Auges – herzzerreißend und stellen sich gegenüber den Männern in einer Linie auf. Nach einigen Minuten gehen mehrere Frauen auf die Männer zu, und eine jede nimmt den Mann, welchen sie auswählt, bei der Hand. Dieser erhebt sich und folgt ihr, wohin sie möchte, und daselbst legen sie sich gemeinsam zum Beischlafe nieder. Das geht so lange vor sich, bis niemand mehr übrigbleibt, und damit ist diese widerwärtige Zeremonie beendet. Keine Frau kann ihren Ehemann wählen, doch diejenigen Frauen, welche ihre Ehegatten lieben, führen alte Männer fort. Monsieur Jussomme und Mr. McCrachan, aber auch andere, erzählten mir, sie hätten sich häufig an diesem Ende des dritten Tages beteiligt. Manoah wehrte entschieden ab, daß er oder seine Frau je an diesem Teufelswerke teilgenommen hätten.

Die Weißen, welche diese Dörfer bisher besuchten, waren nicht gerade Muster an Keuschheit, und die Religion bleibt dabei natürlich ausgeschlossen. Denn die, welche keine Bildung haben und nicht lesen können, vergessen das bißchen Religion bald, welches sie besaßen, wenn es keine Kirche gibt, die sie daran erinnert.

Die Rückreise zu McDonells Haus
am Maus-Fluß

Nachdem alle notwendigen astronomischen Beobachtungen abgeschlossen waren, bereiteten wir uns auf die Abreise vor. Die Lage des oberen Dorfes (Fall-Indianer) ward mit 47° 25′ 11″ nördlicher Breite und 101° 21′ 5″ geographischer Länge westlich von Greenwich ermittelt. Das untere Dorf (Mandan) befand sich auf 47° 17′ 22″ nördlicher Breite und 101° 14′ 24″ westlicher Länge. Die Nadelabweichung betrug zehn Grad Ost. In der Sprache der Eingeborenen bedeutet *Missouri* – infolge der großen Menge an Ablagerungen, welche er enthält – »der große trübe oder schlammige Fluß«. Überall fassen ihn kühne und häufig steile Ufer ein, welche zumeist aus Erde bestehen. Auf der Hochfläche erscheint die Erde hart und trocken, der Talboden ist hingegen fruchtbar und reichlich mit Bäumen bewachsen. Von den Rocky Mountains bis zu seiner Einmündung in den Mississippi durchfließt er eine Strecke von 3 560 Meilen. Über die gesamte Entfernung hindert nichts seinen Lauf, er trifft auf keinen See und bildet auch selbst keinen einzigen. Seine Strömung ist stark, und sein Einzugsgebiet beträgt 442 239 Quadratmeilen.

Nun brachen wir auf. Unsere Karawane setzte sich aus 31 Hunden zusammen, welche die mit Wolfs- und Fuchsfellen, Mehl und Korn beladenen Schlitten zogen, und zwei Indianerfrauen der Sioux. Diese Frauen waren von den Mandan gefangengenommen und an die Männer verkauft worden, welche sie bei der Handelsniederlassung wieder an andere Kanadier verkaufen wollten. Mein Pferd überließ ich meinem Gastgeber und kaufte zwei kräftige Hunde, die den Schlitten mit unserem Gepäck und unseren Nahrungsmitteln ziehen sollten. Wie üblich, begann unser Marsch damit, die Hunde zu peitschen und dazwischen auf sie zu fluchen. Mein alter Soldat hatte es ja stets nur mit Pferden zu tun gehabt; nun da er Hunde beaufsichtigen mußte, vermochte er jedoch ebensogut zu fluchen und auf sie einzuschlagen wie alle anderen. Die Waren, welche zu ihnen gebracht wurden, reichten in keiner Weise aus, um ihren Bedarf zu decken. Deshalb hatten die Mandan eine Versammlung abgehalten und beschlossen, eine kleine Gruppe von Männern zu der Handelsniederlassung zu entsenden, um Kenntnis vom Wege zu erlangen, mit den Stone-Indianern feste Freundschaften zu schließen und den Warenbestand bei der Niederlassung in Augenschein zu nehmen. Uns begleiteten der Häuptling »Großer Weißer Mann«, welcher in der Blüte seines Lebens stand, vier ausgewählte junge Männer und ein alter Mann mit seiner alten Frau, die beide je einen Sack Mehl für ihre Verpflegung mittrugen. Sie sagten, sie wollten vor ihrem Tode noch gerne die Häuser der Weißen sehen. Und als man sie darauf verwies, daß sie beide doch zu schwach seien, als daß sie eine solche Reise unternehmen könnten, erwiderten sie, ihre Herzen seien stark. Da sie aber die Anhöhen am Ufer erklommen hatten, erkannten sie selbst, daß sie zu schwach waren, und kehrten um. Monsieur Jussomme und ich sprachen mit dem Häuptling über die große Gefahr für einen solch kleinen Trupp, den Feinden in die Hände zu geraten. Sollten sie einen direkten Handel mit uns wünschen, müßten sie einen Trupp von wenigstens 40 Mann zu Pferde bilden und dann kommen, wenn der Boden schneefrei wäre. Und auch unter den Stone-Indianern, welche sonst freundlich sind, gebe es genügend schlechte Männer, die sie angesichts eines so kleinen Trupps ausrauben würden. Es wäre also besser, wenn sie in ihre Dörfer zurückkehrten.

Er antwortete: »Wir kennen das Land nicht und sind zu wenige. Ich werde zurückgehen. Die jungen Männer gehören zu einem anderen Dorfe, und sie mögen tun, was ihnen beliebt.«

Nach 14 Tagen unserer Reise – mit außergewöhnlich schlechtem Wetter – kehrten zwei der jungen Mandan um. Die anderen zwei setzten die Reise mit uns fort. Am 1. Februar 1798 langten wir bei den acht Zelten der Stone-Indianer an, bei welchen wir bereits auf unserer Hinreise vorübergekommen waren.

Sie behandelten die beiden Mandan sehr freundlich. Wir sagten ihnen, daß wir die übliche Route gewählt hatten, weil die Mandan uns versichert hätten, daß keine Gefahr bestünde. Die Stone-Indianer erwiderten, wir hätten nicht klug gehandelt, denn das schöne Wetter würde die Sioux wieder zum Dog Tent Hill locken, und wir wären ihnen wohl knapp entronnen, denn mit Sicherheit befänden sie sich jetzt dort.

Wir erlegten nur wenige Bisons und ernährten uns in gleichem Maße vom Getreide wie vom Fleische.

Endlich, am 3. Februar (1798), erreichten wir McDonells Haus, die Handelsniederlassung der Nordwest-Gesellschaft, unseren Ausgangspunkt, und dankten dem Allmächtigen für unsere gnädige Rettung. Von hier aus waren wir nun 68 Tage unterwegs gewesen. Am folgenden Morgen brachen Mr. Hugh McCrachan und vier Männer mit einem Satz an Handelswaren erneut zu den Dörfern der Mandan auf. Auch die beiden jungen Mandan, welchen Mr. McDonell etliche Geschenke gemacht hatte – worüber sie sich sehr erfreut zeigten –, kehrten mit ihnen zurück. Ich riet ihnen eindringlich, nicht die übliche Strecke zu nehmen, sondern den Dog Tent Hill sorgsam zu meiden und der Route zu folgen, über welche wir zum Missouri gelangt waren. Auch die Stone-Indianer empfahlen es nachdrücklich.

Weil das Wetter schön war, benutzten sie – typisch für Kanadier, welche so lange nicht an eine Gefahr glauben, bis sie darin verwickelt sind – doch den üblichen Pfad. Und als sie beim Dog Tent Hill ihr Lager aufschlugen, hatten die Sioux ihnen bereits aufgelauert, überfielen sie und töteten zwei Kanadier und einen Mandan, und die anderen hätte das nämliche Schicksal ereilt, wäre unter den Sioux nicht ein Streit um die geplünderten Waren entstanden. Der übriggebliebene Mandan erreichte unversehrt sein Dorf, und Hugh McCrachan und zwei Männer kehrten in einem traurigen und erschöpften Zustande zur Handelsniederlassung zurück. Nur die Menschlichkeit einiger Stone-Indianer hatte ihr Leben gerettet, sonst wären sie Hungers gestorben. Im folgenden Sommer ward Mr. Hugh McCrachan auf einer seiner üblichen Handelsreisen zu den Mandan von den Sioux-Indianern getötet.

Unser Weg vom Dorfe der Mandan zum Stone Indian River House verläuft – wegen des Brennholzes und des Schutzes von Wald zu Wald – zuerst 50 Meilen zum Dog Tent Hill, dann 20 Meilen zum Knie des Maus-Flusses, von dort 56 Meilen zur Südflanke des Turtle Hill und 14 Meilen daran entlang, darauf 24 Meilen zum Ash House am Maus-Flusse und zuletzt 45 Meilen bis zum Hause von Mr. McDonell. In direkter Linie würde die Entfernung zwischen den beiden äußersten Punkten 188 Meilen betragen.

Der gesamte Landstrich mag zwar Weideland, kann jedoch, einige Stellen ausgenommen, kein Ackerland werden. Selbst der schöne Turtle Hill, welcher sanft ansteigt und viele Quellen und klare Bäche besitzt, würde dem Landwirte über etliche Meilen nur sehr wenig Holz bieten. Hier wachsen vornehmlich Espen, deren Holz bald verfault, dazwischen ein paar kleine Eichen und Eschen. Das Gras dieser Ebenen brennt so oft – sei es durch Zufall oder Absicht –, und die Borke der Bäume wird so oft versengt, daß ihr Wachstum gehemmt wird oder sie ganz verdorren. Und alle Teile der Great Plains sind während des ganzen Sommers und Herbstes von diesen Feuern betroffen, ehe sich der Schnee über sie breitet. Die Vorsehung scheint die Great Plains für alle Zeit dem Roten Manne vorbehalten zu haben, so wie die Wildnis und die Sandwüste Afrikas den Arabern zugeteilt sind.

Man mag fragen, was wohl die Ursache der gewaltigen, orkanartigen Stürme sei, welche dieses Land gleichsam verwüsten, während sie im Westen unbekannt sind, doch läßt sich dafür kein nachweisbarer Grund angeben. Weder Hügel noch Berge hemmen ihren Lauf oder beschränken ihren Einfluß. Was man hier mit *Hill* bezeichnet, sind sanft ansteigende Erhebungen, über welche die Winde völlig ungehindert hinwegfegen können. Die nämliche Frage mag man sich auch bei einigen Teilen des Ozeanes stellen.

Ich brachte volle drei Wochen damit zu, die astronomischen Beobachtungen, welche ich auf dem Wege zum und vom Missouri aufgezeichnet hatte, zu berechnen und vermittels meiner Vermessungen eine Landkarte anzufertigen. Diese sandte ich, zusammen mit meinem Reisetagebuche, versiegelt an die Agenten der Nordwest-Gesellschaft. Gemäß einer Reihe von Beobachtungen liegt das Stone Indian River House auf 49° 40′ 56″ nördlicher Breite und 99° 27′ 15″ Länge westlich von Greenwich. Die Nadelabweichung beträgt elf Grad Ost.

Die Reise auf dem Stone-Indianer-Fluß
und dem Roten Fluß

Am 26. Februar 1798 nahm ich Abschied von meinem Gastfreunde Mr. John McDonell, welcher mich mit allem wohl versah, was ich für meine Vermessungsreise nötig hatte. Drei Kanadier und ein Indianer, welcher uns führen sollte, begleiteten mich. Sechs Hunde zogen drei mit Proviant und unserem Gepäck beladene Schlitten. Unsere Reise ging den Stone-Indianer-Fluß hinab, da er zugefroren war, manchmal auf seiner Eisdecke, meist jedoch an der Nordseite, um seine Windungen abzukürzen, so oft dies möglich war. Am Nachmittage gelangten wir zu den Manitu Hills, einer niedrigen, langen Kette von kleinen Sandkuppen, welche an ihrer Ostseite weniger steil, an ihrer Westseite jedoch jäh abfallen. Nur einige Stellen sind von sehr kurzem Grase bewachsen, und während des ganzen Winters liegt kein Schnee auf den Hügeln, weshalb die Eingeborenen sie *Manitu*, das heißt »übernatürlich«, nennen. Diese Kette von Sandhügeln ausgenommen, ist die Gegend, durch welche wir bisher kamen, sehr schön, vor allem dort, wo sich der Stone-Indianer-Fluß mit dem Maus-Fluß (Mouse River) vereinigt. Der Wald bestand aus Eichen, Eschen, Ulmen, Linden, Pappeln, Espen und einigen Kiefern und war immer wieder durch kleine Ebenen oder Wiesen mit kurzem oder langem Grase aufgelockert.

Am Abend stellten wir unser Zelt auf und mußten, wie immer, Schnee schmelzen, um Wasser zum Trinken und Kochen zu erhalten. Schnee in genießbares Wasser umzuwandeln, bedarf einigen Feingefühles. Der Kessel wird mit hartem, kompaktem Schnee angefüllt, dann über das Feuer gehängt, und während der Schnee schmilzt, bohrt man darin mit einem Stöckchen unablässig Löcher bis zum Boden des Kessels, um den rauchigen Geschmack zu verringern. Sowie der Schnee zu Wasser wird, schmeckt dieses widerlich nach Rauch, löscht jedoch auch in diesem Stadium den Durst und wird deshalb häufig getrunken. Um den rauchigen Geschmack zu vertreiben, bringt man das Wasser für einige Minuten zum Kochen, wie ich es vordem bereits beschrieben habe. Dann wird ihm Schnee beigefügt, bis es erkaltet ist. Nun schmeckt das Wasser gut und ist zum Gebrauche geeignet.

Wir setzten unsere Reise fort, und jeden Tag weichte der Schnee mehr auf und nahm an Tiefe zu. Immer mühsamer ward es, für Hunde und Schlitten einen Weg zu bahnen. Die Schneeschuhe des vordersten Mannes sanken bei jedem Schritte sechs Zoll tief ein, und unser Führer war jeden Tag so ermattet, daß ich ihn für zwei oder drei Stunden ablösen mußte.

Am 7. März erreichten wir den Zusammenfluß mit dem Roten Flusse (Red River). Infolge der zahlreichen Flußwindungen hatten wir mehr als das Dreifache der eigentlichen Entfernung zurückgelegt. Das ganze Land schien zu Ackerbau und Viehzucht geeignet. Sein Klima ist so mild wie in dem viereinhalb Grad südlich von diesem Flusse gelegenen Montreal in Kanada, allerdings waren die Wälder flußabwärts weniger ausgedehnt und von kleinwüchsigerem Baumbestande. Vor allem wuchs die Eiche niedriger. Wir sahen nur wenig Wild, ein paar Rothirsche und ganz selten eine kleine Bisonherde, denn diese Tiere meiden den hohen Schnee.

Bisher hatte uns der Weg durch die Jagdgründe der Nahathaway-Indianer geführt, welchen der Stone-Indianer-Fluß und die davon östlich gelegenen Gebiete sowie die nördlichen bis zum 56. Breitengrad gehören. Der Rote Fluß, das ganze Land südlich davon, der Oberlauf des Mississippi, die Gebiete östlich davon und das gesamte Kanada sind die Jagdgründe der *Chippewa* (oder Ojibway). Einen Teil dessen hat die Zivilisation bereits in Besitz genommen, und bald werden die meisten ihrer Gebiete in den Händen jener sein, welche den Boden bestellen. Die Chippewa sind ein großer, verstreuter Stamm und ursprünglich Nachkommen der *Nahathaways*. Sie sprechen auch einen ähnlichen Dialekt, welcher jedoch weicher klingt, denn sie leben in einem vergleichsweise milden Klima. Ihr Land hat eine andere Bodenbeschaffenheit und bringt anderes hervor, welcher Umstand sie von der Jagd weniger abhängig macht: Die dunklen, ausgedehnten Wälder des Nordens geben den Elchen, Rentieren und sonstigem Wilde Nahrung, Schutz und einige Sicherheit und stellen den Spürsinn und die Ausdauer des Jägers stets von neuem auf die Probe.

Von allen Eingeborenen sind die Chippewa das abergläubischste Volk. Da sie keine Pferde und nur wenige Hunde besitzen, welche ihre Habseligkeiten im Winter weiterziehen, haben sie mit Bedacht auf das Gewicht nur wenige Zelte aus Leder. Die meisten der übrigen Zelte bestehen aus kunstvoll geflochtenen Binsenmatten, manche auch aus Birkenrinde oder Kiefernzweigen, sind immer niedrig und selten bequem. Sobald das Wetter milder wird, leben die Chippewa in Hütten, welche sich in der Größe nach der Zahl der Familien richten. Die Vorderseite ist gegen Süden gewandt und offen, die Rückseite bilden mehrere Pfähle, welche in einem Abstande von drei Fuß auf dem Boden aufliegen und mit dem anderen Ende schräg gegen die Firststange gelehnt und mit Birkenrinde, manchmal mit Binsenmatten und Kiefernzweigen bedeckt sind.

Im Sommer verwenden die Chippewa Kanus und im Winter den flachen Schlitten; in dieser Jahreszeit ziehen oder tragen die Frauen schwere Lasten, und die Männer helfen ebenfalls mit. Die Chippewa sind gut für die Jagd und für schwere Arbeit geeignet, ihr Körper ist muskulöser als der ihrer Nachbarn und ihre Haut dunkler. Ebendieses Volk ist es, über welches die Schriftsteller so viele Anekdoten erzählen, denn es ist den Weißen besser bekannt als jedes andere. Die Chippewa sind von Natur aus tapfer, aber auch rachsüchtig. Doch obwohl sie Treue von ihren Frauen verlangen, bestrafen sie Untreue selten mit dem Tode: Manchmal züchtigt der Ehemann seine Frau, indem er ihr den fleischigen Teil der Nase wegbeißt. Die Frauen erachten dies für schlimmer als den Tod, bedeutet es doch den Verlust ihrer Schönheit und ein sichtbares Mal für Vergehen und Strafe. Dieser barbarische Akt wird allerdings selten vollzogen, meist nur, wenn der Mann betrunken ist.

Während der verstrichenen acht Tage war unsere Reise ganz miserabel gewesen: Der Schnee lag volle drei Fuß hoch, und die Eisfläche des Flusses war von viel Wasser bedeckt, welches das milde Wetter mit seinen kurzen Regenschauern oder einem Schneeregen mit sich gebracht hatte. Diese Mischung aus Schnee und Wasser, welche an den Schlitten festklumpte, machte den Hunden das Ziehen unmöglich, und oft war es nötig, daß zwei von uns die Schlitten mit Unterstützung der Hunde herauszogen und von dem Schneematsch befreiten, und alles mußte bei schlechtem Wetter getrocknet werden. Am mühsamsten aber war es, sich einen Weg zu bahnen, und die Fußgelenke und die Knie waren durch das Gewicht des nassen Schnees an den Schneeschuhen schon ganz verrenkt, denn der Schnee lag nicht auf festem Grunde, sondern auf hohem Grase.

Ich mußte wieder die Führung übernehmen, befestigte eine Schnur vorne am Rahmen oder Querholze eines jeden Schneeschuhes und nahm in jede Hand ein

Ende, um die Schneeschuhe hochziehen zu können. Die Flinte um die Schulter gehängt, marschierte ich so weiter. Wir reisten auf der Westseite des Flusses. Die ganze Strecke war Grasland mit aufkommenden Eichen, Eschen und Erlen. Aus den vielen verkohlten Kiefernstümpfen ließ sich schließen, daß auf dieser Seite des Flusses einst ein Kiefernwald gestanden hatte. In den nördlicheren Gegenden, in welchen die Kiefernwälder vom Feuer zerstört worden waren, schossen Espen, Pappeln und Erlen hoch und traten an die Stelle der Kiefern. Aber wegen des guten Bodens und des milden Klimas ersetzten hier, am Roten Flusse, Eichen, Eschen, Erlen und Haselnußsträucher die Kiefern.

Diese Veränderung scheint von der Bodenbeschaffenheit und dem Klima abzuhängen. Denn in den nördlicheren Breiten, wo es in vielen Gegenden keine Erde gibt, und die Kiefern ihre Wurzeln über die Felsen ausbreiten, wachsen, auch wenn sie verbrannt werden, immer wieder nur Kiefern nach, weil Espen, Pappeln und Erlen etwas Erde benötigen. In den Great Plains gibt es viele Gebiete, in welchen große Espenhaine verbrannten und nur die verkohlten Stümpfe übrig blieben: Kein weiteres Baumwachstum hat mehr stattgefunden, das Gras der Ebenen überdeckt sie. Aus diesem Grunde nehmen die Prärien der Great Plains ständig an Ausdehnung zu, und der Hirsch weicht dem Bison. Aber die Gnade der Vorsehung gab den Graswurzeln der Ebenen und Wiesen eine erneuernde Kraft, über die das Feuer keine Macht hat. Es zieht mit Flammen und Rauch darüber hin, und was einst liebliches Grün war, ist nun tiefes Schwarz. Sobald der Regen darauf fällt, verschwindet diese abscheuliche Farbe jedoch und wird durch ein noch leuchtenderes Grün ersetzt. Besäße das Gras diese wunderbare Erneuerungskraft nicht, auf welche das Feuer keinen Einfluß hat, so wären die Great Plains und die Prärien schon jahrhundertelang öd und ohne Leben.

Wir überquerten mehrere Bäche mit Salzwasser, welche von Salzweihern auf der Westseite des Flusses kommen, und ein oder zwei dieser Bäche sind so stark salzhaltig, daß man das Salz durch Kochen des Wassers gewinnen kann. Damit eingesalzenes Fleisch hält sich gut, wird vom Salz aber etwas zerfressen. Am 12. März erreichten wir vier Hütten der Chippewa. Sie hatten gerade zwei magere Bisonbullen erlegt, und wir waren froh, einen Teil davon zu erhalten. Am folgenden Tage begleiteten uns zwei Chippewa, was uns der schweren Arbeit enthob, den Weg zu bahnen.

Am *14. März (1798)* langten wir bei der Niederlassung der Nordwest-Gesellschaft an, wo uns Monsieur Charles Chaboiller freundlich empfing. Bei diesem Handelsposten brachte ich sechs Tage zu und stellte astronomische Beobachtungen an, welche die Lage dieses Ortes mit $48° 58' 24''$ nördlicher Breite und $97° 16' 40''$ westlich von Greenwich bei einer Nadelabweichung von achteinhalb Grad bestimmten. Sechzig Chippewa-Männer treiben bei dieser Niederlassung Handel. Mit ihren Familien ergibt es eine Anzahl von insgesamt 420 Seelen, denn jede Familie besteht durchschnittlich aus sieben Seelen. Infolge ihrer ausgedehnten Jagdgründe entfällt auf jede Familie ein Anteil von 150 bis 180 Quadratmeilen, und dennoch bleiben ihnen kaum Nahrungsmittel übrig. Das allein zeigt schon, daß es in dieser Gegend keinen allzu reichlichen Bestand an Wildtieren gibt. Der Biber ist sehr selten geworden, Boden und Klima entsprechen nicht dem, was er für seinen Bau benötigt, also ward er zu leichter Beute. Während des Sommers ernähren sich die Eingeborenen vom Fisch und im Herbst manche von wildem Reis.

In den Waldungen um die Niederlassung wachsen Eichen, Eschen, Ulmen und Nußbäume. Die Eichen sind hoch und gerade, und die größte von ihnen maß, bei einer Höhe von sechs Fuß vom Boden weg, zehn Fuß im Umfang. In den Aushöhlungen verfallener Bäume sucht der Waschbär Unterschlupf, weiter nördlich findet man ihn nicht mehr. Er ist ein fettes Tier, und sein Fett ist, wie bei allen anderen Nußfressern, ölig. Ohne Balg und Gedärm wiegt er etwa 15 Pfund. Der Waschbär legt keinen Vorrat für den Winter an und hält bei kaltem Wetter Winterruhe. Hier ist der Rote Fluß (Red River) 120 Ellen breit. Elf Meilen südlich davon fließt von Osten her der Schilf-Fluß (Reed River) zu, welcher ungefähr ebenso breit, jedoch nicht so tief ist. Dieser Teil des Flusses wird, nach einem kleinen Zuflusse, *Pembina* genannt. An diesem Flusse ist der Boden humus- und nährstoffreich und überall für den Anbau geeignet, also müßte es einmal Weide- und Ackerland werden. Der Bedarf an Holz für Gebäude und andere Zwecke würde dies allerdings auf die Gebiete nahe dem Flusse beschränken. Die offenen Ebenen haben keine Wälder und gewähren keinen Schutz.

(*Anmerkung:* 20 Jahre später – von 1798 an gerechnet – ließen sich hier mehrere Kanadier, welche eingeborene Frauen geheiratet hatten, mit ihren Familien nieder, und ihnen folgten bald die Gehilfen der Hudson's-Bay-Gesellschaft, die ebenfalls eingeborene Frauen geheiratet hatten, mit ihren Familien. Die Niederlassung wuchs rasch und zählt heute – 1848 – 5000 Seelen. Der große Nachteil dieser stattlichen Siedlung ist jedoch das Fehlen eines Marktes. Offenbar ist York Factory ihr Markt, aber mit 606 Meilen in gerader Linie ist die Entfernung zu groß, und die gewundene Kanu-Route dorthin kann nicht weniger als 900 Meilen betragen. Auf dieser Strecke gibt es viele Tragstellen. Eine solche Reise mit eigenen Produkten würde den größten Teil des in diesen Gegenden ohnehin kurzen Sommers in Anspruch nehmen und dem Landwirte keine Zeit lassen, seinen Boden zu bestellen. Es wäre eine Reise voll Beschwerlichkeit, harter Arbeit und Leiden, und bei Tag und bei Nacht wird man von Moskitos oder anderen Stechmükken geradezu aufgefressen. Also kommt York Factory als Markt für die Siedler am Roten Flusse nicht in Frage. Auch in Montreal können die Erzeugnisse, welche den eigenen Bedarf überschreiten, keinen Markt finden, denn es liegt zu weit entfernt; der Hindernisse sind zu viele, und sie zu überwinden ist zu mühsam. Ebenso wenig läßt sich an einen Markt am Mississippi denken. Zu seinem Quellgebiete führt eine ermüdende Route mit vielen Tragstellen. Im Laufe der Zeit wird die Zivilisation vom Mississippi her auch zu der Siedlung am Roten Flusse vordringen, aber bis dahin muß sie abgeschieden bleiben.)

Am *21. März (1798)* setzten wir unsere Reise fort. Das Wetter war gut, und der nächtliche Frost ließ den Schnee selbst am Tage für mehrere Stunden fest bleiben. Unser Weg führte uns den Roten Fluß entlang. Mancherorts war der Fluß von schönem Baumbestande von bescheidener Breite, etwa 30 bis 300 Ellen, gesäumt, bestehend aus Eichen, Eschen, Ulmen, Linden und anderem Gehölz. Je weiter wir flußaufwärts kamen, desto häufiger ward die Espe. Überall war der Boden gut und sehr fruchtbar. Etwa 15 bis 20 Meilen westlich davon erheben sich die Hair Hills, sanft ansteigende Grasflächen mit gelegentlichen Waldungen. Östlich dieser Hügel breitet sich ein Tiefland mit kleinen Salzseen aus, von welchen etliche Bäche in den Roten Fluß fließen. Rotwild und Bisons mögen das Gras hier sehr gerne, und es scheint, als hielte es sie zu jeder Jahreszeit in guter Verfassung.

Am *24. März* erreichten wir jene Niederlassung der

Nordwest-Gesellschaft, welche der Verwaltung von Monsieur Baptiste Cadotte unterstand. Monsieur Baptiste Cadotte war etwa 35 Jahre alt und der Sohn eines vornehmen Franzosen und einer Eingeborenen. Er selbst ist mit einer hübschen Halbindianerin verheiratet, welche ebenfalls die Tochter eines Franzosen ist. Er hatte eine gute Erziehung im französischen Kanada erhalten und sprach seine indianische Muttersprache fließend, dazu Latein, Französisch und Englisch. Lange schon hatte ich mir gewünscht, einen gebildeten Einheimischen anzutreffen, von dem ich verläßliche Auskunft erhalten konnte, denn es war mir wohl bewußt, daß weder ich selbst noch irgend jemand, dem ich begegnet und der kein Eingeborener war, die indianischen Sprachen ausreichend beherrschte. Da die Jahreszeit das Eis auf den Flüssen brach und den Schnee vom Boden immer mehr hinwegtaute, erkundigte ich mich bei ihm, ob er mir raten würde, die Reise noch mit Hunden und Schlitten fortzusetzen. Er meinte, die Jahreszeit sei schon zu weit vorangeschritten, und wir müßten nun Kanus verwenden. Da mich mein Weg bisher nur in die nördlichen Landstriche geführt hatte, war ich begierig, die Wirkungen des Klimas bei 48° nördlicher Breite kennenzulernen, welches von dem großen und warmen Mississippi-Tale unterstützt wird. Deshalb gebe ich nun einige Tage in der Art eines Tagebuches wieder:

27. März. Ein schöner Morgen. Um sechs Uhr 30 brachen wir auf und gingen flußaufwärts, durch Weiden-, Zwergbirken- und Espenbestände; an manchen Stellen wuchsen Eichen und Eschen. Um zwei Uhr nachmittags trafen wir auf sieben Zelte der Chippewa und auf *Sheshepaskut* (»Zucker«), den Oberhäuptling des Stammes der Chippewa. Er schien etwa 60 Jahre alt zu sein, zeigte aber dennoch die Beweglichkeit und die lebensvolle Haltung eines Vierzigjährigen. Er war fünf Fuß und zehn

Zoll groß. Sein rundes Gesicht, mit regelmäßigen Zügen, und sein freundliches Verhalten zu allen, welche ihn umgaben, und auch zu Fremden, verbargen den unerbittlichen, ausdauernden Krieger, unter dessen Führung die Überfälle der Sioux abgewehrt und die Village-Indianer zum Missouri vertrieben wurden. Bei seinem Zelte machten wir Halt, und er empfing uns, wie immer, freundlich. Er hielt die Jahreszeit schon für sehr fortgeschritten und wollte uns am nächsten Morgen einen Führer mit auf den Weg geben.

28. März. Die Nacht war mild und der Schnee noch immer naß. Um Viertel nach fünf Uhr früh kam der Führer, und wir hatten gerade vier Meilen hinter uns gebracht, als unser Führer mit Absicht seine Schneeschuhe brach und zu den Zelten zurückkehrte. Am Abend sandte mir der Häuptling einen anderen Führer, aber wir mußten unsere Zelte aufstellen und den ganzen Tag warten. Die Chippewa hatten einen Bären erlegt, doch als sie zu unserem Lagerplatz gelangten, waren sie vom mühsamen Vorwärtskommen so müde, daß sie das Fleisch bis zu ihrer Rückkehr bei uns ließen. Um acht Uhr abends fing es an zu blitzen, zu donnern und zu regnen, und es regnete die ganze Nacht.

31. März. Nach dreistündigem Marsche – für eine Meile hatten wir eine Stunde benötigt –, waren wir zu erschöpft, als daß wir weitergehen konnten, legten unsere Lasten ab, und ich begab mich mit einem Manne zur Niederlassung, um Hilfe zu holen. Obgleich es nicht ratsam war, wagten wir uns, wie Verzweifelte, auf den Fluß. Mein Gefährte brach dreimal ein, und ich kam mit einem Male davon. Das Wasser war nur drei Fuß tief, und wir trugen in jeder Hand eine leichte Stange. Dank der gütigen Vorsehung trafen wir um zwei Uhr nachmittags bei Monsieur Cadottes Haus ein, welcher sofort fünf Männer losschickte, um alles herbeizuschaffen.

Die Entdeckung der Quelle des Mississippi

Da die Flüsse allmählich eisfrei wurden, ward ein Kanu
aus Birkenrinde von 18 Fuß Länge und drei Fuß Breite
hergerichtet. Und am 9. April 1798 brachen wir auf –
drei Kanadier, die eingeborene Frau des einen von
ihnen und ich, mit Proviant für zwölf Tage, welcher aus
getrocknetem Fleische bestand –, um das Gebiet bis zur
Quelle des Mississippi zu vermessen. Wir hatten die
Wahl zwischen zwei Flüssen, die vom Roten See (Red
Lake) ausgingen: einem mit mäßiger Strömung, welcher
aber wahrscheinlich noch mit Eis aus dem See verstopft
war, oder dem Klarwasser-Flusse (Clear Water River)
mit starker Strömung, jedoch ohne Eis. Wir entschieden
uns für den letzteren und paddelten langsam flußaufwärts. Dieser Fluß war 55 Ellen breit, aber aufgrund der
Schneeschmelze etwa acht Fuß tief. Weil all diese Flüsse
von Schnee und Regen gespeist werden, ist der Clear
Water River in den trockeneren Monaten August und
September nicht tiefer als ein oder zwei Fuß. Obwohl
das Land völlig eben erscheint, betrug die Geschwindigkeit der Strömung doch ganze vier Meilen in der Stunde.
  Am *11. April* fuhren wir am Zusammenfluß mit dem
Wildreis-Flusse (Wild Rice River) vorüber, welcher von
Westen kommt und in seiner Wassermenge nur der
Hälfte des Clear Water River entspricht, weshalb wir
nun weniger Wasser hatten, und die Strömung gemäßig-
ter war. Nach 64 Meilen auf diesem gewundenen Fluß
erreichten wir am 12. April die Tragstelle, welche zum
Red Lake River führt. Am östlichen oder rechten Flußufer erfreuten uns anfangs schöne Wälder, später jedoch
begann die Espe vorzuherrschen. Am Westufer wuchsen
an manchen Stellen Laubbäume, und viele schöne Wie-

sen breiteten sich vor uns aus, welche in die Ebenen
übergingen, und überall war der Boden fruchtbar.

Die Tragstelle hat eine Länge von vier Meilen und
liegt am Ufer des Red Lake River, teils auf Morast, teils
auf gutem Boden.

Unser Weg führte nun 32 Meilen diesen Fluß hinauf
bis zum Roten See. An beiden Ufern standen reichlich
Eichen, Eschen und andere Laubbäume, häufig von
Espen oder Pappeln durchsetzt. Das fruchtbare Erdreich
war nun vom Schmelzwasser überflutet, und weil das
Land so eben war, entdeckte man nur selten trockene
Uferstellen. Am Abend fällten wir Bäume und bereiteten
auf ihnen unser Nachtlager. Da unser Proviant ja aus
Trockenfleisch bestand, bedurften wir keines Feuers, um
unser Abendessen zu kochen, aber ein Kanadier achtet
immer darauf, daß er Zunderholz für seine Pfeife hat.
Von Monsieur Cadottes Haus bis zur Flußmündung in
den See legten wir über 117 Meilen zurück und benötigten dazu sieben lange Tage, an welchen wir von fünf
Uhr früh bis sieben Uhr abends unterwegs waren.

Am See hatte der freundliche alte Häuptling Sheshepaskut mit etlichen Chippewa ein Lager von sechs Hütten errichtet. Er schenkte uns drei kleine und zwei
große Hechte, eine willkommene Abwechslung zum
Trockenfleisch. Die Chippewa hatten kein Kanu und
konnten deshalb nicht mit dem Speere fischen. Also baten sie mich, ihnen mein Kanu zu leihen, was ich auch
tat. Der nächtliche Fischfang mit dem Speere ist ein beliebter Brauch bei ihnen und liefert ihnen einen beträchtlichen Teil ihrer Lebensgrundlage. Eine gerade
Stange von 10 bis 12 Fuß Länge bildet den Schaft des
Speeres, dessen Eisenspitze mit Widerhaken versehen
ist. Eine andere, etwa sechs Fuß lange Stange trägt einen
grob aus Eisenreifen gefertigten schmalen Korb. Es wird
eine gewisse Menge an Birkenrinde gesammelt und lok-

ker zu kleinen Bündeln zusammengebunden. Bei Einbruch der Nacht – je dunkler, desto besser – besteigen zwei Männer und ein Junge ein Kanu, und einer von ihnen setzt es sanft und leise in Bewegung. Die Stange mit dem Korb wird am Buge befestigt, hinter dem der Speerträger steht. Die Birkenrinde wird nun entzündet und verbreitet ein helles Licht, aber nur für kurze Zeit. Der Junge versorgt das Feuer von hinten, um die Flamme stets lodernd zu erhalten. Das Nahen des grellen Lichtes scheint die Fische zu betäuben, denn sie werden alle in reglosem Zustande gefangen. Etliche Stunden erkunden die Eingeborenen auf diese Weise so lange den See, bis die Birkenrinde aufgebraucht ist. In einer windstillen Nacht fangen sie auf diese Weise eine ansehnliche Zahl von Fischen.

Die kleine Mannschaft, welche in meinem Kanu unterwegs war, fing drei Störe von etwa je 60 Pfund. Für einen See mit klarem Wasser waren sie sehr gut; den Stör könnte man das »Schwein des Wassers« nennen, denn nirgends gedeiht er so gut und wird so fett wie im Schwemmgebiet der Flüsse.

Der Rote See ist eine schöne weite Wasserfläche von etwa 30 Meilen Länge und acht bis zehn Meilen Breite. Sein Ufer steigt etwa 20 bis 30 Fuß an. Der Boden ist etwas sandig und bringt schön gewachsene Tannen und die sonst üblichen Bäume hervor, stellenweise auch den hier kleinwüchsigen Lebensbaum. Wie an etlichen anderen Orten, steht an diesem See gelegentlich eine Handelsniederlassung, jedoch nur für einen Winter, denn das umliegende Land ist hier zu arm an Pelztieren, als daß die Jagd noch einen zweiten Winter lohnte.

Der See war noch größtenteils zugefroren, also paddelten wir mit dem Kanu durch die wenigen Wasserstellen, und wo das Eis eine geschlossene Decke bildete, bauten wir einen behelfsmäßigen Schlitten, auf welchen

Die Quellen des Mississippi (aus einer Karte von David Thompson, 1813/14)

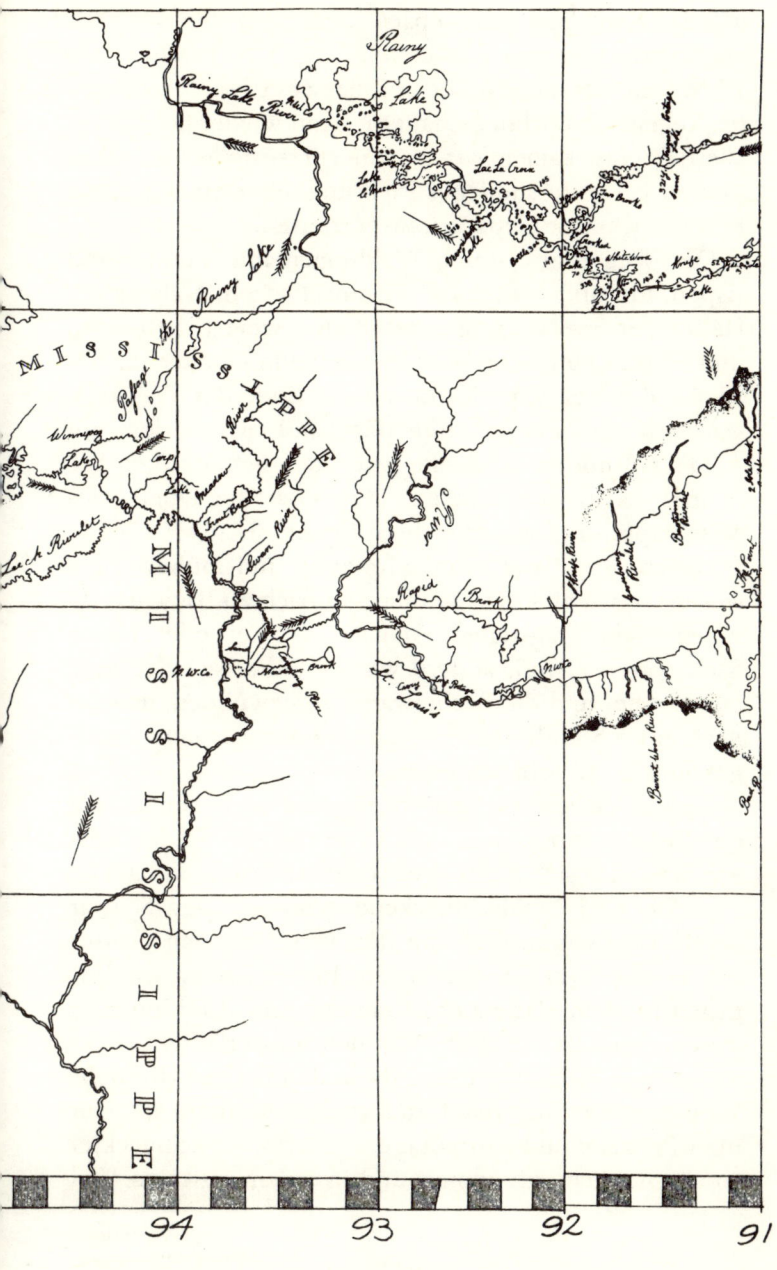

94   93   92   91

wir das Kanu und das Gepäck luden und den wir über das Eis zur nächsten Wasserstelle zogen. So brachten wir 17 Meilen mit mühevoller und nasser Arbeit zu, oft unter Regen- und Schneeschauern, dann wieder bei klarem Wetter. Nun kamen wir zu einer Tragstelle von sechs Meilen Länge in südlicher Richtung, über die wir unser Kanu und unser Gepäck transportierten.

Der Weg führte durch Waldungen mit Tannen und Espen, hin und wieder Eichen und Eschen. Nahezu die Hälfte der Strecke zeigte der Boden viele Erhebungen und Senken von 20 bis 40 Fuß. Um neun Uhr abends des 23. April hatten wir alles bis an das Ende der Tragstelle geschafft und mußten nun das Land bis zu dem auf 47° 38′ 21″ nördlicher Breite gelegenen Schildkröten-See (Turtle Lake) durchqueren. Dieser ist die Quelle des Mississippi, und wir erreichten ihn am *27. April 1798.*

Unsere Reise war sehr aufreibend und mühevoll gewesen: von Weiher zu Weiher und Bach zu Bach, dazwischen viele Tragstellen. Manche Weiher oder kleine Seen waren eisfrei, andere wieder teilweise oder ganz zugefroren, und die Bäche waren so gewunden, daß wir nach einer Stunde Paddelns kaum oder gar nicht vorangekommen zu sein schienen.

Überall mutete das Land tiefliegend und eben an, wie ein riesiges Moor, und überall wuchs viel wilder Reis, von welchem sich die Wasservögel ernährten und gut im Fleische und wohlschmeckend wurden. Der Schwan zeigte sich selten, und von den verschiedenen Gänsen gab es nur zwei Graugansarten. Enten fanden wir hingegen in allen Varietäten, Kraniche und Rohrdommeln waren ebenfalls zahlreich. Von den Wasserläufern waren nur wenige Arten vertreten, da an den flachen Ufern der Weiher hohes Gras stand. In manchen Weihern schwammen Pelikane und Kormorane. Die ersteren schmeckten so abscheulich wie immer, und in jedem eisfreien Wei-

The Pelican

The Heathcock & Partridge

Pelikan, Birkhahn und Rebhuhn

her tummelte sich der große gesprenkelte Eistaucher. Sobald er unser ansichtig wurde, stieß dieser listige Vogel seinen Ruf aus, wußte jedoch nicht, ob er tauchen oder wegfliegen sollte. Für das Tauchen waren die Weiher zu seicht und die Reishalme zu dicht, und ehe er sich in die Luft erheben konnte, mußte er das Wasser mit den Füßen und den Flügeln schlagen. Also blieben die Eistaucher unseren Flinten ausgeliefert, und wir schossen etliche von ihnen. Ihr schön gesprenkeltes Federkleid verwenden die Eingeborenen besonders gerne als Kopfbedeckung, und die Chippewa, welche uns mit zwei Kanus begleiteten, nahmen die Bälge dankbar entgegen.

Es ist wohlbekannt, daß bei Churchill Factory an der Hudson Bay im Frühjahr Wildgänse geschossen werden, bei welchen sich wilder Reis im Magen findet. Sie müssen ihn nahe dem Schildkröten-See (Turtle Lake), auf 47° 39′ 15″ nördlicher Breite und 95° 12′ 45″ westlicher Länge gefressen haben; die direkte Entfernung zwischen beiden Orten beträgt 780 Meilen. Wilder Reis wächst auch in einigen Gegenden nahe dem 50. nördlichen Breitengrade, obgleich nicht so üppig, daß er ganze Kolonien von Gänsen ernähren könnte; dennoch liegen diese wenigen Gebiete ebenfalls etwa 660 Meilen von Churchill Factory entfernt. Um den Schildkröten-See herum gedeiht der wilde Reis allerdings im Überflusse, weshalb dieser See den Hauptlebensraum der Gänse bildet. Die Weiher, Bachläufe, Flüßchen und kleinen Seen, in welchen der wilde Reis überreichlich wächst, ergeben zusammengenommen etwa eine Fläche von mindestens 6000 Quadratmeilen. Wildgänse fliegen vor einem Sturmwind 60 Meilen in der Stunde. Bei dieser Geschwindigkeit benötigen sie also 13 Stunden von ihren Reisplätzen bis zum Fort Churchill. Die ausgedehnten Reisgebiete sind vielleicht die letzte Station, bei welcher sich die Wasservögel noch einige Tage lang ernähren, um für ihre Reise gerüstet zu sein, ehe sie etwa 1400 Meilen nordwärts fliegen, um dort ihre Nester zu bauen und die Jungen aufzuziehen. Denn das späte Frühjahr der nördlichen Landstriche, welche sie auf ihrem Fluge überqueren, hat ihnen nicht viel zu bieten.

Die Bäche und kleinen Seen beherbergten etliche Otter, von welchen wir einen erlegten. Um den Geschmack seines Fleisches zu verbessern, hängten ihn die Eingeborenen einige Tage in den Rauch.

Zum ersten Male sahen wir den kleinen braunen Adler, an manchen Tagen sogar wenigstens ein Dutzend davon, aber immer außer Schußweite unserer Gewehre.

Von Monsieur Cadottes Haus am Roten Flusse bis hierher zum Schildkröten-See waren wir 19 Tage unterwegs gewesen, dennoch liegen nach meinen astronomischen Beobachtungen erst 56 Meilen an Entfernung hinter uns. Das bedeutet, daß wir nur knapp drei Meilen am Tage zurücklegten. Die fast kreisförmig verlaufenden Umwege täuschen den Reisenden und verleiten ihn zu glauben, er sei von einem bestimmten Orte schon viel weiter entfernt, als es tatsächlich der Fall ist. Der Schildkröten-See, die Quelle des Mississippi, ist vier Meilen lang, etwa ebenso breit, und seine kleinen Buchten geben ihm die Form einer Schildkröte.

Von der Quelle des Mississippi
zum Oberen See

Zu uns stießen einige Chippewa, welche sich mit zwei Kanus auf dem Wege zum Red Cedar Lake (später: Cass Lake) befanden. Da mein Kanu schon zu oft mit dem Eise in Berührung gekommen und leck war, stiegen wir in ihre Kanus um. In der Südwest-Ecke des Schildkröten-Sees tritt ein Bach aus, welcher Schildkröten-Bach (Turtle Brook) genannt wird, drei Ellen breit und zwei Fuß tief ist und dessen Strömung mit einer Geschwindigkeit von zweieinhalb Meilen in der Stunde fließt. Der Schildkröten-Bach ist allerdings so stark gewunden, daß wir, statt ihn zu benutzen, lieber eine Tragstelle von 180 Ellen zu einem kleinen See anlegten, welcher wiederum einen Bach in den Schildkröten-Bach entsendet. Auf diesem Bache paddelten wir weiter und setzten unsere Fahrt dann auf dem hauptsächlichen Wasserlaufe, dem Schildkröten-Bach, fort, indem wir seinen unglaublichen Windungen und Biegungen durch ein offenbar ausgedehntes Tiefland mit Gras und Morast folgten.

Wir hatten drei Wasserfälle, an welchen wir jeweils eine Tragstelle anlegten, und etliche Stromschnellen zu überwinden. In einem Zickzack-Kurs durchfließt der Strom ein tief gelegenes, grasbedecktes Tal. Der Wald zu beiden Seiten des Tales setzt sich aus Eichen, Eschen, Ulmen, Lärchen, Birken, Kiefern, Espen und, auf kleinen Erhebungen, Ahorn zusammen. Überall ist der Boden fruchtbar und reichlich mit hohem Grase bewachsen. In den Bächen, den Weihern und im Schildkröten-Flüßchen (Turtle Rivulet) stehen die Halme des wilden Reises so dicht und nahezu von Ufer zu Ufer, daß es sehr mühsam ist, gegen den Strom zu paddeln, denn hier muß sich das Kanu gegen die volle Kraft der Strömung in der Mitte des Flusses halten. Immer wieder flossen von jeder Seite neue Bäche zu, und wir erreichten den Red Cedar Lake auf einem stattlichen Strome von 15 Ellen Breite, zwei Fuß Tiefe und mit einer Geschwindigkeit von drei Meilen in der Stunde. Wir fuhren noch fünf Meilen über den See und gelangten zur Handelsniederlassung von Mr. John Sayer, einem Teilhaber der Nordwest-Gesellschaft und dem für dieses Gebiet Verantwortlichen. Mr. Sayer und seine Leute hatten sich den ganzen Winter über von wildem Reis und Ahornzucker ernährt, wodurch sie zwar am Leben geblieben, aber doch recht abgemagert waren. Da ich auch gut auf Vögel im Fluge zielen konnte, hatte ich 20 große Enten mehr geschossen, als es unser Bedarf erforderte. Ich überreichte sie Mr. Sayer als höchst willkommenes Geschenk, denn er und seine Männer hatten schon seit langem kein Fleisch mehr genossen. Ein Gericht aus Reis und Zucker nahm ich ebenso gerne an, da ich mich ja bisher nur vom Fleische ernährt hatte. Und ich versuchte, jetzt nur diese Reisspeise zu essen, bekam am dritten Tage jedoch Sodbrennen und Übelkeit, die zwei Fleischspeisen wieder kurierten. Allerdings läßt sich aus dem Reis eine gute Suppe zubereiten. Die Beobachtungen, welche ich während meines wechselvollen Lebens machte, zeigten immer wieder, daß Männer, welche ein tätiges Leben führen, ihre Ernährungsgewohnheiten schnell und ohne Beschwerden von vegetarischer auf tierische Kost umstellen können, umgekehrt jedoch nicht. Dies geht dann häufig mit einer Erkrankung der Därme einher.

Etwa 60 Familienoberhäupter der Eingeborenen treiben bei dieser Niederlassung Handel, und Mr. Sayer, der schon viele Jahre im Fellhandel tätig ist, meint, daß eine Familie durchschnittlich sieben Personen zähle. Das würde 420 Seelen ergeben. Die Eingeborenen hier nennen sich selbst *Oochepoy* (das ist ein anderer Ausdruck für *Ojibway*) und haben vor einigen Jahren begonnen, jeder Familie so etwas wie ein Besitzrecht an den Zuckerahornhainen einzuräumen, welches Recht in der Familie bleibt und nicht auf andere übertragen wird. Doch da dieser Besitzanteil im Vergleiche zum gesamten Bestande klein ausfällt, ist es jedem erlaubt, die Bäume auf den freien Gründen anzuzapfen. Die Besitzeinteilung erfolgte in einer gemeinsamen Versammlung und Beratung, damit jede Familie ein ausreichendes Stück Land zur Gewinnung von Zucker erhalte und mögliche Streitereien vermieden werden, in welchen alle auf das gleiche Recht am Boden und seinen Erzeugnissen pochen würden. Und weil für die Zuckergewinnung etliche Kessel und viele kleine Gefäße aus Holz oder Birkenrinde nötig sind, in welchen der Saft aufgefangen und gekocht wird, derer man jedoch für keinen anderen Zweck bedarf, verbleiben sie gleich für den künftigen Gebrauch auf dem jeweiligen Grundstücke.

Unser Kanu war durch die grobe Behandlung im Eis in sehr schlechtem Zustande, deshalb kaufte Mr. Sayer uns ein gutes Kanu für den Gegenwert von 20 Biberfellen an Handelswaren und unser altes Kanu. Eigentlich hatte ich beabsichtigt, den Fluß ziemlich weit hinunter zu fahren, doch Mr. Sayer warnte mich eindringlich davor, den Fluß weiter als zum Sandsee-Fluß (Sand Lake River) zu benutzen, denn sonst kämen wir in die Gewalt der Sioux.

Am *3. Mai* nahmen wir Abschied von unserem freundlichen Gastgeber. Unser Proviant bestand aus wildem Reis und Ahornzucker, dazu führten wir Schießpulver und Schrot für die Entenjagd mit uns. Eine Meile unterhalb des Hauses setzten wir unser Kanu in den Fluß, welcher sich zu einer Breite von 26 Ellen und einer

Tiefe von drei Fuß vergrößert hatte und mit einer Geschwindigkeit von zwei Meilen in der Stunde dahinfloß.

Das Tal des Mississippi lag nun offen vor mir. Es war nach Südosten gerichtet, etwa eine halbe Meile oder weniger breit und sah aus wie eine Wiese mit hohem, halb dürrem Gras, ohne Wasser. Auf der linken Seite reichten einzelne baumbestandene Flecken bis an den Rand des Tales, aber nicht in es hinein, und zwischen den mit Bäumen bewachsenen Stellen, welche etwa eine oder eineinhalb Meilen voneinander entfernt waren, befanden sich sumpfige Talniederungen. Auf der rechten Seite bildete der Baumbestand eine regelmäßigere Linie. Da ich im Nivellieren wohlgeübt war, stellte ich fest, daß das Flußtal vor uns eine Neigung von ganzen 20 Prozent pro Meile über die ersten drei Meilen zeigte. Dies würde eine Strömung ergeben, gegen welche kein Boot flußaufwärts fahren konnte. Die ungezählten Biegungen des Flusses in jede Himmelsrichtung brachen die Geschwindigkeit der Strömung jedoch zur Gänze. Wir erblickten einen Pfosten in weniger als 500 Ellen vor uns, paddelten kräftig und erreichten ihn, gegen eine Strömung von zweieinhalb Meilen in der Stunde, in 35 Minuten. In dieser Zeit meinten wir, über drei Meilen an Flußbiegungen zurückgelegt zu haben. Wir trafen auf einen Indianer, der mit seinem Kanu den Fluß hinauffuhr. Er rauchte mit uns, und auf meine Bemerkung über die vielen Krümmungen des Flusses schüttelte er den Kopf und antwortete, die Schlange habe diesen Fluß gemacht. Ich dachte anders, denn diese Windungen brechen die Strömung und erlauben so, den Fluß zu befahren. Immer schon bewunderte ich die verschiedenen Ausformungen der Flüsse, so wie der Finger Gottes sie für die wohltätigsten Zwecke gelenkt hat.

Um sieben Uhr abends stellten wir unser Zelt am Winnipegosis-See auf, welcher von den Wassern dieses

Flusses gebildet wird. Der See ist 17 Meilen lang und etwa sechs Meilen breit, in dem vor allem der Stör vorkommt. Die Wälder, welche wir heute sahen, enthielten häufig Rot- und Schwarztannen, wovon letztere sehr harzhaltig ist. Deshalb verwenden die Eingeborenen deren Holz gerne zu Fackeln für den nächtlichen Fischfang. Das Erdreich der Wälder ist nun sandig, mancherorts auch Schwemmland, auf welchem Eichen und andere Laubbäume wachsen, und in den Talbuchten finden sich der Lebensbaum, die Birke und die Lärche. Dort, wo der Fluß den See wieder verließ, erschien sein Tal ebener.

5. Mai. Nach zwei Meilen entdeckte ich an Weiden die ersten Blätter. Ahorn und andere Laubbäume waren zwar von Knospen übersät, trugen aber noch keine Blätter. Wir kamen zu einer Stromschnelle und einem Wasserfall, welcher über einen glatten Felsen acht Fuß hinabstürzte. Beides läßt sich vermittels einer Tragstelle von 363 Ellen umgehen. Nach weiteren sechs Meilen fließt der Wiesen-Fluß (Meadow River) von Nordosten zu. Er ist etwa von derselben Größe wie der Mississippi, dessen Breite nun 50 bis 60 Ellen beträgt. Wir begegneten einem Manne, der in einem Streit mit einem anderen Manne an der Schulter verwundet worden war. Seine Frau paddelte das Kanu. Wahrscheinlich war Eifersucht die Ursache für den Streit gewesen.

Am *6. Mai* setzten wir unsere Fahrt fort. Im Verlaufe des Tages trafen wir auf einen Indianer und seine Frau. Über die Nase des Mannes zog sich eine große, frische Narbe, und als er mit uns rauchte, fragte er, ob er nicht trotzdem gut aussehe. Als wir am Sandsee (Sand Lake) anlangten, erfuhren wir, daß ein anderer Indianer am Abend zuvor mit jenem gestritten hatte, während sie tranken, und ihm in einem Anfall von Eifersucht die Nase abgebissen und diese weggeworfen hatte. Des

Morgens stellte der Geschädigte nun fest, daß seine Nase fehlte, suchte danach, fand sie und steckte sie auf die noch blutende Stelle in seinem Gesichte, ohne sie irgendwie zu befestigen. Sie blieb haften, und er nahm einen Spiegel und rief aus: »Noch bin ich nicht häßlich!« Später erhielt ich die Nachricht, daß die Nase wieder angewachsen und nur die Narbe zurückgeblieben war.

Mit kühnem Wasserlaufe floß der Schwan-Fluß (Swan River) von Nordosten zu. Um fünf Uhr nachmittags erreichten wir die Mündung des Sandsee-Flusses, und unweit von seinem Nordufer entfernt vermaß ich den Mississippi.

Da der Mississippi der großartigste aller Flüsse ist und durch die schönsten Landstriche Nordamerikas fließt, werde ich versuchen, die absonderliche Gestaltung seiner Quellwasser zu erläutern. Vom Schildkröten-See bis zum Red Cedar Lake war der Fluß zu sehr mit Eis befrachtet, als daß wir uns eine genaue Vorstellung von seinen Biegungen machen konnten. Vom Red Cedar Lake bis zur Mündung des Sandsee-Flusses hingegen war die Strecke eisfrei und betrug in direkter Entfernung 68 Meilen, welche wir – zwei Mann paddelten ein leichtes Kanu – in 43 Stunden und 13 Minuten zurücklegten. Zehn Meilen dieser Entfernung entfielen dabei auf den See, wodurch also 58 Meilen für den Fluß verblieben, und wenn man drei Stunden und 13 Minuten für die Überquerung des Sees abzieht, so verbleiben 40 Stunden für den Fluß. Wenn zwei Mann ein leichtes Kanu mit einer Strömung von zwei, manchmal zweieinhalb Meilen in der Stunde paddeln, kommen sie wenigstens fünf Meilen in der Stunde voran. Mit 40 Stunden berechnet, ergibt dies eine Entfernung von 200 Meilen durch die Windungen des Flusses für eine direkte Strecke von 58 Meilen, was bedeutet, daß einer Meile nahezu dreieinhalb Meilen gegenüberstehen. Die Krümmungen des Flusses wandten sich bei jeder Meile in eine andere Himmelsrichtung, auf welche Weise die eigentliche Geschwindigkeit der Strömung verringert ward. Um jedoch eine stetige Geschwindigkeit von zwei Meilen in der Stunde zu erhalten, bedarf es eines Gefälles von ganzen 20 Zoll pro Meile, was bei 200 Meilen und bei dieser Entfernung einen Höhenunterschied von 333 Fuß und vier Zoll ausmacht, und dies entspricht wiederum einem Höhenunterschiede von dreidreiviertel Fuß für jede Meile der direkten Entfernung.

Vom Schildkröten-See zum Red Cedar Lake beträgt das Gefälle also $97\frac{1}{4}$ Fuß, von dort zum Sandsee-Fluß $333\frac{1}{3}$ Fuß, was einen Höhenunterschied von insgesamt 431 Fuß ergibt. Offenbar fließt der Strom durch ein Tiefland.

Für den intelligenten Teil der Menschheit bildeten die Quellen aller großen Flüsse schon immer den Gegenstand der Neugierde. Man denke nur an die Expeditionen, welche dazu unternommen wurden, an die dafür aufgewendeten Geldsummen, die erduldeten Leiden, um die Quellen des Nils zu entdecken – eine Forschung von Jahrhunderten. Welche Bedeutung der Nil in alter Zeit für Kunst und Kriege auch gehabt haben mag, das prächtige Tal des Mississippi verspricht ein Gleiches zu sein, und dies ohne pompöse, nutzlose Pyramiden und andere Bauwerke. Die angelsächsische Bevölkerung des Tals des Mississippi wird die Ägypter in allen Künsten des zivilisierten Lebens und in einer reinen Religion bei weitem übertreffen. Mögen dies auch nur die Voraussagen eines einsamen, der übrigen Welt unbekannten Reisenden sein, sie werden sich jedoch sicherlich bewahrheiten.

Es ist zwar ermüdend für den Leser, immer wieder meine Berechnungen zu beachten; für den forschenden Geist sind sie jedoch notwendig, damit er die Begründungen kennt, auf welchen sie beruhen. Denn das Zeitalter der Mutmaßungen ist vorüber, und vom Forschungsreisenden wird Aufklärung über das erwartet, was er behauptet. Die Höhenunterschiede von etlichen 100 Meilen eines Flusses zu messen, ist zu teuer, wenn nicht gerade ein großes Objekt in Sicht ist, und alles, was die Öffentlichkeit bei diesen nahezu unbekannten Gegenden erwarten oder erhalten kann, sind die Schätzungen erfahrener Männer.

Vom Sandsee-Fluß, welchen wir am 6. Mai erreichten, schlugen wir die Route zum Oberen See ein. Über den Oberen See ließe sich ein ganzes Buch schreiben. Ich habe ihn zweimal umrundet und sechsmal einen großen Teil davon bereist, wobei jede Messung die vorangegangene korrigierte. Die letzte Vermessung des Sees fand im Auftrage des Außenministeriums statt, damit die Grenze zwischen den Dominions von Großbritannien und den Territorien der Vereinigten Staaten ermittelt und festgelegt werden konnte. Die Himmelsrichtungen wurden vom Kompaß abgelesen und die Entfernungen nach Masseys *Patent Log* berechnet, welches so exakt war, daß es nur geringer Korrekturen bedurfte. Die zahlreichen astronomischen Beobachtungen bestimmten den Verlauf des Ufers dieses großen Sees genau: Die Karten hierzu, welche den Grenzverlauf enthalten, befinden sich im Außenministerium in London und im entsprechenden Ministerium der Vereinigten Staaten in Washington und sind nicht veröffentlicht. An seiner Westseite mündet der Sankt-Louis-Fluß (St. Louis River) in den See. Der Abfluß des Sees befindet sich im Südosten und bildet die Fälle von St. Maries, welche auf 46° 31′ 16″ nördlicher Breite und 84° 13′ 54″ westlicher Länge liegen. Setzt man eine direkte Entfernung von 383 Meilen an, so erstreckt sich seine Breite vom West- zum Ostufer hin über insgesamt 176 Meilen. An seiner Ostseite befinden sich zwei große Buchten mit vielen Inseln. Das südliche Ufer ist 671 Meilen lang, die Nord- und Ostseite messen zusammen 946 Meilen, und der gesamte Uferverlauf umfaßt 1617 Meilen. Die Oberfläche des Sees beträgt etwa 28090 Quadratmeilen. Dieser liegt 625 Fuß über dem Meeresspiegel, wobei seine Tiefe noch immer unbekannt ist, und obgleich sie von darin erfahrenen Männern mit einer 350 Faden langen Leine ausgelotet ward, stieß man nicht auf den Grund. Nimmt man seine tiefste Stelle mit nur 400 Klafter an (das sind 2400 Fuß), so läge sein Grund 1775 Fuß unter dem Meeresspiegel.

Geht man von einer Oberfläche von 28090 Quadratmeilen und einer durchschnittlichen Tiefe von 200 Klafter aus, so enthält der See 5930 Kubikmeilen frischen Wassers. Während des ganzen Sommers fühlt sich das Wasser sehr kalt an, und im Winter friert es nur in den Buchten und um die Inseln herum. Die heftigen Böen der häufigen Sturmwinde brechen das Eis auf und verursachen auf diese Weise viel Treibeis. Bei Sturmwinden aus dem Osten oder Westen sind die Böen so stark wie die Wogen des Meeres.

Da wir im Jahre 1822 das Nordufer des Sees vermaßen, 50 Meilen östlich des Sankt-Louis-Flusses, gingen wir um ein Uhr an Land, um zu Mittag zu essen. Es war ein schöner, klarer Tag und der See völlig ruhig. Wir saßen gerade auf den Klippen, als draußen im See, etwa eine ganze Meile von uns entfernt, plötzlich ein Wasserschwall in die Höhe stieg. Es sah aus, als würde eine Wassermasse aus beträchtlicher Tiefe emporgeschleudert. Sie war etwa 30 Ellen lang und vier Fuß hoch. Ihre Breite vermochten wir nicht zu erkennen. Und innerhalb dieses Schwalles schoß das Wasser in dünnen Säulen etwa 10 Fuß hoch. So jedenfalls sahen wir es durch unsere Ferngläser. Dem freien Auge erschien es wie schwerer Regen. Der See ward aufgewühlt, Wogen rollten an das Ufer, und wir mußten die Kanus in Sicherheit bringen. Das Ganze hielt etwa eine halbe Stunde an – ich verfertigte eine Skizze davon –, und als es wieder nachließ, rollten immer noch hohe Wogen gegen das Ufer, und wir waren für drei Stunden außerstande, unsere Fahrt fortzusetzen. Während dieser Zeit und während des ganzen Tages war es nahezu windstill. Am westlichen Teil des Südufers besteht der Fels zumeist aus Sandstein, was auch für die Inseln gilt. Manche Klippen sind von den Wellen recht zerfressen und tragen Schutthaufen; die Inseln sind in dem nämlichen Zustande. Eine von ihnen ist völlig unterhöhlt, so daß ein Kanu mit Männern bei ruhigem Wetter unter einem Gewölbe hindurchfahren kann, welches drei Fuß über ihren Köpfen beginnt.

Am *28. Mai* erreichten wir, Gott sei's gedankt, die St.-Maries-Fälle, den Abfluß des Oberen Sees und das Quellgebiet des Sankt-Lorenz-Stromes (St. Lawrence River), welcher in den Huron-See (Lake Huron) fließt.

Hier hatte ich das Vergnügen, Sir Alexander Mackenzie zu begegnen, dem hochgefeierten Forschungsreisenden, der als erster den großen Strom hinabgefahren war, welcher vom Sklaven-See in das Nördliche Eismeer fließt. Dieser große Strom trägt nun seinen Namen und ward der Öffentlichkeit durch die Reise von Sir John Franklin wohlbekannt gemacht. Da ich Sir Alexander über die Messungen und die Anzahl meiner astronomischen Beobachtungen berichtete, welche ich zur Bestimmung der geographischen Breite und Länge und der Nadelabweichungen des Kompasses durchgeführt habe, freute er sich und sagte, daß ich in zehn Monaten mehr verrichtet hätte, als ihn innerhalb von zwei Jahren möglich dünkte.

Am folgenden Tage kam der ehrenwerte William

McGillivray an. Diese beiden Herren waren die Agenten und Hauptteilhaber der Nordwest-Gesellschaft. Sie ersuchten mich, meine Vermessungen des Sees an der Ost- und Nordseite bis nach Grand Portage, dem damaligen Depot der Gesellschaft, fortzusetzen. Die Vermessungen, welche wir gerade abgeschlossen hatten, bezogen sich auf das Südufer, und zwar von Westen nach Osten.

Folgt man dem Ufer, so beträgt die Entfernung 671 Meilen, die gerade Strecke beträgt hingegen nur 383 Meilen. Wir waren auf 110 Indianer-Familien gestoßen, und bedenkt man 20 weitere, die wir nicht gesehen hatten, so ergibt das eine Zahl von 130 Familien. Monsieur Cadotte, der in diesen Teilen des Landes viele Jahre Händler gewesen war, meinte, 125 Familien kämen der tatsächlichen Anzahl näher. Nimmt man an, daß diese Eingeborenen einen Besitz an Jagdgründen von nur 70 Meilen Entfernung vom See haben, umfaßt ihr gesamtes Land 26810 Quadratmeilen, und dies, durch 130 geteilt, ergibt einen Jagdgrund von 206 Quadratmeilen Fläche für jede Familie. Im Durchschnitt erjagt jede Familie von allen Pelztierarten – vom Bär bis zur Bisamratte – im Jahre nicht mehr als 60 bis 70 Felle für den Handel. Rotwild ist so selten, daß diejenigen Tiere, welche sie erlegen, nicht einmal das Leder für ihren eigenen Bedarf liefern. Und wenn die milde Jahreszeit einsetzt, ziehen alle Familien zum Oberen See hinab, um sich vom Fischfange zu ernähren.

Kürzlich hat Mr. Ballantyne von der Hudson's-Bay-Gesellschaft ein Buch mit dem Titel »Six Years' Residence in Hudson's Bay«, also »Sechs Jahre an der Hudson Bay«, veröffentlicht, in welchem er über die Bucht sagt: »Im Landesinneren gibt es Myriaden wilder Tiere.« Die Eingeborenen wären dankbar, wenn er ihnen deren Aufenthalt anzeigte. Er mußte wohl an die Stechmücken gedacht haben, als er solche Worte niederschrieb, und in dieser Beziehung hat er recht.

Die Wälder um den See sind so, wie ich sie schon dargestellt habe, und ich fand keinen Baum, welcher so hoch gewachsen war, daß er besondere Beachtung verdiente, ausgenommen die Papierbirke, deren großflächige Rinde sich sehr gut zum Anfertigen von Kanus eignet.

Am *1. Juni* verließen wir die St.-Maries-Fälle, um nun das Ostufer und Teile des Nordufers des Oberen Sees zu vermessen. Am 7. Juni kamen wir spät in Grand Portage an, dem Depot der Nordwest-Gesellschaft, wohin die Felle aus dem Landesinneren gebracht wurden und von wo bis etwa zur selben Zeit des folgenden Jahres die Waren als Gegenwert für die Felle entnommen wurden. Die Fälle von St. Maries sind eine Stromschnelle von etwa einer dreiviertel Meile an Länge. Sie fällt elf Fuß hinab und fließt dann in drei Armen von geringer Strömung in den Huron-See. Die Tragstelle ist etwa eine Meile lang, der Boden tiefliegend und naß, gut für einen Kanal und Schleusen geeignet, welche in diesem Jahre (1848) endlich fertiggestellt werden sollen. Das Land auf der anderen Seite der Stromschnellen gehört den Vereinigten Staaten. Dort ist die Böschung steil und über 20 Fuß hoch, und der Bau eines Kanales wäre mit ungeheuerlichen Kosten verbunden. Während sie darauf warteten, daß die Provinz Kanada an dem einzig möglichen Orte einen Kanal baue, legten diese wagemutigen Leute eine tiefe Fahrrinne am Fuße ihres steilen Ufers und einen Treidelpfad für ihre Schiffe an. Aber die Stärke der Strömung macht die Durchfahrt ziemlich gefährlich. Diesen Kanal will man nun beseitigen. Die Kupferminen, welche sowohl von den Bürgern der Vereinigten Staaten als auch Leuten dieser Provinz abgebaut werden, machen nun einen Kanal erforderlich, der sonst nicht gebaut worden wäre, obgleich die Fischereien am Oberen See bereits seit vielen Jahren eines Kanales bedurft hätten. Bis jetzt betreiben jedoch nur Leute aus den Vereinigten Staaten dort Fischfang, obschon mehr als in anderen Fischgebieten, wie das eben bei tiefem Wasser immer der Fall ist.

Die Pocken bei den Indianern

Es sei daran erinnert, daß ich jetzt von der großen Masse des trockenen Landes an den östlichen Ausläufern der Rocky Mountains berichte, durch welches der Missouri und seine Nebenflüsse, der Bogen-Fluß (Bow River) und der Saskatchewan, mit ihren vielen Armen fließen. Der nördliche Teil gehört dem Waldgebiet, der südliche den Great Plains, also den Prärien, an.

Auch einige Jahre, nachdem *Kanada* 1763 an England abgetreten ward, dehnte die Hudson's-Bay-Gesellschaft ihre Niederlassungen nicht bis in das Binnenland aus. Die erste Niederlassung ward von Mr. Samuel Hearne im Jahre 1774 an der Mündung des Saskatchewan in die Seen errichtet, und sie war so wohlhabend, daß sie bis heute unter dem Namen »Cumberland House« fortbesteht. Weil man das Brennholz immer weiter vom Hause entfernt beschaffen mußte, ward seine Lage zwei- oder dreimal verändert.

Ehe dieses Haus stand, hatten die Fellhändler ihre Häuser 100 Meilen südlicher (den Saskatchewan aufwärts und ein beträchtliches Stück gegen den Norden an den Quellwassern des Churchill River) errichtet. Um das Jahr 1776 erbaute die Hudson's-Bay-Gesellschaft unter Mr. Tomison eine Handelsniederlassung am erstgenannten Flusse, etwa 120 Meilen flußaufwärts. Zu jener Zeit waren die Nahathaway-Indianer sehr zahlreich und rissen alle Waren an sich, welche die Fellhändler mitbrachten: Tiere jeglicher Art gab es im Überflusse, und die Vorräte an allen Sorten von Fleisch waren so reichlich vorhanden und wurden den Händlern aufgezwungen, daß ihnen nichts anderes zu tun blieb, als von jedem etwas zu nehmen und dem einen Eingeborenen dafür ein wenig Tabak zu geben, solchen, die ein Gewehr besaßen, Munition und den Frauen Glasperlen, Ahlen usw., denn diese behaupteten, an den getrockneten Vorräten das gleiche Recht zu haben wie die Männer an den Fellen.

Die großen Stämme der Ebenen waren nur den Fellhändlern mit Namen bekannt, desgleichen die Beschaffenheit dieses Gebietes, so wie es mir von einigen alten Fellhändlern geschildert ward, namentlich von Mitchell Oman, welcher von den Orkney-Inseln stammte und schon etliche Jahre in den Diensten der Hudson's-Bay-Gesellschaft stand. Er hatte keinerlei Ausbildung genossen und war doch klüger als die meisten Männer, sehr wißbegierig und mit einem guten Gedächtnisse begnadet. Von jenen früheren Zeiten erzählte er:

»Unsere Lage war alles andere denn angenehm. Die Indianer waren sehr zahlreich, und wenn die meisten von ihnen sich auch anständig verhielten und freundlich zeigten, gibt es unter einer solchen Anzahl stets übelgesinnte Menschen. Um uns vor diesen zu schützen, mußten wir einen angesehenen Häuptling finden, bei welchem wir bleiben konnten und der uns beim Handel behilflich war und die Forderungen dieser Männer so gut wie möglich verhinderte. Kanada unterhielt zwei Niederlassungen. Eine stand unter der Leitung eines Mr. Cole, der diese Vorsorge nicht traf, in einen Streit geriet und erschossen ward. Im folgenden Jahre fuhren wir etwa 350 Meilen nördlich des Cumberland-Hauses den Fluß hinauf und errichteten eine Niederlassung, welche wir Buckingham House nannten und die am linken Flußufer gelegen war, dort wo der Fluß durch den nördlichen Teil der Great Plains fließt. Dies befreite uns davon, völlig unter den Nahathaways zu leben, und erlaubte den Indianern der Great Plains, mit uns und mit den kanadischen Niederlassungen Handel zu treiben.

Trotzdem war unsere Situation noch gefährlich und verlangte all unsere Klugheit. Im folgenden Jahre gingen wir, wie sonst auch, mit den Fellen nach York Factory und kehrten mit Waren für den Winterhandel zurück. Wir fuhren etwa 150 Meilen weiter flußaufwärts zu den Eagle Hills, wo wir das erste Zeltlager und einige Eingeborene am Ufer sitzen sahen, um sich abzukühlen. Da wir zu ihnen gelangten, stellten wir zu unserem Erstaunen fest, daß sie Pockennarben trugen, geschwächt waren und sich gerade wieder erholten, und ich konnte nicht umhin zu sagen: ›Dem Himmel sei Dank, daß wir nun Erleichterung bekommen werden.‹ Denn keiner von uns hatte die geringste Vorstellung von dem Elende, welches diese grauenvolle Krankheit angerichtet hatte, bis wir das Flußufer zum Lagerplatz emporstiegen und in die Zelte sahen. In vielen lag die ganze Familie tot da, und der Gestank war abscheulich. Diejenigen, welche übrig geblieben waren, hatten ihre Zelte etwa 200 Ellen davon entfernt aufgeschlagen. Sie waren zu schwach, als daß sie ganz wegziehen konnten, was sie jedoch bald tun wollten. Sie befanden sich in einem solchen Zustande der Verzweiflung und Verzagtheit, daß sie sich kaum mit uns zu unterhalten vermochten. Einige waren wieder so weit zu Kräften gekommen, daß sie jagen konnten, was sie am Leben erhielt. So weit wir vernahmen, mußte diese Krankheit drei Fünftel von ihnen hinweggerafft haben. Unsere Vorräte gingen bereits zur Neige, und wir hatten erwartet, zehnmal mehr vorzufinden, als wir benötigten, statt dessen besaßen die Leute nicht einmal genug für sich selbst. Sie ließen uns wissen, daß, so viel ihnen bekannt geworden, alle Indianer in demselben schrecklichen Zustande wie sie selbst seien, und daß wir von niemandem etwas zu erwarten hätten.

Mit schwerem Herzen fuhren wir weiter flußaufwärts,

ganze Bisonherden überquerten den Fluß und lieferten uns reichlich Proviant für die Reise zu unserem Winterquartier.

Beim Hause selbst lief uns nicht wie sonst eine Schar Indianer entgegen, um uns willkommen zu heißen, sondern über allem lag einsame Stille. Uns blieb das Herz stehen. Es gab keinen Indianer, der für uns jagte. Ehe die Indianer krank geworden waren, hatten sie noch Vorräte an getrocknetem Fleische für die nächste Sommerreise angelegt, von welchen wir nun leben mußten, bis endlich doch zwei Eingeborene mit ihren Familien kamen und für uns jagten. Sie teilten uns mit, daß die Wald-Indianer in ihren Zelten Biberfelle hätten, von welchen einige über die Toten gebreitet wären. Diese könnten wir nehmen und den Indianern dafür neue Decken geben. Und wenn wir zu den Zelten gingen, würden wir jenen, welche lebten, einen Dienst erweisen, indem wir sie mit Tabak, Munition und einigen anderen Bedarfsartikeln versähen. Also brachten wir damit den ersten Teil des Winters zu. Die erst kürzlich Verstorbenen, deren Körper Wölfe und Hunde noch nicht zerrissen hatten, bedeckten wir zum Schutze vor diesen Tieren mit Holz.«

Die zuverlässigste Auskunft besagt, daß die Chippewa (Wald-Indianer) und die Sioux (Plains-Indianer) etwa um dieselbe Zeit mit dieser Krankheit angesteckt wurden, nämlich im Jahre 1780, da sie einige weiße Familien angriffen, welche von Blattern befallen waren, und deren Kleider trugen. Sie hatten keine Ahnung von der Krankheit und ihrer schrecklichen Natur.

Von den Chippewa breitete sie sich weiter aus und erfaßte alle Wald-Indianer bis zum äußersten Norden hinauf, und durch die Sioux alle die Plains-Indianer und ebenso die auf der anderen Seite der Rocky Mountains. Im Vergleiche starben mehr Männer daran als Frauen

274

und Kinder, denn da ihnen die Hitze des Fiebers unerträglich war, liefen sie in die Flüsse und Seen, um sich
abzukühlen. Daraufhin gingen die meisten von ihnen
zugrunde. Das Land war gewissermaßen entvölkert,
nach Meinung der Eingeborenen waren weitaus mehr
als die Hälfte gestorben, und die Zahl der übrig geblie-
benen Zelte ließ vermuten, daß etwa drei Fünftel umka-
men. Verzweiflung und Verzagtheit mußten der aktiven
Jagd weichen, um Nahrung, Kleidung und das Notwen-
digste für die Lebensbedürfnisse zu beschaffen. Denn
infolge ihrer Krankheit hatten sie nahezu alles, was sie
besaßen, wie gewohnt, dem guten und dem bösen Geiste angeboten, um ihr Leben zu retten, und waren in gewisser Weise von allem entblößt. Alle Wölfe und
Hunde, welche sich an den Leichen der an den Pocken
Verstorbenen gütlich getan hatten, büßten ihr Fell ein,
namentlich an den Flanken und auf dem Bauche, und
selbst sechs Jahre danach fand man noch Wölfe in diesem Zustande, deren Fell wertlos war. Die Hunde starben meist daran.

Mit dem Tode der Indianer trat ein Umstand ein, für
welchen es keine Erklärung gab und nach aller Voraus-
sicht auch nie geben wird. Ich erwähnte bereits, daß die
Indianer vor dieser furchtbaren Krankheit zahlreich waren, und Bison, Elch, Hirsch, Rentier und anderes Rotwild waren es um so mehr, und es gab frisches und ge-
trocknetes Fleisch in Überfülle. Dies alles war im
Bewußtsein der Fellhändler und der Indianer noch lebendig, und Händler wie Indianer bemerkten, daß nach
dem Tode so vieler Eingeborener, welcher sie auf eine
derart geringe Anzahl reduziert hatte, die ungezählten
Bison- und Rotwildherden in den Wäldern und den Ebenen gleichfalls verschwanden. Und die Indianer in der
Umgebung des Cumberland-Hauses berichteten das
nämliche von den Elchen, und die Schwäne, Gänse, En-

ten und Möwen würden die Seen nicht mehr so zahlreich aufsuchen wie sonst. Und wo sie während des Frühsommers eine Überfülle an Eiern gefunden hätten, müßten sie jetzt danach herumsuchen.

Da ich zu jener Zeit nicht im Lande war, kann ich nur die bestätigenden Ausführungen der Händler und der Eingeborenen wiedergeben, welche kein Interesse daran haben konnten, über diesen traurigen Zustand im Lande zu erzählen. Ich kam am Anfang des September 1784 in dieses Land und vermag erst von dieser Zeit an aus meiner persönlichen Kenntnis zu sprechen.

Im Oktober des Jahres darauf wurden sechs Männer und ich selbst mit einem kleinen Satze von Waren ausgerüstet; wir sollten die Piegan-Indianer ausfindig machen und bei ihnen den Winter zubringen, um sie dazu zu bewegen, Pelztiere zu jagen, getrocknete Vorräte anzulegen und so viele wie möglich anzuregen, zu den Niederlassungen zum Tauschhandel zu kommen und auch die Felle jener mitzubringen, welche nicht selbst kommen wollten. Jeder von uns hatte ein Pferd und einige hatten zwei. Unser Weg führte durch ein schönes, leicht welliges Land – die Erhebungen waren zu niedrig, als daß sie den Namen »Hügel« verdienten –, überall von schönem kurzem Grase überzogen, unterbrochen von Bodenwellen oder Baumgruppen, welche wie kleine Inseln anmuteten. Ungefähr am zehnten Tage langten wir bei der »One Pine« an. Sie war dereinst ein schöner, stattlicher Baum von zwei Faden Umfang gewesen, welcher inmitten einer Baumgruppe von Espen wuchs; und weil er ganz alleine dastand und es außer ihm im Umkreise von mehr als 100 Meilen sonst keine Kiefern gab, war er mit abergläubischer Ehrfurcht betrachtet worden. Als die Pocken auftraten, stellten einige Piegans ihre Zelte in seiner Nähe auf. Und das Oberhaupt einer Zeltfamilie richtete in seiner Not seine Gebete an den

Bison

Baum, damit dieser sein Leben und das seiner Familie
rette, verbrannte Süßgras und bot ihm auf den Wurzeln
seine drei Pferde zu Diensten an, am folgenden Tage deren Geschirr, seinen Bogen und den Köcher mit den
Pfeilen, und am dritten Morgen, da er nichts mehr besaß
als eine Schüssel Wasser, diese Schüssel. Nun erkrankte
er und mußte liegen. Von seiner großen Familie über-

lebten nur er selbst, eine seiner Frauen und ein Junge. Sobald er wieder zu Kräften gekommen war, nahm er der »One Pine« die Pferde und alles, was er ihr sonst noch angeboten hatte, wieder weg, steckte seine kleine Axt in den Gürtel, erklomm die Kiefer bis zu etwa zwei Dritteln ihrer Höhe und hieb sie dort ab, aus Rache, weil sie seine Familie nicht gerettet hatte. Da wir nun an ihr vorüberkamen, waren die Äste verdorrt, und der Baum begann abzusterben.

23 Tage lang marschierten wir durch schöne Landstriche und hielten Ausschau nach den Indianern. Wir sahen dabei keine anderen Tiere als Bisonbullen, von welchen wir einige erlegten und so unsere Nahrung beschafften.

Auf der Südseite des Bogen-Flusses (Bow River), welche wegen ihres zarten Grases ein Lieblingsplatz der Bisons ist, stießen wir auf ein Lager. Doch bei diesem Lager gab es nur die Nahrungsmittel der täglichen Jagd, und unser häufiges Weiterziehen führte uns durch ein ausgedehntes Gebiet, in welchem wir die Bisons jedoch selten zahlreich antrafen. Verschiedene Lager, mit denen wir in Berührung kamen, befanden sich in dem nämlichen Zustande wie dasjenige, bei welchem wir wohnten. Mit Recht wird gesagt: Wenn die Bevölkerungszahl abnimmt, steigt die Zahl der Tiere auf der Erde. Aber in dieser Notlage sahen die Eingeborenen außer dem Bären das Vorkommen aller Tiere zurückgehen. Und Vorräte an Trockenfleisch, welche es zuvor in solchem Überflusse gegeben hatte, daß sie sich nicht mehr handeln ließen, waren nun so begehrt wie Felle. Die Nachforschungen von verständigen Fellhändlern bei den Eingeborenen über diese Situation der Tiere war zwecklos. Die Eingeborenen antworteten nur, der Große Geist, welcher dieses Unglück über sie gebracht hätte, habe auch die Tiere in demselben Ausmaße weggenommen, wie man ihrer nicht bedurfte. Und sie gaben zu verstehen, daß die Bisons und das Rotwild nur für ihren Bedarf geschaffen und bestimmt seien, und gäbe es keine Menschen, so gäbe es auch keine Tiere. Die Bisons sind unstet, ziehen von Ort zu Ort über die Great Plains, aber der Elch und anderes Rotwild bleiben angeblich innerhalb eines bestimmten Gebietes, welches sie nicht freiwillig verlassen, bei allen jedoch war die Anzahl gesunken. Einige Jahre später reiste ich fast durch dieselbe Gegend und fand die Bisons bei weitem zahlreicher.

*

Die Überquerung der Rocky Mountains

Ich glaube, über das Land östlich der Rocky Mountains habe ich genug gesagt. Deshalb wende ich mich jetzt deren Westseite zu. Die Piegans hatten uns beobachtet, um zu verhindern, daß wir die Rocky Mountains überquerten und die Eingeborenen auf der anderen Seite mit Waffen ausrüsteten. Geraume Zeit gelang ihnen dies auch, und wir gaben schließlich den Handelsposten in der Nähe der Rocky Mountains im Frühjahr 1807 auf.

Die Ermordung zweier Piegan-Indianer durch Captain Lewis von den Vereinigten Staaten veranlaßte die Piegans jedoch, zum Missouri zu ziehen, um deren Tod zu rächen. Dies bot mir die Gelegenheit, die Rocky Mountains auf dem Weg über die Schlucht des Saskatchewan zu überqueren, um zu den Quellwassern des Columbia River zu gelangen. Dort bauten wir im August 1807 Blockhäuser (insbesondere das Kutenai-Haus), welche wir an drei Seiten mit starken Pfählen stützten, während die vierte Seite auf dem steilen Ufer des Flusses ruhte. Die Balken, Palisaden, Bollwerke usw. des Hauses stammten von einer besonders harten und harzhaltigen Kiefernart mit rauher, schwarzer Borke. Sie war etwa 20 Fuß hoch und makellos gewachsen. Ihre Krone bestand aus langen, wirr in den Himmel ragenden Ästen, und sie besaß lange, schmale Nadeln, welche sie jährlich abwarf und die sich von Grün zu Rot färbten. Die Palisaden und desgleichen die Balken der Häuser waren alle kugelsicher.

Gegen das Ende des Monats August und während des Winters trifft man viele Rentiere und Maultierhirsche und einige Bergschafe an. Die Schneeziegen mit ihrem langen, seidigen Felle waren schwer zu jagen, denn sie grasten an den höchsten Stellen der Berge, und die Eingeborenen erzählen, daß sie boshaft seien, weil sie Steine auf die Menschen herabließen. Während des Sommers und zu Beginn des Monats August ward nur wenig Rotwild erlegt. Wir hatten sehr harte Zeiten und mußten etliche Pferde schlachten, wobei wir dafürhielten, daß das Fleisch des zahmen Pferdes besser schmecke als das des Wildpferdes, da das Fett nicht so ölig war. Endlich stellten sich auch die Lachse ein, und von ihnen ernährten wir uns etwa drei Wochen. Zu Anfang fanden wir sie in leidlichem Zustande vor, obgleich sie 1 200 Meilen vom Meere heraufgestiegen waren, und manche wogen 25 Pfund. Aber sowie die Laichzeit fortdauerte, wurden sie mager und ungenießbar. Dem zogen wir das Pferdefleisch vor. Da die Stelle, an welcher sie ablaichten, seicht und das Wasser klar war und rasch floß, sahen wir ihnen oft zu. Das Weibchen räumte mit seinem Kopfe den Kies beiseite und bereitete eine Grube von etwa einem Zoll oder mehr an Tiefe und einen Fuß lang, um seinen Laich dort abzulegen, wonach das Männchen mehrere Male darüber hinwegschwamm. Dann füllten beide die Grube gut mit Kies zu. Die Indianer behaupten – und alles spricht dafür –, daß kein einziger von den Myriaden von Lachsen, welche den Fluß heraufsteigen, jemals zum Meere zurückkehrt: Nach der Laichzeit säumten sie die Flußufer, und sie waren in einem mageren, sterbenden Zustande. Aber selbst in diesem Stadium essen viele Indianer sie. An manchen Stellen der Columbia-Fälle fischen die Indianer den Lachs mit dem Speere, und alles, was über den Tagesbedarf hinausgeht, wird zerteilt und im Rauche getrocknet, entweder in behelfsmäßigen Hütten oder in ihren *Wigwams*, und oft trocknen sie genug Fische, um mit anderen Stämmen handeln zu können. Wenn sie im Rauche der Espe oder anderer sommergrüner Bäume getrocknet wurden, befand ich sie für gut; waren sie hingegen in dem harzhaltigen Holze der Kiefernarten getrocknet, so schmeckten sie streng und unbekömmlich.

In meiner neuen Behausung – Kutenai-Haus (50° 32′ 24″ nördlicher Breite und 115° 51′ 40″ Länge westlich von Greenwich, Nadelabweichung 24½° Ost) – führte ich ein beschauliches Leben: Ich jagte Wildpferde, fischte und erforschte die Umgebung. Über den Paß oberhalb der Quelle des Saskatchewan kam auf Pferden eine Warenladung für den Handel bei uns an. Die Hälfte davon sandte ich unter der Leitung von Mr. Finan McDonald auf dem McGillivray's River (später Kootenay River genannt) zu einem ansehnlichen See, um dort einen Handelsposten zu errichten. Die Jahreszeit war schon fortgeschritten. Um die Mitte des August überquerten zwei Piegans die Rocky Mountains zu Fuß und kamen zum Hause, um zu sehen, wie es gelegen war. Ich zeigte ihnen die starken Pfähle und Bollwerke und gab ihnen zu verstehen, daß ich wüßte, sie wären als Spione gekommen und beabsichtigten, uns zu töten. Ich sprach: »Ich weiß, daß ihr als Spione gekommen seid und uns töten wollt, doch ehe euch dies gelingt, werden viele von euch sterben. Geht zurück zu euren Stammesbrüdern und sagt ihnen das.« Dies taten sie auch, und wir wurden während des folgenden Winters in Ruhe gelassen.

Ich wußte um die Gefährlichkeit des Ortes, an welchem wir uns aufhielten, vermochte es aber nicht zu ändern. Sobald die Rocky Mountains passierbar waren, sandte ich Mr. McDonald und einige Männer mit Fellen, unter welchen sich auch 100 Felle von Schneeziegen befanden, auf den Weg. Das Fell der Schneeziege ist einen Fuß lang und seidig und von weißer Farbe. An seinem Rande zeigt es jedoch einen zarten Hauch von Gelb. Einige der selbstherrlichen Teilhaber der Gesellschaft verspotteten das Vorhaben, einen solchen Artikel auf den Londoner Markt zu bringen. Dann aber gingen sie hin und verkauften die Felle sofort für eine Guinee das Stück und um die Hälfte mehr bei der nächsten Partie. Aber danach gab es keine mehr. Die nämlichen Teilhaber schrieben mir dann, ich solle so viele wie möglich beschaffen, und ich antwortete ihnen darauf, daß die Jagd auf diese Tiere gefährlich und mühevoll sei; und wegen ihres Spottes bekämen sie gar keine mehr – und ich hielt Wort.

Ich mußte nun auf einen bedenklicheren Besuch der Piegans vorbereitet sein, welche einen Kriegsrat abgehalten und beschlossen hatten, einen Unteranführer mit 40 Männern auszusenden, um den Handelsposten und uns mit ihm zu vernichten. Sie kamen und schlugen ihre Zelte ganz nahe dem Tore auf, welches fest verriegelt war. Ich hatte sechs Männer bei mir und zehn geladene Gewehre, und in die Balken des Hauses hatten wir überall große Gucklöcher gebohrt, desgleichen in die Bollwerke. Drei Wochen verharrten die Indianer so, ohne einen Angriff zu wagen. Wir besaßen noch einen kleinen Vorrat an Trockennahrung, mit dem wir so lange wie möglich auszukommen suchten. Die Piegans führten im Sinne, uns »auszutrocknen«, denn die Böschung, auf welcher unser Haus stand, war etwa 20 Fuß hoch und sehr steil. Aber des Nachts ließen wir leise und sanft zwei Messingkessel, welche je vier Gallonen faßten, an einem starken Stricke in den Fluß hinab und zogen sie gefüllt wieder empor, und das reichte für uns.

Die Piegans wußten nicht, was sie anfangen sollten, denn *Kootanae Appee*, der Kriegshäuptling, hatte öffentlich zum Anführer dieses Trupps (welcher entgegen seinem Rate gebildet worden war) gesagt, er solle daran denken, daß Männer seiner Obsorge anvertraut waren, welche er wieder zurückbringen mußte, und daß er ausgeschickt worden sei, um die Feinde zu vernichten, jedoch nicht, um seine Männer zu verlieren. Da sie uns stets wachsam fanden, erschien es ihnen nicht angezeigt, ihr Leben zu riskieren, und nach drei Wochen brachen sie plötzlich ihre Zelte ab. Ich hielt es für eine Kriegslist, hörte aber später, daß einige von ihnen auf der Jagd ebenfalls jagende Kutenai gesehen hatten. Und weil das, was sie getan hatten, einen Akt der Aggression bedeutete, ähnlich einer kriegerischen Handlung, brachen sie ihre Zelte ab, um die Rocky Mountains zu überqueren und sich wieder ihrem Stamme anzuschließen, solange noch alles in Ordnung war.

Die erfolglose Rückkehr dieses Trupps löste großes Aufsehen bei den Piegans aus. Der Friedenshäuptling hielt eine flammende Rede und schlug vor, einen starken Kriegstrupp unter dem Kriegshäuptling Kootanae Appee aufzustellen und die Weißen und die Eingeborenen auf der Westseite der Rocky Mountains unmittelbar zu überwältigen, ehe sie sich bewaffnen könnten: »Sie waren immer schon unsere Sklaven (Gefangenen), und nun wollen sie vorgeben, uns gleich zu sein. Nein, das dürfen wir nicht dulden, wir müssen sie sofort vernichten! Wir wissen, daß sie verwegene Männer sind, und müssen sie vernichten, ehe sie uns zu mächtig werden.« Und der Kriegshäuptling sagte kühl: »Ich werde den Kampf anführen nach dem Willen des Stammes, aber wir können nicht rauchen und den Großen Geist um Erfolg bitten, wie wir dies sonst zu tun pflegen, denn es ist nun schon zehn Winter her, daß wir mit den Kutenai Frieden geschlossen haben, und sie haben bei uns gelagert und mit uns gejagt. Weil sie jedoch Gewehre haben und Pfeile mit Spitzen von Eisen, müssen wir unser Wort des Friedens mit ihnen brechen. Wir sind nun aufgerufen, mit einem Volke Krieg zu führen, welches besser mit Waffen ausgestattet ist als wir. Ich habe gesprochen.

Indianerhäuptling und Medizinmann

Laßt die Krieger sich rüsten, in zehn Nächten werde ich sie rufen.« Die alten und verständigen Männer tadelten die Rede des Friedenshäuptlings sehr und bemerkten: »Je älter er wird, desto weniger Verstand besitzt er.«

Am Abend der neunten Nacht hielt der Kriegshäuptling eine kurze Rede. Er ermahnte die Krieger und ihre Anführer, ihre Waffen in gutem Zustande zu haben und die getrockneten Nahrungsmittel nicht zu vergessen, und nannte einen Ort: »Dort werde ich am Abend des morgigen Tages sein und fünf Nächte auf diejenigen warten, welche mit mir gehen wollen.« Am Ende der fünf Tage versammelten sich ungefähr 300 Krieger unter drei Anführern und nahmen ihren Weg über die Rocky Mountains. Sie kamen über den Hirsch-Fluß (Stag River) und die Schlucht eines anderen Flusses mit demselben Namen zum Columbia River und auf ihm bis etwa 20 Meilen von mir entfernt. Wie gewöhnlich sandten sie zwei Männer über einen anderen Paß der Rocky Mountains, welche die Stärke des Hauses erkunden sollten. Ich führte sie überall herum, und sie verbrachten die Nacht bei uns. Deutlich erkannte ich, daß wieder ein Kriegstrupp gebildet ward, welcher besser angeführt sein sollte als der erste, und bereitete Geschenke vor, um dies zu verhüten. Am folgenden Morgen kamen zwei Kutenai-Männer, und ihre Augen starrten wild wie Tigeraugen auf die Piegans. Das war sehr günstig. Ich bedeutete ihnen, sich zu setzen und zu rauchen, was sie taten.

Dann rief ich die zwei Piegans vor das Haus und erkundigte mich, welchen Rückweg sie zu nehmen gedächten, und sie wiesen nach Norden. Ich befahl ihnen, zu Kootanae Appee und seinem Kriegstrupp zu gehen, welche nur eine Tagesreise von uns entfernt lagen, und ihnen die Geschenke zu überbringen. Und zwar sollten sie sich sofort auf den Weg machen, denn ich könne sie nicht beschützen: »Ihr wißt, daß ihr als Feinde in diesem Gebiete seid.« Die Geschenke bestanden aus sechs Fuß Tabak für den Häuptling, damit er mit ihnen gemeinsam rauchen könne, drei Fuß Tabak mit einem schönen Pfeifenkopfe aus rotem Porphyr und einem verzierten Stiele, 18 Zoll Tabak für jeden der drei Anführer und ein wenig für jeden von ihnen selbst.

Ich sagte ihnen, daß sie kein Recht hätten, sich im Lande der Kutenai aufzuhalten, und sich beeilen sollten, denn bald wären die Kutenai hier, und diese würden um ihren Handelsposten kämpfen. Was die Piegans betraf, so hatte ich zum Glücke richtig vermutet. Da ich mit den Indianern und ihren Gewohnheiten, dem Land und den Jahreszeiten eng vertraut war, zog ich meine Schlüsse daraus und handelte nach Wahrscheinlichkeiten. Wie mir später berichtet ward, gingen die beiden Piegans geradewegs zu dem Lager des Kriegstrupps, überbrachten die Geschenke und setzten sich zu den anderen, worauf der Kriegshäuptling ausrief: »Was sollen wir mit diesem Manne anfangen! Unsere Frauen vermögen nicht einmal ein paar Schuhe zu flicken, ohne daß er es sieht.« – Womit er auf meine astronomischen Beobachtungen anspielte. Sodann legte er nachdenklich Pfeife und Stiel und die Bündel Tabak auf den Boden und sprach: »Was ist damit zu tun? Wenn wir noch weiter vordringen, dürfen wir das, was hier vor uns liegt, nicht annehmen.«

Der älteste der drei Anführer äugte sehnsüchtig zum Tabak hin, von welchem sie keinen besaßen, und endlich sagte er: »Ihr alle kennt mich, ihr wißt, wer ich bin und was ich bin. Ich habe feindliche Zelte angegriffen, mein Messer schnitt sie entzwei, und unsere Feinde vermochten sich nicht gegen uns zu wehren, und ich bin bereit, dies wieder zu tun. Doch hinzugehen und gegen Balken aus Holz zu kämpfen, welche eine Kugel nicht zu durchdringen vermag, und gegen Leute, die wir nicht sehen können und mit denen wir Frieden haben, das widersteht mir. Ich gehe nicht weiter.« Sodann schnitt er ein Bündel Tabak auf, füllte den roten Pfeifenkopf, montierte den Stiel daran und reichte die Pfeife Kootanae Appee mit den Worten: »Nicht du hast uns hierher gebracht, sondern der dumme Sakatow (Friedenshäuptling), welcher selbst nie in den Krieg zieht.«

Und sie rauchten alle, nahmen den Tabak und kehrten zurück, sehr zur Genugtuung von Kootanae Appee, meinem steten Freunde. Vermittels der Gnade der gütigen Vorsehung wandte ich diese Gefahr also ab. Der Winter zog ein, Schnee bedeckte die Rocky Mountains, und so waren wir in Sicherheit.

Zu beiden Seiten der Rocky Mountains halten die Indianer ihre Reden in klarer und offener Sprache, vernünftig und auf die Sache gerichtet, und manchmal wiederholen sie einige Sätze zwei- oder dreimal, um damit den Zuhörern den Gegenstand der Rede einzuschärfen. Nie vernahm ich jedoch eine Rede in einem so blumigen, schwülstigen Stile, wie ich sie oft von den Weißen veröffentlicht sah oder gesprochen hörte, auf welche er ja eine Wirkung ausüben sollte. Auch wenn wir vermittels der Gnade der Vorsehung bisher der Gefahr entronnen waren, erkannte ich die Gefährlichkeit meiner Situation. Deshalb traf ich zu Beginn des darauffolgenden Frühjahrs Vorkehrungen, den Ort zu verlassen.

Die Reise vom Kutenai-Haus zum Regensee-Haus und zurück

Gemäß meinem Tagebuche von 1808 verließ ich das Kutenai-Haus am 20. April mit vier Männern und marschierte bis zu den Seen, den Quellen des Columbia River. Wir trugen alles ungefähr vier Meilen über eine schöne Ebene zum McGillivray's River, bei welchem wir unsere Kanus bestiegen und flußabwärts fuhren, um nach Indianern Ausschau zu halten. Dort, wo die felsigen Ufer den Strom etwas verengten, gab das Wasser ein Zischen von sich, als wäre es gänzlich mit kleinen Eiszapfen angefüllt. Ich erforschte die Wasseroberfläche und entdeckte, daß sich darin eine Fülle kleiner Strudel von etwa zwei Zoll Durchmesser bewegte, welche mit der Strömung dahintrieben und gegeneinander stießen, was das zischende Geräusch hervorrief. Wir fuhren weiter zum Kutenai-See, welchen wir am 14. Mai erreichten, nachdem wir uns viel Zeit gelassen hatten, um nach Indianern Ausschau zu halten, die wir endlich nahe dem See fanden. Das Befahren des Flusses war infolge gewaltiger Wirbel und Strudel sehr gefährlich. Sie bedrohten uns mit dem sicheren Tode, und nur durch kräftiges Paddeln entkamen wir ihnen, indem wir uns in der Mitte des Flusses hielten.

22. April. Selbst hier, auf 50° 10′ nördlicher Breite, trugen die Weiden und die Stachelbeeren bereits schöne Blätter. Auf der Jagd hatten wir keinen Erfolg, erlegten aber einen Berglöwen oder Puma. Sein Fleisch schmeckte gut, war weiß und an Menge ähnlich dem der Gabelantilope, die Leber fett, und die beiden Männer, welche sie aßen, litten zwei Stunden an heftigem Kopfschmerze, der aber wieder verging. Die Indianer sagen, es sei die Gewohnheit dieses Tieres, in Deckung zu liegen und dann auf den Rücken des Rotwildes zu springen, an welchem es sich mit seinen Krallen festhält und die hintere Nackenschne durchtrennt, wodurch das Rotwild eine leichte Beute wird.

Der See, von welchem ich sprach, ist etwa drei bis vier Meilen breit und von hohen Bergketten eingeschlossen, auf denen viel Schnee lag. Entlang dem Flusse stehen an manchen Stellen sehr schöne Waldungen mit Lärchen, Rottannen, Erlen, Platanen und anderen Hölzern. Bei einer der Lärchen maß ich fünfeinhalb Fuß über dem Boden einen Umfang von 13 Fuß und 150 Fuß makellosen Wuchses mit einem schönen Wipfel. Dies war jedoch nur eine von vielen Hunderten. Ich konnte nicht umhin zu denken, welch prachtvolles Holz für die Marine in diesen Wäldern stand, ohne daß es auf den Markt gebracht werden konnte. Außerdem sah ich noch schöne Kiefern, Zypressen, Lebensbäume, Pappeln, Espen und Weiden.

Bei den Kutenai-Fällen (Kootenay Falls) mußten wir alles auf der rechten Seite das steile Felsufer hinauftragen, zwischen großen Felsblöcken – offenbar Basalt – hindurch. Die Böschung war stark geneigt, und unser holperiger Weg inmitten groben Gerölles lag etwa 300 Fuß über dem Flusse. Das geringste Ausgleiten hätte den sicheren Tod bedeutet. Als wir alles etwa eine Meile getragen hatten, gelangten wir an einen Bach, wo wir unsere Zelte für die Nacht aufstellten. Für diese eine Meile über Gesteinstrümmer hatten wir eineinviertel Stunden benötigt, und unsere Schuhe waren ganz zerfetzt. Die Böschung dieses Baches war etwa 200 Fuß hoch, und wir mußten an einem jähen Abhange hinab, welcher voll von Felsblöcken war, auf denen kein Stäubchen Sand oder Erde lag, um unseren geschundenen Füßen Erleichterung zu verschaffen. Von dem Bach aus mußten wir alles Gepäck noch eine Meile bis zum Flusse tragen, zu dem wir durch eine Schlucht hinunterstiegen. Der Fluß hatte steile Felsufer und war nur 30 Ellen breit. Und diese ganze Breite füllten heftige Strudel aus, welche uns mit dem Tode bedrohten, und bei jeder Flußenge war es ebenso. Die Strömung war stark, doch wenn man die Oberfläche betrachtete, ließen die Strudel es so aussehen, als würde sie sich wieder genauso weit zurück bewegen, wie sie sich vorwärts bewegte. Dort, wo der Fluß 100 Ellen breit ist, und auch weiter flußaufwärts, ist die Strömung sanft und sicher.

Am Abend stießen wir auf die Überreste einer Gabelantilope, an welchen sich gerade ein Adler gütlich tat. Wir nahmen sie, obgleich sie schon ziemlich verdorben war, mit. Da wir jedoch hungrig waren, kochten wir sie und aßen davon, worauf uns allen übel ward. Hätten wir Zeit gehabt, Holzkohle zu brennen und diese mit dem Fleische zu kochen, wäre das Verdorbene von dem Fleische genommen worden. Am folgenden Tage kamen wir zu zehn Hütten der Kutenai und der See-Indianer. Sie konnten uns nichts geben außer einigen getrockneten Karpfen und etwas Moosbrot. Dieses wird aus einem guten schwarzen Moose bereitet, welches man auf der Westseite der Rocky Mountains an der Rinde einer harzhaltigen, grobborkigen Tanne und auch an der Lärchenrinde findet. Es ist etwa sechs Zoll lang und beinahe so feinfädig wie Haupthaar. Es wird gewaschen, gestampft und dann gebacken, wodurch es zu einem Fladen aus schwarzem Brote wird, welches leicht bitter schmeckt, dem Hungrigen jedoch willkommen und den Indianern in Notzeiten von großem Dienste ist. Ich konnte nie Geschmack daran finden, aber es enthält genügend Nährstoffe, um jemanden am Leben zu erhalten. Die Indianer teilten uns mit, daß 47 Piegans vor einigen Tagen die Rocky Mountains überschritten und ihnen 35 Pferde gestohlen hätten, wobei der alte Häuptling der Kutenai einen Piegan getötet habe. So wird der Krieg fortgesetzt, weil die alten Männer die jungen Männer nicht zu lenken vermögen.

14. Mai. Bis heute hatten wir das Fleisch von einigen kleinen Antilopen, Moosbrot und getrockneten Karpfen zu essen, eine dürftige, grobe Kost, denn die Karpfen waren vom Fange des vorigen Jahres und schmeckten alt. Infolge der Schneeschmelze in den Bergen war das Wasser um sechs Fuß angestiegen und überflutete all die schönen weiten Wiesen dieses Gebietes. Nun schickten wir uns zum Rückweg an. Alle See-Indianer, auf welche wir hier trafen, bedienen sich während der eisfreien Zeit der Kanus, welche sie aus der Rinde der Weißkiefer oder der Lärche herstellen. Die Kanus halten zwei Jahre lang, sind jedoch schwer zu tragen. Die innere (also dem Stamme zugewandte) Seite der Rinde bildet die Außenseite des Kanus, welches aus einem Stücke gefertigt und an beiden Enden zugespitzt ist. Seine Länge beträgt im allgemeinen bis zu 20 Fuß, bei 24 bis 30 Zoll bis zum mittleren Querbalken. Wir dingten ein Kanu und zwei Männer, die uns über die überfluteten Wiesen führen sollten, um so auch die Strömung des Flusses zu meiden, von welchem wir wußten, daß er unbefahrbar war. Deshalb legten wir etliche kurze Tragstellen über noch trockene Streifen Landes an. Am 16. Mai begegneten wir zwei Kanus mit Indianern und handelten von ihnen zwölf abgesengte Bisamratten und Stücke Antilopenschulter ein: dankbar für die Abwechslung nach dem Moosbrote, von welchem wir schon alle Bauchschmerzen hatten.

Als ich am *19. Mai* feststellte, daß das Land zu sehr überschwemmt war und es keinem der verschiedenen Indianerstämme in unserer Umgebung erlaubte, zu uns zu kommen, kaufte ich Pferde, lud mein Kanu auf, da es

292

unmöglich war, den Fluß gegen die Strömung zu befahren, und ritt durch eine sehr hügelige Gegend zu Lande weiter. Ich dingte einen Kutenai-Indianer als Führer, und er selbst wie auch ich bemühten uns, einen weiteren Mann aufzutreiben, aber niemand wollte die Reise unternehmen.

Am *20. Mai* gelangten wir an einen großen Bach, welcher so tief und reißend war, daß die unbepackten Pferde ihn nicht überqueren konnten. Wir mußten eine hohe Zeder schlagen, welche über den Bach fiel und so zur Brücke ward, über die wir alles hinübertrugen. Alle Pferde mußten wir mit einem starken Stricke aus Tierhaut hinüberziehen. Wir stiegen die Uferböschung hinauf und stellten die Zelte auf. Unser Führer ging auf die Jagd und kehrte am Abend erfolglos wieder, und weil wir müde waren, legten wir uns schlafen. Früh am nächsten Morgen erlegte er eine kleine Gabelantilope, was ein Segen für uns war. Unser Führer verließ uns nun und ging zu seinem Lager zurück. Wir blieben in diesen Bergen ohne Nahrungsmittel oder einen Führer in einer traurigen Lage. Die Schneeschmelze hatte jeden Bach zu einem reißenden Strome anschwellen lassen und machte es unmöglich, die üblichen Pfade zu benutzen. Und wir beteten zum Allmächtigen, uns zu erlösen.

Am *22. Mai* warteten wir mit schwacher Hoffnung auf die Rückkehr des Führers, und um zehn Uhr vormittags entsandte ich zwei Männer zum Lager der Kutenai und der See-Indianer, um einen neuen Führer zu beschaffen. Bei ihrer Ankunft hielt der Häuptling der See-Indianer, »Häßlicher Kopf« (*Ugly Head* – er ward wegen seines krausen Haares so genannt), eine Rede, in welcher er seinen Stammesbrüdern wegen ihres Mangels an Mut bittere Vorwürfe machte und ihrem feigen Verhalten das unsere entgegenhielt, die wir jede Mühsal und Gefahr auf uns nähmen, um ihnen Waffen, Munition und

all das zu bringen, wessen sie sonst noch bedürfen. So
rief er sie auf, einen oder zwei Männer zu finden, welche gut bezahlt würden, doch sein Aufruf blieb ohne
Antwort. Zu groß waren die Gefahren der Berge um
diese Jahreszeit und ihnen zu wohlbekannt. Ich selbst
hatte das nicht bedacht, bis es zu spät war. Da er auf
seine Aufforderung an sie keine Antwort erhielt, sprach
er: »Solange ich am Leben bin, werden die Weißen Männer, welche mit Waren zu uns kommen, nicht in den
Bergen infolge des Mangels an einem Führer und einem
Jäger zugrunde gehen. Da eure Herzen alle schwach
sind, werde ich selbst mit ihnen reisen.« Er hielt Wort,
und am Abend des 24. Mai kam er mit zwei Männern,
und ich dankte Gott, denn meine Lage war sehr besorg-
niserregend. Ich war nun gänzlich erleichtert, denn ich
kannte den mannhaften Charakter des Häuptlings der
See-Indianer und setzte mit Recht Vertrauen in ihn.

Am *26. Mai* brachen wir, wie gewöhnlich, sehr früh
auf. Unser Führer jagte erfolglos. Bald erreichten wir
einen Fluß mit starker Strömung, welcher die tief gelegenen Gebiete überflutete. Wir stiegen an seinem unwegsamen Ufer hinauf, unser Führer eilte uns voraus, und
um halb fünf Uhr nachmittags kam er zu uns und teilte
uns mit, daß wir nicht weitergehen könnten, sondern ein
Kanu bauen müßten, um den Fluß zu überqueren, denn
die Berge seien zu steil. Müde und hungrig machten wir
uns schweren Herzens an die Arbeit und bereiteten alles
Material vor, um es am nächsten Morgen zusammenzu-
setzen. Am Abend kam unser Führer dann wieder zurück und war recht unentschlossen, was zu tun sei. Das
scharfkantige, rauhe Felsgestein hatte die Hufe unserer
Pferde zerschnitten, und weil sie bluteten, vermochte
man ihrer Spur zu folgen. Am 27., dem anderen Morgen
also, meinte unser trefflicher Führer, wir sollten doch
kein Kanu bauen, sondern es weiter flußaufwärts über

die Berge versuchen. Also machten wir uns auf, uns durch pfadlose Waldflecken einen Weg zu suchen, wobei unsere Pferde und wir selbst bereits entkräftet und müde waren. Endlich gelangten wir auf besseren Boden und auf einen Pfad, welcher uns zu einem reißenden Bache führte, den unsere Pferde nicht überqueren konnten, und so mußten wir über leidlich wegsamen Boden mit kleinen Zypressenwäldern weitermarschieren. Am späten Nachmittage trafen wir auf eine Indianerfamilie, von der wir eine Schüssel voll kleiner getrockneter Forellen, zwei Pfund getrockneten Fleisches und vier Fladen von sehr sauberem, wohlzubereitetem Moosbrote erhielten, bei weitem das beste, welches uns bisher gegeben ward. Wir waren sehr hungrig, und gierig verzehrten wir Fische, Fleisch und einen Fladen Moosbrot. Unser Führer sagte, wir sollten hier unser Lager für die Nacht aufschlagen, und er würde Auskünfte über den Weg über die Rocky Mountains einholen. Heute haben wir ungefähr zehn Meilen an direkter Entfernung zurückgelegt, jedoch unter so großen Mühen, als wären es 20 gewesen.

Am *28. Mai* brachen wir sehr früh auf, betraten jedoch bald überschwemmtes Gebiet und mußten uns an die Berge halten, indem wir die Anhöhen hinauf und hinab kletterten, und an die überfluteten, pfadlosen Wälder, in welchen wir bis zur Hälfte im Wasser standen. Bis kurz vor Mittag kamen wir nur langsam voran, dann hielten wir an, um unsere Pferde zu tränken und ausruhen zu lassen, und unser Führer ließ uns wissen, daß wir das überschwemmte Gebiet vorläufig hinter uns gebracht hätten. Dann folgten wir bis zum Abend einem Pfad über annehmbaren Boden. An einem See, aus welchem der Fluß abfließt, stellten wir unsere Zelte auf, nachdem wir 14 Meilen an gerader Linie in ebenso vielen Stunden marschiert waren.

Am *29. Mai* mußten wir unseren Weg am Flusse aufwärts fortsetzen, um eine Stelle zu finden, an der wir ihn überqueren konnten. Die Gegend, durch welche wir dabei kamen, war einigermaßen wegsam, doch es lag viel abgefallenes Holz herum. Gegen Mittag erlegte unser Führer Gott sei Dank eine Gabelantilope, von welcher wir ein herzhaftes Mahl bereiteten. Dann gingen wir weiter und erreichten am Abend eine Stelle, an welcher der Fluß sich verengte, die Strömung aber sehr stark war. Wir stellten unsere Zelte auf, und unser Führer erlegte einen Hirschen, welcher uns Proviant für drei Tage lieferte. Früh am anderen Morgen begannen wir, hohe Zedern und Kiefern umzuhauen, damit sie über den Fluß fielen und eine Brücke bildeten, mittels derer wir den Fluß überqueren konnten. Aber der Strom war so reißend, daß jeder Baum, den wir über ihn warfen, entweder zerbarst oder davongeschwemmt ward. Unsere letzte Hoffnung war eine schöne Lärche von ganzen zwölf Fuß Umfang, welche 24 Fuß vom Flusse entfernt stand. Wir fällten sie, und sie fiel genau über den Fluß, doch infolge des Fallens krümmte sich ihre Mitte, und sie ward von den reißenden Wassern erfaßt. Ihr Wipfel ward vom gegenüberliegenden Ufer weggeschwemmt, ihr unteres Ende von vier Fuß Durchmesser vom Boden fortgetragen, als wäre es ein Strohhalm. Es war Mittag und unsere letzte Hoffnung dahin, also nahmen wir Abstand davon, den Fluß zu überqueren und schritten mit unseren Pferden weiter flußaufwärts bis zum Fuße eines steilen Hügels, wo der Fluß sich in fünf Arme teilte.

Der Arm, welcher dem anderen Ufer am nächsten lag, führte mit seiner ungestümen Strömung das meiste Wasser, und auf seiner uns zugewandten Seite hatte er einen Haufen Treibholz angeschwemmt. An dieser Stelle überquerten der Führer und einer der Männer den Flußarm, und über den fünften Flußarm mußten die Pferde schwimmen. Also schlugen die Männer etliche Espen um, welche eine Brücke zu dem Treibholze bilden sollten, doch alle brachen entzwei oder wurden von der Strömung mitgerissen. Ich hatte etwa 300 Pfund schöne Felle, welchen das Wasser geschadet haben würde, und war ratlos, was ich tun sollte. Die vier Arme bis zu dem Treibholzhaufen konnten wir leicht überqueren, und auf ihn legten wir all unsere Sachen. Nun hatten wir keine andere Wahl mehr, als alles, so schnell wir dies vermochten, zu kleinen Bündeln zusammenzuschnüren, um es an einem Seil aus Bisonhäuten, welches sich im Wasser jedoch ausdehnt und schwach wird, hinüberzuziehen. (Ein Hanfseil hingegen zieht sich im Wasser zusammen und wird stärker.) Auf diese Weise beförderten wir alles hinüber bis auf ein großes Bündel, welches etwa 60 Pfund Biberfelle enthielt, und noch das wenige Gepäck von zweien der Männer. Da riß das zu sehr ausgedehnte Seil, und das Bündel mit Biberfellen war verloren. Wir schwammen auf unseren Pferden hinüber und ließen diesen schrecklichen Fluß dank der gütigen Vorsehung bei Sonnenuntergang hinter uns. Am folgenden Tage, an dem schönes Wetter war, breiteten wir alles zum Trocknen aus. Um elf Uhr brachen wir dann auf und gingen den ganzen Tag durch eine schöne Gegend. Am Abend stellten wir unsere Zelte am McGillivray's River auf. Nun beschafften wir uns die Rinde einer hohen Weißkiefer, um ein Kanu daraus zu bauen. Diese Arbeit nahm eineinhalb Tage in Anspruch. Dann überquerten wir den Fluß und folgten seinem Laufe bis zum Skirmish-Bach, welchen wir um drei Uhr nachmittags erreichten. Den Rest des Tages verbrachten wir damit, Bäume als Brücke über den Bach zu schlagen, doch sie wurden fortgerissen. Bei Sonnenuntergang fällten wir eine große Rottanne von ganzen zehn Fuß Umfang. Sie zerbarst, diente jedoch unserem Zwecke, und wenn es auch sehr gewagt war, kamen wir alle hinüber und stellten um acht Uhr abends unsere Zelte auf.

3. Juni. Früh brachen wir auf und überquerten zwei große Bäche, wie immer, indem wir Brücken von gefällten Bäumen über sie schlugen. Erst spät am Abend stellten wir unsere Zelte auf und vernahmen deutlich einen Schuß, welcher etwa eine Meile von uns entfernt abgefeuert worden war. Da wir annahmen, daß er von Feinden stammte, hielten wir während der ganzen regnerischen Nacht unsere Waffen bereit. Am nächsten Morgen suchte unser Führer die Umgebung nach Spuren von Menschen oder Pferden ab, fand jedoch keine. Er erlegte eine Gabelantilope, derer wir bereits dringend bedurften. Wir marschierten bis um fünf Uhr nachmittags, als wir Gott sei Dank die letzte Stelle erreichten, an welcher wir noch einmal den McGillivray's River überqueren mußten. Wieder bauten wir ein Kanu, um übersetzen zu können. Am 5. Juni hatten wir alle Flußüberquerungen bis zur McGillivray's-Tragstelle hinter uns gebracht, welche zur Quelle des Columbia River führt. Hier nahmen wir Abschied von unserem mannhaften Führer und Retter, ohne dessen Hilfe wir die Vorberge der Rocky Mountains, über welche wir gekommen waren, niemals hätten überschreiten können. Er fuhr den Fluß hinab zu seinem eigenen Lande, welches er in zwei Tagen zu erreichen vermochte. Die vorangegangenen Einzelheiten habe ich deshalb so ausführlich erzählt, damit der Leser eine Vorstellung davon erhält, was es bedeutet, zur Zeit der Schneeschmelze durch hochgelegene Berggegenden zu reisen: Die nämlichen Bäche, welche uns so viel Arbeit und Mühe kosten und unter Gefahr überquert werden, führen im Herbst sehr wenig Wasser. Sie sind dann kaum einen Fuß tief, und fast überall kann man durch sie hindurchwaten. Mit dem Lande der Kutenai, welches nun vor uns lag, waren wir vertraut, und am 8. Juni langten wir bei Mr. Finan McDonald und weiteren vier Männern an, welche den Pelzhandel im Winter leiteten. Sie hatten ebenfalls harte Zeiten gehabt und sogar alle ihre Hunde schlachten müssen.

Wir schlachteten ein Pferd, um Proviant zu haben und machten uns auf zu dem Passe, welcher den Übergang über die Rocky Mountains zum Saskatchewan River bildet. Am Ostende des Passes hatten wir ein großes Kanu aus Birkenrinde zurückgelassen, welches wir wieder instand setzten. Die Schneeschmelze hatte den oberen Flußlauf zum reißenden Strome werden lassen. Wir waren drei Mann und ein Chippewa-Indianer, welcher uns vom Regen-Fluß (Rainy River) an als Jäger begleitete. Bei Sonnenaufgang bestiegen wir unser Kanu – unser Jäger saß als Ballast in der Mitte – und paddelten nur, um es zu steuern. In den Bergen und von ihnen herab ist das Gefälle des Flusses stark. Schäumend brandet er gegen jeden Felsen und führt Baumstämme oder Wurzelstöcke in der Strömung mit. Gegen Sonnenuntergang erreichten wir die Craigs, etwa 50 Fuß hohe und steile Kalkwände, an deren Fuße wir das Kanu entluden, alles sicher ans Ufer brachten und dort unsere Zelte aufstellten. Wie gewöhnlich bestand mein Teil der Arbeit darin, das Feuer zu entfachen, während die Männer Holz sammelten. Da alles getan war und der Kessel über dem Feuer hing, bemerkte ich, daß der Indianer, die Hände auf den Knien und den Kopf auf den Händen ruhend, dasaß und meinte, er wäre krank. Ich erkundigte mich, was ihm fehle. Er sah mich an und sagte: »Ich kann es nicht glauben, daß wir von dort, wo wir in den Bergen das Kanu bestiegen, bis hierher in einem Tage gekommen sind. Es müssen zwei Tage sein, doch ich habe nicht geschlafen.« Vermittels meiner Aufzeichnungen fand ich heraus, daß wir 132 Meilen zurückgelegt hatten, den ersten Teil wohl mit einer Geschwindigkeit von zehn Meilen in der

Stunde, während der verstrichenen drei Stunden jedoch nicht schneller als fünf Meilen in der Stunde, da die Strömung mäßig war.

Wir luden die Felle in das Kanu und machten uns zu fünf Mann auf zum Regenfluß-Haus (Rainy River House), wo wir am 22. Juli 1808 anlangten. Dort brachten wir unsere Ladung Felle an Land, stellten dann ein Sortiment an Waren für zwei Kanus zusammen, von welchen wir jedes mit 20 Ballen von je 90 Pfund Gewicht beluden. Darunter mußte ich auch zwei Fäßchen Alkohol mitnehmen, was die Teilhaber (die Herren Donald McTavish und Joe MacDonald of Garth) einfach über meinen Kopf hinweg angeordnet hatten. Denn um von den vielen Übeln der Trunkenheit und von dem traurigen Anblicke betrunkener Menschen frei zu sein, hatte ich es mir selbst zum Gebote gemacht, daß in meiner Begleitung kein Tropfen Alkohol über die Berge gebracht wird. Doch diese Herren bestanden auf dem Alkohole, denn er sei der einträglichste Artikel im Handel mit den Indianern. Ich wußte, daß sie sich darin irrten. Demgemäß lud ich, als wir zum Übergang über die Rocky Mountains kamen, die zwei Fäßchen Alkohol einem bösartigen Pferde auf, und um Mittag waren die Fäßchen leer und in Stücke zerbrochen, denn das Pferd hatte seine Fracht immer gegen die Felsen gescheuert, um sie loszuwerden. Ich schrieb den Teilhabern, was ich getan hatte, und daß ich mit jedem Fäßchen Alkohol auf die nämliche Weise verfahren würde, und während der folgenden sechs Jahre, in welchen ich den Pelzhandel auf der Westseite der Rocky Mountains leitete, ward kein weiterer Versuch unternommen, alkoholische Getränke einzuführen.

Während wir den Saskatchewan hinauffuhren und die Männer die Kanus infolge der starken Strömung ziehen mußten, ging ich voraus, um zu jagen, schoß auf einer niedrigen Kiesfläche eine Hirschkuh an, und während sie verendete, kamen die Kanus heran. Die Männer begannen sie aus der Decke zu schlagen, und einer schärfte ihr das Haupt ab, woraufhin die Hirschkuh hochkam und eine halbe Minute lang auf ihren Läufen stand. Das flößte den Männern solche Furcht ein, daß sie sagten, das Tier sei des Teufels, und sie wollten nichts mehr damit zu tun haben. Ich schärfte mir ein Stück Fleisch für das Abendessen heraus, legte es in ein Kanu und marschierte weiter. Als wir unser Lager aufschlugen, erwartete ich mein Stück Fleisch zum Abendessen, stellte jedoch fest, daß die Männer es in den Fluß geworfen hatten. Mein Diener hatte zu den Männern gesagt: »Möchte er ein Stück vom Teufel essen? Wenn ja, so will aber nicht ich es sein, der es kocht.« Den Indianern sind Fälle von solcher Art bekannt, und sie nennen dies *seepank*, das heißt »voll Lebenskraft«.

Nahe dem höchsten Punkte des östlichen Passes hatten wir das Glück, zwei Bisonkühe zu erlegen. Diese Tiere suchen die engen Schluchten der Rocky Mountains häufig auf, weil es dort frisches Gras, Wasser und keine Fliegen gibt. Sie achten jedoch darauf, nicht durch ungangbare Felsen eingeschlossen zu werden, und wenn man sie jagt, flüchten sie auf das offene Land hinaus. Ich habe aber auch schon gesehen, wie sie, fand man sie an einer Engstelle, zu den felsigen Bergen flüchteten und zu steilen Stellen emporstiegen, auf welchen sie kaum zu stehen vermochten. Der Bison ist ein starkes, ungestümes Tier.

Am 21. Oktober legten wir unsere Kanus für den Winter auf. Sie ruhen auf ihren Borden auf Holzbalken, um sie etwa einen Fuß über dem Boden zu halten, und das Spantenwerk wird leicht gelockert, um zu verhindern, daß die Birkenrinde durch den Frost reißt. Wie ein Hausdach werden Kiefern mit all ihren Ästen über den

Kanus aufgestellt, damit auch nicht die geringste Schneelast auf das Kanu drückt.

Nun reisten wir zehn Tage zu Pferde über den Paß zum Columbia River. Als Jäger begleitete uns ein Chippewa-Indianer, welcher ein wohlgenährtes Bergschaf erlegte. Am Abend des 31. Oktober langten wir am Columbia River an und fanden das Kanu, welches wir dort zurückgelassen hatten, in schlechtem Zustande vor. Auf dieser Reise hatten wir Nahrungsmittel im Überflusse, denn der Jäger hatte einen Bisonbullen und zwei Bisonkühe, desgleichen zwei Ziegen geschossen, von denen uns das männliche Tier 12 Pfund weichen Schmalzes lieferte. Nachdem ich die Waren für die Fracht des Kanus zurückbehalten hatte, sandte ich die Pferde mit dem Rest flußaufwärts. Nun fanden wir ein völlig anderes Klima vor: Auf der Ostseite der Rocky Mountains gab es harte Fröste und hohen Schnee, hier auf der Westseite war das Gras grün, sogar das Laub war noch nicht von den Bäumen abgefallen, und unsere armen, halbverhungerten Pferde würden nun wieder Fleisch zusetzen, sich wieder erholen und nicht mehr lahmen. Ich erwähnte schon, daß wir das Kanu in schlechtem Zustande vorgefunden hatten. Wir bekamen Regenwetter, und dadurch verzögerte sich die Reparatur des Kanus und das Beladen mit Waren für den Winter im Kutenai-Haus bis zum Nachmittage des 2. November. Am 10. November 1808 erreichten wir das Kutenai-Haus, unsere Bleibe vom vergangenen Winter, wo wir auch diesen verbringen wollten, so Gott will.

Winter im Kutenai-Haus

Da die Jahreszeit schon zu weit fortgeschritten war, als
daß wir zu den Salish-Indianern hätten reisen können,
sandte ich Pferde mit Waren zu den See-Indianern: Alle
befanden sich in Sicherheit, denn der Schnee auf den
Rocky Mountains lag schon zu hoch, als daß ein kriegeri-
scher Trupp sie überqueren konnte. Am McGillivray's
River übernahm ein Kanu die Waren, und die Pferde
kehrten mit den Männern, welche für sie verantwortlich
waren, zurück.

Seit dem 10. November waren die Wildgänse in großen Scharen gegen Süden gezogen, aber sie flogen so
hoch, daß wir sie nicht schießen konnten. Zum Ende des
Monats hatten uns die Gänse und die meisten Enten
verlassen, um nach Süden zu ziehen, doch viele
Schwäne und einige Enten verblieben noch auf den beiden Kutenai-Seen (dem Quellgebiet des Columbia River), denn diese Seen frieren im Winter nicht zu.

5. Januar 1809. Ich nahm ein Kanu und fuhr zu dem
kleinen See hinab, welcher mehr als 100 Enten beher-
bergte, ein Drittel davon Stockenten, welche die
schmackhaftesten sind. Ich schoß eine Stock- und drei
Tauchenten. Erstere schmeckt, wie gesagt, sehr gut, die
letzteren schlecht, doch die Kanadier essen sie. Danach
schoß ich häufig eine von diesen Enten zur Abwechslung.

11. Januar. Zwei Schwäne kamen, doch da sie gestört
wurden, verließen sie uns wieder. Die Vögel in unserer
Umgebung sind der Adler, ein kleiner Falke, der Rabe
und zahlreiche Elstern. Die Elstern sitzen, zusammen
mit den Raben, in großer Zahl an den Rändern des Ufer-
eises und richten unter den jungen Fischen eine grau-

same Verwüstung an. Es gibt auch einige Spechte mit scharlachrotem Kopfe und prächtigem Federkleide. Da das Eis am Ufer nun reichlich und genügend dick war, bauten wir eine Vorratstruhe aus Eis für das gefrorene Fleisch. Ihr quadratischer Boden von etwa 12 Fuß und die Seitenwände sind aus Eis gebildet. Dort hinein legten wir 160 Schlegel und Schultern vom Rothirsch und 47 Schlegel vom Maultierhirschen. Dies ist notwendig, denn sobald das schöne Wetter beginnt, verlassen alle Arten des Rotwildes das Tiefland und ziehen sich, des frischen Grases und des Schutzes wegen in die Bergtäler zurück. In diesen Vorratstruhen wird eine Lage Fleisch auf das Eis gelegt, darauf eine Lage Eis und so fort. Wenn das warme Wetter hereinbricht, wird die Truhe mit guten Kiefernzweigen bedeckt. Das Eis ist dann so weit getaut, daß die Eisstücke miteinander verschmolzen sind. Das Fleisch ist ebenfalls aufgetaut, erhält sich jedoch unverdorben. Allerdings hat es seinen Saft verloren und ist recht trocken. Ich habe sogar Fleisch gesehen, welches mit einer Art Moos bewachsen, doch nicht im geringsten verdorben war.

Am *17. Januar* brachten die Kutenai-Jäger sechs Rothirsche, welche ich zerwirkte und als Sommervorrat trocknete. Am 18. zeigte sich eine Anzahl hübscher Vögel, die etwas größer als Spatzen waren. Ihr Kopf, ihre Brust und ihr Rücken leuchteten ziegelrot, der übrige Körper zeigte eine bläuliche Farbe. Sie besaßen einen kurzen, kräftigen Schnabel und drei Vorderzehen und eine Afterzehe. Ich vermochte nicht zu entdecken, wovon sie sich ernährten. Die Kutenai machten Jagd auf die Wildpferde und trieben acht davon in unsere Nähe. Am folgenden Tage brachen meine Männer und die Indianer auf und hatten den ganzen Tag eine harte Verfolgungsjagd, fingen jedoch keins ein. Ich habe sie selbst oft gejagt und eingefangen. Es ist eine wilde, rauhe Reiterei, zu welcher es mutiger Pferde bedarf. Denn die Wildpferde achten keiner Gefahr, sie steigen die steilen Berghänge mit der nämlichen Geschwindigkeit hinab, mit welcher sie über das beste Grasland galoppieren, und scheinen noch ungestümer als das Rotwild.

Ein schwerfälliges, nur als Packpferd eingesetztes Tier ward vermißt. Ich ging mit einem der Männer, um es zu suchen, und wir fanden es unter einem Dutzend Wildpferde. Da wir uns näherten, gebärdete sich dieses schwerfällige Pferd ebenfalls wie ein Wildpferd: Es blähte die Nüstern und richtete die Mähne und den Schweif auf. Wir sprengten in die Herde und trieben es mit der Peitsche heraus. Ein Halbindianer besitzt nun 18 solcher Wildpferde, welche er gefangen und gezähmt hat. Auch wir fingen drei Wildpferde.

Während der verstrichenen Januartage war das Wetter stets schön und mild, und die Schwäne kamen oft. Sobald reichlich Vorräte vorhanden und leicht zu beschaffen sind, geben sich die Indianer, welche bei uns leben, wie alle anderen auch, unglücklicherweise dem Spiele hin und verlieren so mehrere Tage und Nächte.

Während der letzten Tage des Monats ist das Wasser gestiegen. Der Februar verlief ohne bemerkenswerte Ereignisse, das Wetter war unbeständig, zumeist mild mit leichten Nachtfrösten. Es zeigten sich viele Schwäne, sie hielten sich jedoch zu weit vom Ufer entfernt auf, als daß wir sie schießen konnten. Wir fingen ein paar Wildpferde. Beim Wiegen der Hirsche sahen wir, daß der Schlegel eines Rothirsches etwa 32 Pfund schwer war und sein gesamtes Fleisch 160 bis 170 Pfund wog.

10. März. Einer meiner Männer schoß einen Schwan und ich einen zweiten. Sie waren gut im Fleische, jedoch nicht fett und wogen jeder $32\frac{1}{2}$ Pfund. Etliche Flüge von Gänsen zogen vorüber. Diejenigen, welche wir abschossen, waren nicht fett.

Die Höhe der Rocky Mountains über dem Meeresspiegel zu ermitteln, hatte meine Aufmerksamkeit lange
in Anspruch genommen, dennoch war ich selbst damit
nicht zufrieden. Vermittels einer genauen Schätzung des
Gefälles des Columbia River von seiner Quelle bis zum
Meere stellte ich 5 960 Fuß (die Wasserfälle eingeschlossen) auf 1 340 Meilen fest, was einen Durchschnitt von
vier Fuß fünf Zoll pro Meile ergab. Angenommen, die
Senke des zweiten Kutenai-Sees (später: Lake Winder-
mere) liegt 5 900 Fuß über dem Meeresspiegel, so hatte
ich hier einen Anhaltspunkt gewonnen, und die schönen
Ebenen auf der Ostseite des Sees ermöglichten es mir,
die Höhe der Vorberge geometrisch zu messen. Genau
östlich von mir befand sich eine Kette kahler, steiler
Berge, auf welchen kein Schnee lag. Im Westen stand die
wilde Pyramide des Mount Nelson (so hatte ich ihn ge-
tauft). Vermittels meines Sextanten bestimmte ich die
Höhe dieses Berges mit 7 223 Fuß über dem See, was
13 123 Fuß über dem Pazifik ergab. Doch für die Berge
aus Urgestein fand ich keine Stelle, von welcher aus ich
eine sichere Messung hätte erhalten können, aber
5 000 Fuß mag man der Höhe des Mount Nelson sicherlich noch hinzufügen, um ihre Höhe anzugeben. Südlich
von 47° nördlicher Breite kenne ich die Rocky Mountains nicht. Am Fuße der vorher erwähnten und gemes-
senen steilen, kahlen Berge entspringt der Columbia River. Seine Quelle ist ein See von neun Meilen Länge und
eineinviertel Meilen Breite, geradewegs von Norden
nach Süden gerichtet. Er erhält kein Wasser aus dem
Osten und auch keins von dem hochgelegenen Hügelland mit dem Mount Nelson ‚im Westen, sondern
scheint zur Gänze von Quellen im See gespeist zu werden, welcher anscheinend immer denselben Wasser-
stand aufweist. Und von seinem Nordende entsendet er
einen Bach, welcher einen zweiten See bildet, von dem

aus ich die Berge vermaß. Dieser Fluß ist vielleicht der einzige, welcher vom Meere bis zu seiner Quelle befahrbar ist. An den steilen, kahlen Wänden der Berge sah ich zweimal die erste Wolkenbildung, welche einen Sturm ankündigt. In großen Kreisen jagten die Wolken daher, bis sie sich über mir schlossen und alles nur noch Dunkelheit war: ein großartiger Anblick, welcher meine Aufmerksamkeit zutiefst fesselte.

April. Ein Monat des Sommerwetters, an dessen Beginn alle Vögel ihre Eier legten. Die Saatkrähen kamen in Scharen, das Gras ward grün, und die Bäume trieben ihre Blätter aus. Am 17. brachen wir mit zwei mittelgroßen Kanus und einigen bepackten Pferden auf und begannen unsere Reise flußabwärts mit den Fellen und 720 Pfund Trockennahrung, um sie jenseits des Tieflandes, welches bald überflutet sein würde, unterzubringen. Auf den hohen Bergen schmilzt der Schnee schnell, denn obwohl wir uns auf 50¾° nördlicher Breite befanden, war das Klima so mild wie auf dem 42. Breitengrad auf der Ostseite der Rocky Mountains. Und diesen Monat verbrachten wir damit, die Felle und die Vorräte an Nahrungsmitteln an einen sicheren Ort zu schaffen und einen starken Hort in einem steilen Erdhange einzurichten, in welchen wir alles Überflüssige und das Gepäck, welches wir nicht benötigten, legen konnten.

Überall war jetzt der Sommer eingezogen, und das Schmelzwasser überschwemmte das Tiefland. Jeden Tag waren wir damit beschäftigt, die Pferde flußabwärts zu bringen, aber der Männer waren zu wenige, als daß dies bewerkstelligt werden konnte, und wo die Gegend wild und unwegsam war, vermochten sie in einem Tage nur die Hälfte der Pferde zu führen. Im Kanu hatte ich die Lasten anders verteilt, um mich und die Männer mit mir zu halten. Die Männer, welche für die Pferde verantwortlich waren, schlachteten drei, um Nahrung zu ha-

ben, wovon jedoch nur zwei genießbar waren. Wir hatten nun die Rocky-Mountains-Tragstelle erreicht und
mußten Birkenrinde auftreiben, um am anderen Ende
der Tragstelle ein Kanu zu bauen. Birkenrinde war hier
ein seltener Artikel. Es gab zwar genug Birken, doch sie
waren zu dünn, und es dauerte zwei Tage, bis wir genug
fanden. Am Nachmittag des 9. Juni verließen wir den
Columbia River und begannen unseren Marsch zum
Passe der Rocky Mountains. Immer zwei Mann hatten
fünf bepackte Pferde in ihrer Obhut, jedes Pferd trug
zwei Ballen von je 75 Pfund. Da durch all diese Schluchten jedoch ein kleiner Fluß fließt, welcher sie stetig von
einer Seite zur anderen durchzieht, muß man ihn dau-
ernd überqueren. Wir waren zu spät in der Jahreszeit
aufgebrochen, denn das Wasser war schon gestiegen,
und die Pferde vermochten ihren Führern nicht immer
zu folgen, so daß sie das andere Ufer häufig nur schwim-
mend erlangten und dabei die Felle näßten.

Am Abend des *18. Juni* hatten wir den Paß überschritten und befanden uns an den Quellwassern des Saskatchewan, wo er nur mit größter Vorsicht zu befahren ist.
Hier waren meine zwei Kanus vom vergangenen August
noch sorgfältig aufbewahrt. Ich brachte sie und setzte sie
instand. Da es geregnet hatte, mußten wir die Felle
trocknen und verloren so an Zeit. Und erst gegen Mittag
des 21. Juni waren wir alle reisefertig, luden die Felle in
die Kanus, und je fünf Mann fuhren darin mit. Am 24.
kamen wir in Fort Augustus am Saskatchewan an, wo
unter Mithilfe von Mr. James Hughes, welcher der Niederlassung vorstand, alles wieder in Ordnung gebracht
ward. Früh am 27. Juni sandte ich unter der Aufsicht von
Parenteau zwei Kanus zum Regensee-Haus, welcher
dort die Felle abladen und mit Handelswaren zurückkehren sollte.

Aufbau von Handelsbeziehungen mit den
Salish-Indianern

Am *14. Juli (1809)* sandte ich unter der Aufsicht von
Mr. Finan McDonald ein Kanu zu den Übergängen über
die Rocky Mountains. Seine Ladung bestand aus vier
Ballen an Handelswaren, welche 324 Pfund wogen, Fäßchen mit ausgelassenem Bisamfette von neun Gallonen
und fünf Säcken mit *Pemmikan*-Fleisch. Ich gab Finan
McDonald fünf Männer mit – weniger vermochten nichts
gegen die Strömung auszurichten. Ich selbst nahm mit
zwei Männern und mit Pferden den Weg zu Lande, aber
die Wälder waren erst vor kurzem niedergebrannt worden, und wir konnten nicht auf dem Pfade bleiben. Deshalb schickte ich einen Mann mit den Pferden nach Fort
Augustus zu Mr. Hughes zurück und bestieg mit dem
zweiten das Kanu. Die Stärke der Strömung zwang uns
zum stetigen Gebrauche der Treidel. An manchen Stellen mußten wir anders verfahren und Stangen einsetzen,
welches eine große Anstrengung bedeutet und Wasser
in das Kanu bringt.

So setzten wir unsere Fahrt bis zum 9. August fort; wir
lebten von der Jagd und erlegten einen Bisonbullen (Bisonkühe gab es dort nicht), einen Hirschen oder ein
Bergschaf, so daß wir genügend Nahrungsmittel besaßen. Am Ostende des Passes besteht das Flußufer aus
Sandstein, ein ausgezeichnetes Material für Schleif-
steine. Wir fanden auch viel versteinertes Holz. Aus vielen Stellen der Uferböschungen sickert ein weißes, kie-
selsäurehaltiges Wasser, welches alles versteinert, auf
das es trifft, und Schichten von Sandstein bildet. Die gesamte Wasseraustrittsstelle verdient die Beachtung eines
Geologen, denn die Natur zeigt die vielfältigsten Formen. Keins der Gebiete war je von einem approbierten

Geologen besucht worden. Und es ist eine befremdliche Tatsache, daß ich auf all meinen ausgedehnten Reisen nie heiße Quellen gesehen habe, welche in Europa so häufig sind, noch sind den Indianern solche bekannt.

Nachdem wir unser Kanu sorgfältig aufgelegt hatten, marschierten wir mit unseren Pferden durch die Schlucht und über den Paß und erreichten am 13. August, Gott sei Dank alle wohlbehalten, den Columbia River. Hier befanden sich zwei Kanus, welche wir zurückgelassen hatten und nun wieder instand setzten. Damit fuhren wir flußaufwärts zum Quellsee, dem Ursprunge des Columbia River, wo eine gute Tragstelle von zwei Meilen geradewegs nach Süden zum McGillivray's River besteht.

Wir hatten ausreichendes Jagdglück, um unseren Proviant zu sichern, und am unteren See wurden einige annehmbar gute Lachse mit dem Speere gefangen. Am späten Nachmittage des 20. August begannen wir die Fahrt auf dem McGillivray's River. Wir fuhren flußabwärts, kamen heil über Stromschnellen und Wasserfälle und stießen auf den Weg, welcher zum Saleesh River führt. Da wir von jetzt an nur mit den Pferden weiter mußten, legten wir die Kanus für den Winter auf und trafen alle Vorkehrungen für den Transport zum Saleesh River.

Bei meiner Ankunft hier hatte ich Mr. Finan McDonald mit einem Manne vorausgeschickt. Sie sollten den Weg zum Saleesh River benutzen und das Lager der Salish-Indianer ausfindig machen, damit diese uns Pferde brächten und über den Fluß hülfen. Am 5. September kamen 16 Mann mit 25 Pferden an. Sie brachten uns Schnüre und Stricke, um die Lasten auf die Pferde zu schnüren. Sie schienen eine sanfte, intelligente Menschenrasse zu sein, in welche man Vertrauen zu setzen vermochte. Sie liehen uns 14 Pferde, die wir bepackten, und zusammen mit den Pferden, welche wir selbst hatten, brachen wir auf. Wir gingen drei Meilen zum Fuße eines Hügels, welcher so steil war, daß die Pferde während des Aufstieges häufig hinabkollerten, endlich aber alle wieder aufstanden; dazu benötigten wir viereinhalb Stunden. Dann gingen wir fünf Meilen zu einem Bache und stellten unsere Zelte auf. Sonst waren der Weg und das Land gut zu begehen gewesen, der erstere oft zu schmal für unsere bepackten Pferde, und wir hatten viele kleine Bäume umhauen müssen.

8. September. Nach einer Meile Weges überquerten wir einen schönen Bach von 15 Ellen Breite. Er war tief und hatte eine schwache Strömung, doch gute Furten, um hindurchzuwaten. Wir marschierten sechs Meilen weiter bis zu einem Bächlein, welchem wir für fast zwei Meilen folgten, und kamen zu einem See. Hier trafen wir auf Indianer mit Kanus von Kiefernrinde, und die Indianer beluden sie mit 20 Ballen Waren und Gepäck. Sie fuhren etwa fünf Meilen gegen Südosten, als der Wind sie zwang, an Land zu gehen. Wir schlugen unser Lager ebenfalls auf. Heute schossen wir vier Gänse und einen Kranich; sie waren alle gut.

Am folgenden Tage standen die Kanus zum Aufbruch bereit, als sich ein Wind erhob und wir einen Teil ihrer Fracht den Pferden aufladen mußten. Um zwei Uhr nachmittags erreichten wir alle wohlbehalten den Salish-Fluß (Saleesh River). Hier wurden wir von 54 Salish-Indianern, 23 Skitshu- und vier Kutenai-Indianern empfangen, also insgesamt 81 Männern und ihren Familien. Sie überreichten uns ein willkommenes Geschenk, bestehend aus getrocknetem Lachs und anderem Fische, Beeren und dem Fleische einer Gabelantilope. Am nächsten Tage ging ich mit zwei Indianern auf die Suche nach einem Platze, an welchem sich ein Handelshaus errichten ließe. Wir fanden auch eine Stelle, doch war das Erdreich locker und enthielt keinen blauen Lehm, wel-

311

cher als Mörtel zwischen den Balken des Hauses und besonders für das Bedachen so sehr notwendig ist. Da man zu dieser Jahreszeit keine Kiefernrinde zum Bedecken des Daches zu beschaffen vermag, hatten wir in deren Ermangelung ein unbehagliches Haus. Wir schafften alles zu der Stelle und stellten unsere Zelte auf und eine Hütte. Am 11. errichteten wir ein Gerüst, um unsere Nahrungsmittel und Waren sicher aufzubewahren, und legten unser Werkzeug griffbereit hin, um mit dem Bau beginnen zu können.

Unsere erste Aufgabe bestand darin, ein starkes Gebäude aus Rundhölzern für die Waren und die Felle und für den Handel mit den Eingeborenen zu erbauen. Diese erfreute unsere Ankunft sehr, denn ihre einzigen Waffen bestanden aus einigen behelfsmäßigen Lanzen und Pfeilen mit Spitzen aus Feuerstein. Sie waren gute Bogenschützen, doch zerbrachen diese Pfeilspitzen auf dem Schilde der harten Bisonhaut, vermochten sogar gegen dickes Leder nichts auszurichten. Also war ihr einziges Ziel der Kopf. Ihre Lanzen und Pfeile wollten sie nun gegen Feuerwaffen, Munition und Pfeile mit Eisenspitzen austauschen, damit sie infolge solcher Ausrüstung auf gleicher Stufe mit ihren Feinden stünden, denn an Tapferkeit und Mut waren sie jenen vollkommen ebenbürtig. Ich teilte ihnen jedoch mit, daß sie, um diese Vorteile zu erlangen, nicht Tag und Nacht beim Spiele verbringen dürften, sondern fleißig nach dem Biber und anderen Pelztieren jagen und sie auch bearbeiten müßten, und dies alles versprachen sie.

Einige wenige weiter entfernte Indianer kamen, da sie von unserer Ankunft hörten, mit ein paar Fellen, nahmen jedoch nur Eisenbeschläge dafür. Allem anderen schenkten sie keine Beachtung, selbst die Frauen zogen eine Ahle oder eine Nadel den blauen Glasperlen vor, welche sonst als Schmuck bei diesem Geschlechte besonders beliebt sind. Alle jene, welche Gewehre erwerben konnten, wurden bald gute Schützen, was deren Feinde, die Piegan-Indianer, im nächsten Kampfe stark verspürten. Denn die Piegans sind, einzelne ausgenommen, keine guten Schützen; sie sind es gewöhnt, zu Pferde aus einer Entfernung von nur einigen Fuß auf Bisons zu schießen. Dies gibt ihnen keine Übung in weiten Schüssen auf kleine Ziele. Im Gegensatze dazu sind die Indianer auf der Westseite der Rocky Mountains daran gewöhnt, aus einer Entfernung von 120 Ellen auf eine kleine Gabelantilope zu schießen, welches ein großer Vorteil im Kampfe ist, in dem jeder sich einen bestimmten Mann zum Ziele nimmt.

Am *23. September* hatten wir das Lagerhaus fertiggestellt. Um das Dach, welches mit schwächeren Hölzern gedeckt war, so dicht wie möglich zu machen, schnitten wir hohes Gras ab, vermengten es mit Schlamm und verstopften damit die Zwischenräume zwischen diesen Hölzern. Den Regen hielt es leidlich gut ab. Der Schnee, welcher schmolz, fand jedoch überall Durchgänge. Auf die nämliche Art erbauten wir auch unser Wohnhaus und versahen es mit einem Dache. Die Böden bestanden aus gespaltenen Baumstämmen, deren runde Seite nach unten wies und welche wir so einkerbten, daß sie fest auf den Grundbalken auflagen. Dann wurden sie noch mit dem Breitbeil geglättet. Die Kamine errichteten wir aus Steinen und Schlamm, welche zu einer Höhe von sechs Fuß und einer Dicke von 18 Zoll grob gearbeitet waren; der Rest setzte sich aus Schichten von Gras und Schlamm zusammen, welche mit Querstücken um starke, in die Steinanlage eingefügte Pfosten herum verarbeitet wurden. So wurden die Kamine bis zu etwa vier Fuß über dem Dache hochgezogen. Die Feuerstelle war etwas erhöht, drei bis vier Fuß breit und etwa 15 Zoll tief. Das Holz ward in etwa drei Fuß lange Stücke gehackt und an das Ende der Feuerstelle gelegt, und da es außer der Arbeit des Hackens nichts kostete, gingen wir nicht sparsam damit um.

27. September. Um das Gebiet entlang des nahen Flusses zu erkunden, brach ich mit einem meiner Männer – er hieß Beaulieu –, einem Indianerburschen und vier Pferden auf. Meine Absicht war es herauszufinden, ob wir unsere Route über die Rocky Mountains nicht ändern konnten, denn gegenwärtig waren wir zu sehr der Gefahr von Einfällen der Piegans ausgesetzt. Wir stellten fest, daß das Gebiet entlang des Flusses fruchtbares Erdreich hatte, auf welchem reichlich Gras wuchs. Der Fluß war etwa 350 bis 400 Ellen breit, die Strömung gemäßigt, und er beheimatete viele Wasservögel. Am zahlreichsten war eine sehr kleine Wildgansart vertreten, welche aber den übrigen Wildgänsen an Aroma und Geschmack gleichkam. Am 29. erreichten wir einen Wasserfall, welchen man vermittels einer Tragstelle von nur 20 Ellen zu umgehen vermochte.

30. September. Wir ritten wie üblich flußabwärts entlang des Flusses, indem wir uns aufgrund des festeren Bodens meist im Walde bewegten. Die Rottanne (nach der Farbe ihrer Rinde) ist hoch, von schönem Wuchse und mißt 18 Fuß Umfang. Einige wenige maßen mehr, außerdem gibt es Weißtannen, Kiefern, Birken, Pappeln und Espen. Die Berge stehen in einiger Entfernung und sind nicht hoch. Um Mittag erreichten wir eine Stelle, wo der Fluß sich sehr erweitert. Hier sahen wir die Zelte einiger Indianer, und unser Indianer rief zu ihnen hinüber, worauf sie in einem Kanu zu ihm paddelten. Bald kehrte er zu uns zurück, und kurz darauf folgten sechs Männer, zwei Frauen und drei Jungen in Kanus aus Kiefernrinde. Ein alter Mann hielt eine kurze Rede, wie es der Brauch war, und überreichte uns zwei Fladen Brotes von den Zwiebeln der Kamassie (nicht Moosbrot), zwölf Pfund solcher Zwiebeln, zwei getrocknete Lachse und etwas gekochtes Biberfleisch, für welches ich mit Tabak bezahlte.

Die Zwiebeln der Kamassie haben die Größe einer Muskatnuß, liegen nahe der Erdoberfläche und werden mit einem zugespitzten Stocke ausgegraben. Sie sind stärkehaltig, von angenehmem Geschmacke, leicht zu kauen und nahrhaft. Man findet sie in den kleinen Wiesen mit kurzem Grase und fruchtbarem Erdreich, und setzt man sie kurz der Sonne aus, trocknen sie ausreichend, um sie für viele Jahre haltbar zu machen. Ich habe noch einige bei mir, welche im Jahre 1811 ausgegraben wurden und jetzt, 1847, 36 Jahre alt und noch immer gut erhalten sind. Ich zeigte sie dem inzwischen verstorbenen Lord Metcalfe, welcher zwei davon aß und sie dem Brote im Geschmack ähnlich befand. Obschon sie alle gut erhalten waren, verloren sie nach zwei Jahren ihren feinen aromatischen Geruch.

Diese armen Leute teilten mir mit, daß es in ihrer Umgebung und im ganzen Gebiete überreichlich Biber gebe, sie jedoch außer den zugespitzten Stöcken nichts hätten, um sie zu bearbeiten, sie besäßen nicht einmal eine einzige Axt für alle zusammen. Ich erkundigte mich nach dem Wege, welcher vor uns lag, und erhielt zur Auskunft, er sei schlecht für die Pferde. »Und wie ist der Fluß bis dahin, wo er in den Columbia River hinabstürzt?« Sie antworteten, er wäre gut zu befahren und hätte nur einen Wasserfall bis zu jenem Flusse. Ich bat sie, mir ein Kanu und einen von ihnen als Führer mitzugeben. Bereitwillig stimmten sie zu, und am andern Morgen in der Frühe sollten wir aufbrechen und flußabwärts fahren. Ihre Angabe von dem Fluß in unserer Nähe unterschied sich sehr von der Beschreibung dieses Flusses durch den Häuptling der See-Indianer, auf dessen Information ich mich immer verlassen konnte. Er beschrieb den oberen Fluß, dort wo er in den Columbia River einmündet, als eine Serie von Wasserfällen, welche man in eineinhalb Tagen umgehen müßte, um wieder zu ruhigem Wasser zu gelangen, und zu beiden Seiten der Wasserfälle würden steile Basaltfelsen aufragen.

1. Oktober. Heute morgen kamen sie mit einem alten, unbrauchbaren Kanu, welches ich zurückwies, und bald kehrten sie mit einem guten Kanu wieder. Wir ließen unseren Indianer bei den Pferden, mit welchen er auf unsere Rückkehr warten sollte, und fuhren den Fluß hinab, bis uns am späten Nachmittage ein schwerer Regen zwang, unser Lager für die Nacht aufzuschlagen. Am folgenden Tage fuhren wir drei Stunden flußabwärts. Der Fluß war schmaler geworden und die Strömung rasch, fast vier Meilen in der Stunde. Da wurden wir einer Kette hoher, rauher Berge ansichtig, welche mit Schnee bedeckt waren. Ich fragte unseren Führer, wo der Fluß an ihnen vorbeiflösse, und er gab zur Antwort, er vermöge es nicht zu sagen, denn er sei noch nie auf diesem Flusse gewesen. Ich war zornig auf ihn, denn ich erkannte deutlich, daß die Beschreibung des unteren Flußlaufes durch den Häuptling der See-Indianer nur zu genau zutraf, und wir mußten umkehren, nachdem wir etwa 26 Meilen gefahren waren. Wir kamen an die Stelle, wo wir unsere Pferde zurückgelassen hatten. Unterwegs hatten wir sieben Gänse und zwei Enten geschossen. Die Indianer gaben uns eine gute Gabelantilope, so daß wir nun reich waren. Und am Abend des vierten Oktober besaßen wir 15 Gänse, eine Gabelantilope, einen Biber, 50 Pfund getrockneten Lachses und die nämliche Menge an Zwiebeln.

6. Oktober. Am Nachmittage langten wir, Gott sei Dank alle wohlbehalten, beim Kullyspell-Haus an. Auf unserer ganzen Reise bot der Fluß eine Fülle von Schwänen, Gänsen, Enten, Kranichen und Wasserläufern. Wir haben 75 Meilen zurücklegt, was zusammen mit den genannten 26 Meilen 101 Meilen beträgt, die wir diesen schönen Fluß und seine Umgebung erforscht haben, ein Gebiet, welches eines Tages wahrscheinlich von den Eingeborenen als Ackerland bestellt wird, welche hier eine andere Volksrasse sind als diejenigen auf der Ostseite der Rocky Mountains. Diese letzteren scheinen jeder Art von handwerklicher Arbeit höchst abgeneigt zu sein. Sie wollen nicht einmal einen Pfeifenstiel anfertigen, welcher ja besonders beliebt bei ihnen ist. Das ist üblichermaßen die spielerische Arbeit eines Tages, während sie einen ganzen Monat dazu benötigen. Jene auf der Westseite dagegen sind stolz auf ihren Fleiß und ihre Geschicklichkeit in allem und so reinlich, wie es die Umstände erlauben. Doch ohne Seife gibt es keine wirksame Reinlichkeit, dies wissen wir sehr gut, da es uns ja nur allzu oft an Seife ermangelte. Entziehe dem zivilisierten Menschen mit seiner vielgerühmten Reinlichkeit die Seife, und er wird nicht so sauber sein wie der Wilde, welcher ihren Gebrauch nie kannte. Während meiner Abwesenheit waren 44 Skitshu-Indianer beim Hause eingetroffen und hatten nahezu 200 Pfund an Fellen und drei Pferde verkauft.

7. Oktober. Nachdem wir die Bäume für das Haus gefällt hatten, begannen wir sie zu dem Platze zu ziehen, auf welchem es stehen sollte.

11. Oktober. Mit zwei Männern, einem Führer und Pferden brach ich auf, um den Kanus entgegenzugehen, welche vom Regensee (Rainy Lake) mit Waren für den Handel mit den Eingeborenen kamen. Wir ritten etwa zehn Meilen bis zum höchsten Punkte der Anhöhen am Flusse. Der erste Teil der Strecke führte uns durch schöne Waldungen, der Lebensbaum maß oft fünf Faden an Umfang und war gerade und hoch, auch die Lärche und die Rottanne sahen recht stattlich aus.

Am *20. Oktober* langten wir am McGillivray's River an,
nachdem wir etwa 201 Meilen durch Hügelland mit vielen kleinen Wiesen und schönem Baumbestande aus verschiedenen Nadel- und Laubbäumen gekommen waren.
Hier trafen wir auf Mr. James McMillan, welcher für die
Kanus mit den Handelsgütern verantwortlich war. Wir
sortierten die Waren für die jeweiligen Handelsposten
und transportierten sie vermittels der Pferde durch dieses hügelige Land, was für die Pferde und für uns sehr
ermüdend war.

Am *9. November* erreichten wir Gott sei Dank die
Stelle, an welcher wir ein Lagerhaus errichtet hatten und
wo wir nun ein Haus für uns selbst bauen mußten. Vier
Pferde ließen wir zurück, da sie infolge der Strapaze zu
erschöpft waren. Häufig hatte uns schlechtes Wetter mit
Sprühregen und Schneeschauern, welche bald in Regen
übergingen, überrascht, und nun mußten wir alles trocknen. Entlang des Weges hatten wir wenig Gelegenheit
gehabt, Nahrungsmittel einzuhandeln, und waren recht
hungrig. Es befanden sich zwar einige Indianer in unserer Nähe, von welchen wir ein Pferd zum Schlachten zu
kaufen suchten, denn unsere eigenen waren zu mager
zum essen. Und bis auf eine gelegentliche Gans oder
Ente für uns alle fasteten wir bis zum 14., an welchem
Jaco, ein gutaussehender Halbindianer, ankam und uns
erlöste. Von ihm handelten wir 28 Biberschwänze ein,
40 Pfund Pemmikan, 30 Pfund Trockenfleisch und genossen nun alle, Gott sei Dank, ein gutes Mahl. Wir setzten den Hausbau fort, und am nämlichen Tage trafen
drei junge Männer der Salish-Indianer ein und teilten
uns mit, daß alle Indianer des großen Lagers der Salish
mit ihren Verbündeten von der Bisonjagd zurückgekehrt
und zwei Tagesmärsche von uns entfernt seien. Sie hätten Nahrungsmittel im Überflusse und keine Feinde gesehen. Das war so weit eine gute Nachricht, half aber

unserer Not nicht ab, bis am 24. November acht Männer der Salish eintrafen, von welchen wir drei Packen Felle (der Packen zu 90 Pfund) und 1300 Pfund Trockenfleisch einhandelten. Sie waren von dem großen Lager gekommen, dessen Bewohner, so sagten sie, langsam in unsere Richtung zogen. Bisher hatten wir ohne jeglichen Erfolg nach Gabelantilopen gejagt, obgleich es in unserer Umgebung viele von ihnen gab.

Ein Indianer bemerkte zu mir: »Nun hast du für deine hungrigen Männer Vorräte für mehrere Tage. Jetzt werden wir noch Antilopen erlegen, und in diesem Winter wird kein Mangel an Nahrung herrschen.« Und er hatte recht. Bei indianischen Jägern, welche völlig auf die Jagd angewiesen sind, zeigt sich manchmal ein merkwürdiger Sinneswandel: Sie sind erfolgreich, und alles geht gut. Tritt eine Veränderung ein, verfehlen oder verwunden sie etwa das Rotwild, ohne es zu bekommen – schon werden sie aufgeregt, und kein besserer Erfolg ist ihnen beschieden. Nun werden sie gänzlich verzagt, denn der Manitu des Rotwildes will ihnen nicht erlauben, es zu töten. Das Heilmittel dafür ist einige Tage Rast, was Geist und Körper wieder kräftigt. Das kommt etwa dem Grundsatze der zivilisierten Welt gleich, daß Armut nur Armut hervorbringe.

30. November. Wir haben den Bau unserer Häuser noch nicht beendet. In diesem Monate war das Wetter sehr mild gewesen, zwei Drittel davon hatten wir leichten Sprühregen mit gelegentlichen Schneeschauern. Alles Laub ist von den Bäumen gefallen, und der Fluß ist noch eisfrei.

3. Dezember. Endlich war ich in meinem Hause untergebracht.

31. Dezember. Bisher war das Wetter mild, und es gab häufig leichten Sprühregen. Wie sehr unterschied es sich doch von der Ostseite der Rocky Mountains, wo die größten Flüsse und die Seen nun eine dicke Eisdecke trugen. Man mag fragen, was die Ursache dieses großen Klimaunterschiedes auf demselben Breitengrade ist. Dies scheint jedoch ebenso unerklärlich wie der große Unterschied an Wärme auf den entgegengesetzten Seiten eines Kontinentes.

Januar 1810. Dieser Monat verlief ohne irgend etwas Bemerkenswertes. Obwohl die Nächte und Morgen bisweilen kalt waren, zogen die Enten nicht fort. Der Fluß hatte Treibeis, aber nicht so viel, daß ein Kanu am Übersetzen gehindert gewesen wäre. Von dem Eise am Flußufer bauten wir eine Vorratstruhe und lagerten 1260 Pfund Fleisch von Gabelantilopen ein.

Februar. Vermittels Wiegen stellten wir fest, daß das Fleisch einer Gabelantilope durchschnittlich 59 Pfund wog, wenn es kein Fett hatte. Mit Fett wog es durchschnittlich 65 Pfund. Infolge meiner Beobachtungen bestimmte ich die Lage des Salish-Hauses mit 47° 34′ 35″ nördlicher Breite und einer Länge von 115° 22′ 51″ westlich von Greenwich. Den überwiegenden Teil des Monats verbrachten wir damit, Birkenrinde für die Herstellung von zwei Kanus zu suchen, in welchen die Felle, Nahrungsmittel etc. transportiert werden sollten. Gegen Ende des Monats waren wir noch immer ohne Birkenrinde, obwohl ich selbst und etliche andere Männer mit sechs Irokesen (welche infolge des Biberfanges so weit gekommen waren) bei der Suche mithalfen. Es ist eine merkwürdige Tatsache, daß das Klima einen großen Einfluß auf die Dicke der Birkenrinde ausübt. In den milden Wintern dieser Gegend ist die Rinde dünn, und wir mußten unsere Suche bis oben zu den felsigen Stellen der Berge ausdehnen.

Am Abend des 24. Februar berichteten mir die Indianer, daß die Piegans einen Jagdtrupp angegriffen, Mr. Courter (einen Händler und Pelztierjäger aus den

Vereinigten Staaten) und einen Indianer getötet und mehrere andere verwundet hätten. Als unser Jäger hörte, daß zwei seiner Brüder verwundet worden seien, bat er, gehen zu dürfen, um sie zu sehen, was ich ihm bereitwillig gewährte. Unser Führer ließ uns im Stiche, um sich in einem entfernten Lager in Sicherheit zu bringen, doch gewann ich bald wieder einen neuen. Am Nachmittage des 26. stießen wir auf 20 Zelte der Salish-Indianer, welche uns mit der gewohnten Freundlichkeit empfingen. Nach ihrer Meinung war wohl die Unvorsichtigkeit Mr. Courters, mit einem kleinen Trupp Kriegsgründe zu betreten, um Bisons zu jagen und den hier sehr zahlreichen Bibern Fallen zu stellen, die Ursache für seinen Tod und für die Unfälle der Indianer.

Während der Zeit, in welcher ich im Fellhandel tätig war, hatten die Händler und Pelztierjäger aus den Vereinigten Staaten sehr wenig Glück. Unter ihnen schien die Verblendung vorzuherrschen, daß die Eingeborenen der Great Plains alle nur im Walde umherschlichen und sich nie auf offenem Gebiete zu zeigen wagten. Und entsprechend büßten sie auch dafür, indem sie im freien Gelände häufig von den Piegans angegriffen und getötet wurden, bis keiner mehr von ihnen übrig blieb. Von den Salish handelte ich etwa 30 Pfund Trockenfleisch und 20 zerteilte und getrocknete Bisonzungen ein. Da unsere Pferde sehr ermüdet waren, verblieb ich für den Rest des Tages bei den Salish und erkundigte mich nach Birkenrinde, und sie antworteten, an den Bächen in den Bergen gebe es reichlich Birkenwald. Doch der Monat verstrich, ohne daß wir Birkenrinde für ein Kanu gefunden hätten.

1. März. Wir waren bei einem Lager der Kutenai gewesen und hatten ein gutes Pferd für Tabak und Munition eingetauscht. Gerade hielten wir uns wieder im Lager der Salish auf, als am 10. März die Warnung eintraf, man habe in der Nähe des Lagers Spuren von Piegans gesehen. Alles wurde liegen und stehen gelassen, Späher schwärmten aus und meldeten, sie hätten etwa drei Meilen von uns entfernt einen Trupp Reiter gesehen. Ungefähr 100 Männer bestiegen nun ihre Pferde, stolz auf ihre Gewehre und ihre Pfeile mit Eisenspitzen, um gegen den Feind zu kämpfen. Bald kehrten sie jedoch wieder zurück, denn sie hatten festgestellt, daß es sich bei diesem Reitertrupp um die Kutenai und deren alten Häuptling handelte, welche die Bisonjagd beendet hatten und sich nun auf dem Heimweg in ihr eigenes Land befanden. Aber es bereitete mir und den alten Männern großes Vergnügen, die Bereitwilligkeit und den Eifer zu sehen, mit welchem sich die Männer auf die Suche nach dem Feinde begaben, während sie vorher all ihre Gedanken und Anstrengungen darauf gerichtet hatten, vor dem Feinde zu fliehen, und nicht, ihm entgegenzutreten. Nun machte ich mich mit zwei Kullyspell-Indianern in einem kleinen Kanu auf den Weg zu unserer Niederlassung, wo wir am 15. März ankamen. Während der Fahrt hatten uns nahezu immer schlechtes Wetter mit Regen und Schneeschauern begleitet. Am folgenden Tage ließ ich alle Pferde bringen, und am 17. brachen wir noch einmal zum Lager der Salish auf, um die Felle und Nahrungsmittel zum Salish-Hause zu schaffen. Am Mittag des 19. erreichten wir das Lager der Salish, und Monsieur Bellaire, dem ich dort die Aufsicht übertragen hatte, hatte 544 Pfund gedörrtes Bisonfleisch eingehandelt, welches man auf der Sommerreise sehr benötigt.

24. März. Sowohl zahlreiche Gänse als auch Enten sind nach Norden vorübergezogen, während die Schwäne hierblieben, wer weiß, wie lange noch. Nach meiner Kenntnis der Gebiete im Nordosten müssen die meisten dieser Gänse auf einer Route zwischen dem 56. und dem 62. Breitenkreise fliegen und von da 500 Meilen ostwärts von den Rocky Mountains, um dort ihre Eier zu legen und ihre Jungen aufzuziehen. Im Spätherbst kehren sie dann mit ihren Jungen in dieses milde Klima zurück, um hier zu überwintern. Der Flug der Gänse beträgt 2700 Meilen in gerader Linie von New Orleans aus. Wer weist den Wildgänsen und Enten so untrüglich den Weg über diese große Entfernung, bei welcher sie die Rocky Mountains zu beiden Jahreszeiten überqueren? Der Indianer antwortet darauf sogleich: der *Manitu*, welchem der Große Geist die Obsorge über die Gänse, Enten usw. anvertraut hat. Die zivilisierte Welt hat ihren Manitu »Instinkt« genannt, ein undefinierbares Vermögen des Geistes. Die Gänse und Enten, welche hier verbleiben, haben sich nun alle gepaart und bessern ihre Nester aus oder bauen neue, um ihre Eier zu legen. Die Schwäne tun desgleichen, sind jedoch äußerst vorsichtige Vögel und bauen nur des Nachts an ihrem Neste. Nie sah ich sie am Tage beim Nest, sondern stets nur in geringer Entfernung davon. Selbst wenn das Weibchen auf den Eiern sitzt, hält sich das Männchen so lange nicht in dessen Nähe auf, bis die Reihe an ihm ist, weiterzubrüten. Schwäne legen drei bis sieben Eier und verstecken diese so gut, daß man sie nicht so häufig findet wie die Eier anderer Wasservögel.

Am *25. März* erreichten wir das Salish-Haus. Infolge der nahezu unaufhörlichen Sprühregen haben sich die Indianer erkältet, und einigen von uns ergeht es nicht viel besser. Doch nun erkennen wir und auch die Indianer deutlich den Vorteil wollener Kleidung im Vergleiche zur Lederkleidung, denn die letztere klebt auf der Haut, wenn sie naß wird, ist sehr unangenehm, benötigt einige Zeit zum Trocknen, und man muß behutsam damit verfahren, um sie in der Form zu halten. Im Gegensatze dazu ist die Wollkleidung, auch wenn sie naß ist, nicht unangenehm, trocknet schnell und behält ihre

Form, welche Eigenschaft die Indianer bewundern. Sie erkennen nun den Nutzen wollener Kleidung, und jeder ist froh, seine Lederkleidung im Handel gegen die Wollerzeugnisse aus England austauschen zu können.

30. März. Nun habe ich all die Felle und die Nahrungsmittel sicher im Hause gelagert. Damit endete dieser Monat der vielen Reisen zu Lande und zu Wasser. Ich hege die Vermutung, daß dieses Land aufgrund seiner Gliederung und seines Klimas, den weiten Wiesen und schönen Wäldern, welche von ungezählten Bächen und Rinnsalen mit reinem Wasser bewässert werden, einmal der Wohnort des zivilisierten Menschen sein wird, seien es nun Eingeborene oder andere Leute. Ein Teil davon wird reiche Kornernten hervorbringen, der größte Teil aber Weideland sein, denn für die Rinder- und Schafzucht ist es hervorragend geeignet.

Die Salish-Indianer sind eine edle Rasse von sittenstrengen Indianern, die edelste, welche ich gesehen habe. Sie legen großen Wert auf die Keuschheit ihrer Frauen, und Ehebruch bedeutet den Tod für beide Beteiligten. Im Laufe des Winters lernten wir diese Indianer gut kennen, denn stets stand eins ihrer Lager in der Nähe des Handelspostens, teilweise, weil sie auf Antilopenjagd gingen, von welchen hier eine große Spezies vertreten war, und teilweise, damit sie die alten Männer und die Frauen in Sicherheit zurücklassen konnten, während sie ihre Jagdausflüge machten. Der Stamm stand unter dem Einflusse zweier Häuptlinge. Den Oberhäuptling nannten wir wegen seiner Ähnlichkeit mit einem Kanadier dieses Namens »Cartier«, den anderen »Redner«. Beide waren sehr freundlich zu uns und von sanftem Umgange. Und sie lagerten häufig nahe dem Fort oder Handelsposten.

Eines Tages im Februar betraten sie beide, wie gewöhnlich, mit einigen Indianern die Halle, um zu rauchen, doch dieses Mal mit ernsten Gesichtern. Ich nahm an, sie hätten von einem möglichen Kriege gehört. Bald brachen sie das Schweigen, und »Cartier« begann sanft: »Du weißt, es ist unser Gesetz, daß ein Mann, welcher eine Frau verführt, getötet werden muß.« Ich antwortete: »Ich habe keine Einwände gegen euer Gesetz, doch zu welchem Zwecke sagst du mir das?« Da sprach der »Redner«: »Meine Tochter saß bis vor einigen Tagen stets mit ihrer Mutter ruhig in meinem Zelte, als einer deiner Männer an jedem Tage, da wir auf der Jagd waren, mit Glasperlen und Ringen zu meinem Zelte kam, um meine Tochter zu verführen.« Er sah sich unter meinen Männern um, sagte jedoch, derjenige befände sich nicht darunter (bei ihrer Ankunft war mein Diener in mein Zimmer gegangen, und ich wußte nun, daß er es sein mußte; die anderen Männer und ich selbst waren jeden Tag viel zu erschöpft, als daß wir an Frauen denken konnten). »Aber wo immer er sich aufhalten mag, wir hoffen, du wirst ihn uns übergeben, damit er nach unserem Gesetze sterbe.«

Ich erwiderte, daß ich keine Neigung hätte, den Mann zu beschirmen. Da sie jedoch einen großen Bedarf an Waffen und Munition für die Jagd hatten und auch, um sich vor ihren Feinden zu schützen, sagte ich, daß ich, wenn sie wollten, mit diesen und verschiedenen anderen Artikeln wiederkehren würde, sie mir aber einen Mann geben müßten, welcher den anderen ersetzen sollte, denn sonst könne ich nicht zurückkehren. Sie sahen einander an und antworteten: »Wir vermögen keinen geeigneten Mann zu finden, abgesehen davon, daß er mit fremden Leuten geht, wo er getötet werden kann.« – »Also gut, wenn ihr meinen Mann tötet, kann ich nicht zu euch zurückkehren, sondern werde bei den Piegans, euren Feinden, verbleiben.« – »Was ist dann zu tun?« rief der »Redner« aus. Ich sprach: »Laß ihn dieses Mal am Leben. Du bist dafür bekannt, daß du Pferde gut kastrieren kannst: Wenn dieser Mann jemals wieder dein Zelt betritt, so kastriere ihn, doch laß ihn leben.« Bei diesem Vorschlage lachten sie und sagten: »Gut, wir lassen ihn leben, aber sowie er kommt, um unsere Frauen zu verführen, werden wir ihn kastrieren.« Nachdem sie geraucht hatten, zogen sie sich in guter Stimmung zurück. Doch meine Männer, welche alle jung waren und in der Blüte ihres Lebens standen, fanden ganz und gar keinen Geschmack an dieser Strafe.

Während des Winters hatten die Salish-Indianer mehr als 20 Gewehre bei mir eingehandelt, dazu etliche 100 eiserne Pfeilspitzen. Damit glaubten sie, den Piegan nun im Kampfe auf den Ebenen gewachsen zu sein. Im Monat Juli, wenn die Bisonbullen feist werden, stellten die Salish ein Lager von etwa 150 Mann auf, um zu jagen und Vorräte an Trockennahrung anzulegen, wie ich sie gebeten hatte. Mr. Finan McDonald, Michel Bourdeaux und Baptiste Buché begleiteten sie mit Munition, Tabak usw., um sie anzuspornen. Sie überschritten die Rocky Mountains über einen breiten und wegsamen Paß östlich des Salish-Sees (Saleesh Lake). Hier hatten ihnen sonst die Piegans aufgelauert, um sie an der Bisonjagd zu hindern, und hatten sie zurückgedrängt, so daß sie nur heimlich jagen konnten. Nun verhielt sich die Sache anders, und die Salish waren entschlossen, mutig zu jagen und sich auf einen Kampf mit den Piegans einzulassen. Sie gelangten gerade auf die Jagdgründe, als die Späher, welche jeden Morgen ausgesandt wurden, um die Gegend in Augenschein zu nehmen, in vollem Galopp angeritten kamen und riefen: »Der Feind ist da!« Im selben Augenblicke gingen alle Zelte und Zeltstangen nieder, und zusammen mit dem Gepäcke bildeten sie einen behelfsmäßigen Schutzwall.

Kaum war dies getan, als ein geschlossener Reitertrupp

auf sie zuritt. Doch die Pferde durchbrachen den Wall nicht, welcher teilweise aus zugespitzten Stangen bestand. Jede Gruppe schoß Pfeile ab, welche nur einige Kämpfer verwundeten, doch niemand fiel. Die Piegans griffen ein zweites und ein drittes Mal an, aber diese Anstürme waren schwach. Nun verlagerte sich der Kampf auf die Fußtruppen. Die Salish, etwa 150 Mann stark, ergriffen von einem leicht ansteigenden Gelände etwa eine halbe Meile vor ihren Zelten Besitz, die Piegans, etwa 170 Mann stark, stellten sich auf und bildeten etwa 400 Ellen davon entfernt eine wirre Kampflinie.

Die Salish und die Weißen lagen ruhig in der Defensive. Während des ganzen Tages schickten die Piegans immer wieder Trupps von etwa 40 Mann nach vorne, um die Salish zum Kampfe herauszufordern. Diese Trupps näherten sich häufig bis auf 60 und 80 Ellen, beschimpften die Salish als alte Frauen und führten wilde Tänze auf: Einmal sprangen sie, so hoch sie vermochten, vom Boden auf, dann duckten sie sich zur Erde. Einmal sprangen sie nach rechts, dann wieder nach links, in allen Posen. Lose baumelten ihre Kriegsröcke an ihnen herum, ihre Gewehre, Pfeile und Bogen oder Lanzen hielten sie dabei in den Händen. Manchmal schossen sie mit den Gewehren und Pfeilen auf ihre Feinde, jedoch mit geringer Wirkung. Buché, welcher ein guter Schütze war, sagte, sie wären schwerer zu treffen gewesen als eine Gans im Fluge.

Wenn dieser Trupp müde war, zog er sich zurück, und ein neuer Trupp kam nach vorne und benahm sich ebenso, und so ging es den ganzen Tag. Die drei Männer (McDonald, Bourdeaux und Buché) feuerten etliche Schüsse auf sie ab, doch ihre wilden Gebärden machten ein sicheres Zielen unmöglich. Alle drei Männer waren gute Schützen und mußten, da die Indianer keine Unbeteiligten dulden, zu ihrer eigenen Verteidigung kämpfen. Mr. Finan McDonald feuerte 45 Schüsse ab, tötete zwei Männer und verwundete einen. Michel Bourdeaux und Baptiste Buché schossen je 43 Kugeln ab und verwundeten je einen Mann. Die hereinbrechende Dunkelheit beendete den Kampf. Auf seiten der Piegans gab es sieben Tote und 13 Verwundete, auf seiten der Salish fünf Tote und neun Verwundete. Jede Gruppe kümmerte sich um die Toten und die Verletzten. Es wurden keine Skalps genommen, was die Piegans als Demütigung empfanden. Die Salish setzten keinen Stolz darein, Skalps zu nehmen. Das war das erste Mal, daß die Piegans gewissermaßen besiegt worden waren, und sie beschlossen, ihre Rache gegen die weißen Männer zu richten, welche die Rocky Mountains zur Westseite hin überschritten und ihren Feinden Waffen und Munition lieferten.

Vom Salish-Haus nach Montreal

Während der vergangenen zwei Jahre hatten die Piegans und ihre Verbündeten mit Sorge den Fortschritt der Stämme auf der Westseite der Rocky Mountains in der Beschaffung von Waffen und Munition sowie ihre Unerschrockenheit, in Teilen ihres früheren Landes nach Bisons zu jagen, beobachtet. Die Piegans waren der Grenz- und auch der mächtigste Stamm, und sie schützten ihre Verbündeten vor so manchem Angriffe. Sie lebten in Sicherheit, und an ihnen konnte keine Vergeltung geübt werden; die Piegans trugen die Hauptlast des Krieges.

Die fünf angesehenen Männer der Piegans, welche sich nun zu Pferde dem Lager das Salish näherten, wußten dies sehr wohl. Vor dem Lager hielten sie an und riefen den Salish zu, sie wollten mit fünf alten Männern zusammentreffen. Dem ward zugestimmt, und bei der Zusammenkunft erklärten die Piegans den fünf Männern kurz, daß ihr Volk eine große Versammlung abgehalten habe und den Wunsch hege, mit den Salish und ihren Verbündeten Frieden zu schließen. Daraufhin wurden sie in das Lager eingeladen, ein Zelt ward für sie bereitgestellt, in welches sie eintraten, und ihre Pferde wurden auf die Weide geführt. Die besten Speisen setzte man ihnen vor, und ein gemeinsames Pfeifenrauchen fand statt.

Inzwischen hielten die Salish eine geheime Versammlung ab, in welcher sie übereinkamen, zur Antwort zu geben, daß sie bereitwillig einen sicheren Frieden schließen würden, wenn man sich darauf verlassen könne; doch die Angelegenheit hätte zu weitreichende Folgen für sie, als daß man sogleich entscheiden könne, und sie müßten erst die Meinung ihrer Verbündeten hören, wobei sie gleichzeitig äußerten, daß sie keinen der Verbündeten der Piegans bei jenen sähen. Die Piegans erwiderten darauf: »Unsere Verbündeten fügen uns mehr Schaden zu als euch, denn unter dem Vorwande, euch zu überfallen, stehlen sie häufig unsere Pferde.«

Und nach einer Weile des Gespräches einigte man sich, daß die Salish am Ende der Zeit eines Mondes eine Antwort geben sollten. Über freundschaftlichen Erkundigungen nach den Verwundeten und Vermißten, insonderheit den Frauen und Kindern, verging der Abend. Die Salish sagten den fünf Piegans, die Weißen Männer hätten ihnen erzählt, daß es bei den Weißen eine Schande sei, Frauen und Kinder zu töten, und wenn der Krieg andauerte, würden sie diese zu Gefangenen machen, jedoch nicht töten.

Am folgenden Morgen brachte man die Pferde der Piegans herbei, den fünf Männern ward etwas Trockenproviant mit auf den Weg gegeben, und sie kehrten zu ihrem Stamme zurück. Nach einiger Beratung schickten die Salish Boten zu den verschiedenen Stämmen, welche mit ihnen gemeinsam auf Bisonjagd zu gehen pflegten und welche die Salish nun baten, einige ihrer Häuptlinge zur Versammlung zu senden, die nahe dem Hause der Weißen Männer abgehalten werden sollte, um zu erwägen, ob sie für den Frieden wären oder dafür, den Krieg fortzusetzen.

Von jedem Stamme kamen mehrere der angesehensten Männer, und alle versammelten sich nun. Von den Shawpatin kamen nur zwei. Diese waren jedoch bemerkenswert edle, große, gutaussehende und gutgekleidete Männer. Sie sagten, ihr Stamm jage gerade in der Nähe der Feinde und könne deshalb nicht mehr Männer entbehren, und sie sprächen im Sinne ihres Volkes. Wir wurden eingeladen, an der Versammlung teilzunehmen. Michel, der Dolmetscher, zwei weitere Männer und ich selbst nahmen unsere Plätze ein. Michel teilte uns mit, daß er, infolge der Äußerungen, welche er hörte, einen heftigen Meinungskampf erwarte. Am Beginn sprach der Häuptling der Salish und erinnerte alle Versammelten kurz daran, zu welchem Zwecke sie hier zusammengekommen seien und daß sie die alten Männer zuerst reden lassen sollten und daß jeder Stamm wahrhaftig seinem Volke nach dem Munde sprechen solle. Sodann begab er sich auf seinen Platz neben den alten Männern. Einige Minuten ward schweigend weitergeraucht, als ein alter Spokane plötzlich seinen Mantel zur Seite schleuderte, seine von Narben gezeichnete Brust zeigte und in bitterem Tone sagte: »Unsere Feinde haben also den Frieden vorgeschlagen. Wie oft haben sie das schon getan, und wann immer wir ihren Worten vertrauten und uns deshalb zur Bisonjagd in kleine Gruppen aufteilten, griffen sie uns in dieser Lage gewißlich an und töteten Frauen und Kinder. Gibt es auch nur einen unter uns, der noch nicht etliche Male sein Haar abgeschnitten und um seine Verwandten und Freunde getrauert hat, deren Fleisch von Wölfen und Hunden verschlungen ward und deren Knochen jene abnagten? Ein Zustand des Friedens ist stets eine Zeit der Angst gewesen. Wir waren willens zu vertrauen und durften sicher sein, betrogen zu werden. Gibt es einen unter uns allen, der ihnen glaubt?«

Er schwenkte seine Hand über die alten Männer und setzte fort: »Wir waren die vordersten im Kampfe, nun aber vermögen wir nur noch die Zelte mit den Frauen und Kindern zu verteidigen. Tut, was euch beliebt. Ich schlafe jetzt die ganze Nacht. Doch wenn ihr Frieden schließt, werde ich am Tage schlafen und die ganze Nacht wachen.«

Darauf sprachen noch etliche der alten Männer und drückten das gleiche Gefühl der Unsicherheit aus. Sie wünschten sich zwar den Frieden, jedoch nur, wenn man sich darauf verlassen könne, denn nun wären sie zu alt für die aktive Kriegsführung. Mehrere Vertreter der anderen Stämme hielten Reden und sprachen offen, aber ruhig von den Verhaltensmaßregeln, welchen sie nun folgen sollten. Dann hielt der »Redner« der Salish eine Rede in der ihm gewohnten blumigen, pathetischen Sprache, welche keinen Eindruck zu machen schien.

Nach einigen Gesprächen stand der Häuptling der Salish auf und hielt eine lange, lebendige Ansprache, in welcher er auf die flammenden Reden der Vertreter eines jeden Stammes einging, und er schloß mit den Worten: »Ihr alle wißt, daß wir der Grenzstamm sind. Die Feinde müssen bei uns durchbrechen oder uns umgehen, ehe sie euch anzugreifen vermögen. Es sind unsere Pferde, welche sie stehlen, und unsere Männer, von welchen im Kampfe um viele mehr getötet werden denn von jedem anderen Volke. Der Beweis dafür, daß ich die Wahrheit sage, ist, daß hier nun 20 Zelte mit Frauen stehen, welche keine Männer mehr haben, und mit Kindern, deren Väter im Lande der Geister wohnen, und ebenso viele Zelte mit alten Frauen, deren Söhne im Kampfe gefallen sind. Die verschiedenen Sprecher haben alle die Ankunft der Weißen Männer bei uns erwähnt, welche uns in diesen drei Jahren Waffen, Munition und Eisenbeschläge für die Spitzen unserer Pfeile gebracht haben. Vor ihrer Ankunft waren wir in einer erbärmlichen Lage und vermochten uns nicht zu verteidigen. Nun sind wir ebenso gut bewaffnet wie unsere Feinde, und unser jüngster Kampf hat sie gezwungen, einen großen Teil unserer Gebiete für die Bisonjagd an uns abzugeben. Nun fürchten wir uns nicht davor, mit ihnen Krieg zu führen, doch es ist ein hartes Leben, stetig auf der Hut sein zu müssen und zu wissen, daß das Leben unserer Frauen und Kinder der Gefahr ausgesetzt ist, zerstört zu werden. Um diesen aufreibenden Zustand abzuwenden, bin ich sehr bereit, Frieden zu schließen. Doch mit wem sollen wir Frieden schließen? Es sind nur die Piegans, welche uns den Frieden anbieten. Keine ihrer Verbündeten hatten sie begleitet, und ein Frieden mit den Piegans wird ihre Verbündeten nicht davon abhalten, mit uns Krieg zu führen. Wir wünschen uns den Frieden, aber wir sehen nicht, wie wir ihn erlangen können. Laßt uns hören, was der Häuptling der Weißen Männer spricht. Er kennt all die Leute auf der anderen Seite der Rocky Mountains gut, seine Rede ist offen, und er wird uns sagen, wer sie sind und welcherart unsere Aussichten auf Frieden sein können.«

Ich erwiderte: »Ihr glaubt doch alle, daß der Große Geist den Boden grün aussehen ließ und es haßt, ihn rot vom Menschenblute zu sehen, und daß der Krieg die Ursache dafür ist, daß sich der Boden rot färbt. Die Feinde, welche ihr gegen euch habt, sind die drei Stämme der Piegans, die alle dieselbe Sprache sprechen. Ihre Nachbarn sind das Volk der Rapids, die am Missouri leben. Östlich von jenen befinden sich die Sussikun. Ihrer sind nicht viele, und niemand lernt ihre Sprache. Dann folgen die Assinikun, welche sehr zahlreich sind und gut sprechen. Über all diese Leute haben die Piegans keine Kontrolle und vermögen sie nicht daran zu hindern, mit euch Krieg zu führen. Euer Friedensschluß mit dem Stamme, welcher euch den Frieden vorschlägt, gewährleistet also nicht, daß ihr auch vor den anderen Stämmen in Sicherheit seid, denn diese bieten nicht Frieden an. Mein Rat lautet, daß ihr nicht nur mit einem Stamme Frieden schließt und den Einfällen aller anderen Stämme ausgesetzt bleibt. Und laßt eure Antwort sein, daß ihr nach alten Rechten die Freiheit fordert, den Bison zu jagen, und mit keinem der Stämme den Krieg beginnt, aber immer bereit sein werdet, euch zu verteidigen.«

Der Häuptling sagte, mein Rat sei gut. Doch die Männer, welche im besten Mannesalter waren, äußerten, wenn sie versprächen, die anderen Stämme nie zu überfallen, so würde dies für die Zelte von deren Frauen und Kindern Sicherheit bedeuten. Die Männer könnten jedoch Krieg führen, mit wem sie wollten, da ihre Zelte ja in Sicherheit wären. »Wir sind nun ebenso gut bewaffnet wie sie. Als wir keine Gewehre und keine Eisenspitzen für unsere Pfeile besaßen, mußten wir ihnen weichen und wurden Feiglinge genannt. Deshalb ist es nun an der Zeit, daß wir uns auf ihrem Gebiete zeigen, so wie sie auf unserem Gebiete gesehen wurden, und dazu sind wir bereit.«

Für einige Minuten folgte Schweigen, dann nahm der Häuptling seine Rede wieder auf: »Ihr habt alle gehört, was gesprochen wurde, und vom Häuptling der Weißen Männer wissen wir die Namen und die Anzahl unserer Feinde und ersehen daraus, daß es keine Hoffnung auf Frieden geben kann. Es ward sehr richtig gesagt, daß unsere Feinde oft in unseren Gebieten gesehen wurden und ihre Spuren als Blut zurückgelassen haben. Unsere Situation ist nicht mehr dieselbe, und diejenigen, welche für den Krieg sind, sollen eine gerechte Möglichkeit erhalten, sich zu beweisen. Denn im Sommer, zu der Zeit, wenn der Bisonbulle feist wird, werden wir nicht nur in jenen Gebieten jagen, welche wir fordern, sondern unsere Jagd desgleichen auf die Gebiete der Piegans ausdehnen, was gewiß einen Krieg zwischen den Piegans und uns entfachen wird. Und ihr mögt euch gut auf diese Zeit vorbereiten. Wir werden den Piegans also antworten: ›So wie wir jetzt sind, so werden wir verbleiben.‹«

Alle bekundeten ihre Zustimmung mit einem wiederholten »*Oy, oy, oy*«, und nach dem Rauchen gingen sie still zu ihren Zelten.

Am folgenden Tage sandten sie Boten zu ihren Verbündeten, um diese davon zu unterrichten, was vor sich
gegangen war, und daß man sich für den Krieg rüsten
müsse. Tags darauf kamen der Häuptling, der »Redner«
und einige alte Männer zum Hause und besprachen sich
lange. Sie hatten nicht alle die gleiche Meinung, gelangten jedoch zu demselben Schlusse, daß sie einen Frieden, welcher ihnen Sicherheit und die Freiheit bot, in
kleinen Gruppen zu jagen, nicht erreichen konnten. »Du
siehst, daß die Herzen unserer Männer wund sind. Wir
haben so viel unter jenen von der Ostseite der Rocky
Mountains gelitten, daß wir uns nun Achtung verschaffen und zeigen müssen, daß wir Männer sind. Wir werden einen starken Trupp aufbieten, doch obgleich die
Shawpatin viele und gute Krieger haben, vermögen sie
nicht viele Männer zu unserer Unterstützung zu entsenden, denn sie sind der Grenzstamm gegen Süden, und
ihre Nachbarn, der große Stamm der Snake-Indianer der
Strohzelte, sind ihre Feinde. Wir rieten ihnen, vorsichtig
zu sein, und sagten zu ihnen: ›Ihr könnt es euch nicht
leisten, viele Männer zu verlieren, und ihr habt bereits
etwa 40 Zelte mit Witwen und alten Frauen zu unterhalten.‹«
Die Zeit verstrich, der August (1811) kam, in welchem die Bullen feist sind. Der Häuptling hielt sein
Wort, und zur festgesetzten Zeit ward ein starker Trupp
gebildet, der auf Bisonjagd zog. Diesem Trupp schickte
ich zwei oder drei Männer mit, welche den Häuptling
darin unterstützen sollten, seine Leute anzuspornen,
Trockennahrung herzustellen, und die alles versuchen
sollten, sie vom Spielen abzuhalten, mit welchem sie viel
Zeit vergeuden. Die beiden Männer, welche nun gesandt wurden, waren der Dolmetscher Michel Bourdeaux und Michel Kinville, welcher die Sprache der Eingeborenen ebenfalls beherrschte. Von etwa 350 freien

Pelztierjägern, zumeist französischer Herkunft, waren diese beiden die einzigen Überlebenden. Die Salish setzten die Jagd vorsichtig, doch mutig bis in das Gebiet ihrer Feinde fort. Diese Beleidigung führte zu einem Kampfe.

Die Salish und ihre Verbündeten hatten ihren Platz auf einem grasbewachsenen Höhenrücken gewählt, welcher nach hinten abfiel. Reiter wurden nicht eingesetzt, sondern nur dazu benutzt, die jeweiligen Bewegungen zu beobachten. Der von ihnen gewählte Ort gab den Salish eine deutliche Sicht auf ihre Feinde frei und verbarg ihre eigene Anzahl. Der Kampf selbst fand auf den grünen Ebenen statt, kein Wald war in der Nähe. Die Piegans und deren Verbündete rückten vorsichtig zum Angriffe vor. Ihr Ziel war es, zuerst die Stärke des Feindes zu ermitteln, ehe sie einen allgemeinen Ansturm wagten. Zu diesem Zwecke führten sie leichte Angriffe auf einen Teil der Kampflinie der Salish aus und hielten den übrigen Teil in Schach, setzten dazu jedoch nicht mehr Krieger ein als notwendig. Und so verstrich der größte Teil des Tages. Am Nachmittage beschlossen sie endlich, einen kühnen Angriff zu wagen und die Zahl der Salish zu erproben. Nachdem sie alles vorbereitet hatten, formierten sie sich zu einer einzigen Linie mit einem Abstande von drei Fuß von Mann zu Mann und rückten singend und tanzend vor. Die Salish erkannten, daß nun der Augenblick gekommen war, ihre gesamte Streitmacht aufzustellen, verließen ihre günstige Stellung jedoch nicht. Auch sie sangen und tanzten ihren wilden Kriegstanz.

Die Piegans rückten bis auf 150 Ellen vor. Gesang und Tanz endeten, der wilde Kriegsschrei ertönte, und sie stürmten aufeinander los. Beide Parteien kämpften tapfer, auf beiden Seiten gab es etliche Tote und dreimal so viele Verwundete. Nur mit Mühe schafften die Piegans ihre Toten und Verwundeten weg, und sie gaben sich geschlagen. Bei dem Ansturme wurden Michel Bourdeaux und Michel Kinville erschossen. Sie waren die letzten der freien Pelztierjäger gewesen, und ich beklagte ihren Tod sehr. Ich hatte sie als tapfer, zuverlässig und intelligent kennengelernt. Auf beiden Seiten hatten etwa 150 Krieger gekämpft, und infolge des Verlustes durch Tote und Verwundete zogen sie sich nun dorthin zurück, wo sie in Sicherheit jagen konnten. Der Krieg in den offenen Gebieten der Ebenen unterscheidet sich sehr vom Kriege in den Wäldern. Bei ersterem treten die Krieger in all ihren Bewegungen als gemeinsam handelnde Gruppe auf, in den Wäldern hingegen kämpfen sie nahezu Mann gegen Mann.

Weihnachten und Neujahr kamen und gingen vorüber. Wir vermochten diese Feiertage nicht zu ehren, denn die täglichen Arbeiten verlangten unsere ganze Aufmerksamkeit. Und die Zeit verstrich. Wir verbrachten sie mit der Jagd, um unseren Lebensunterhalt zu besorgen. Am 15. Januar 1812 war der Boden völlig schneefrei, auf manchen Bergen lag sogar kein Schnee mehr. Der Rest des Monats bescherte uns viele Regentage. Wir sahen zahlreiche Schwäne und Gänseflüge, desgleichen einige Enten.

Im Februar erkundete ich mit einem meiner Männer und einem Indianer die südöstlichen Landstriche. Sie waren hügelig mit genügend Wäldern, in welchen Espen, Zypressen, einige Kiefern und Tannen und an manchen Stellen Zedern wuchsen, und etliche Bäche mit klarem Wasser durchflossen sie. Es wird einmal ein gutes Land für die Schaf-, Rinder- und Pferdezucht werden. Einige Tage darauf unternahmen wir einen Ausflug zum Salish-See und in die Gegend südlich davon. Der See ist eine schöne, weite Wasserfläche von etwa 20 Meilen an Länge und drei bis vier Meilen an Breite und zu allen Zeiten ein beliebter Aufenthaltsort der Wasservögel. Von großer Schönheit ist auch das Gebiet um den See herum und insonderheit gegen Osten und Süden hin. Dereinst wird es wohl ein reiches Ackerland werden, wofür sein mildes Klima sehr vorteilhaft ist.

In diesen schönen Gegenden wurden schon viele Kämpfe ausgetragen. Die Gebeine der Toten bezeichnen die Stellen. Die Wiesen sind großartig zur Antilopenjagd geeignet, bei welcher man das Tier einkreist. Diese Methode versucht man beim Hirsch jedoch nicht, denn er ist zu verwegen, als daß er eingekreist werden könnte, auch wenn er häufig über hohe, steile Böschungen getrieben wird. Von der Umgebung des Sees stammte nahezu unser gesamter Winterproviant.

Am Ende des Monats kamen mehrere Indianer eines Stammes, welchen wir noch nicht kannten, zu uns, um zu handeln, und sie berichteten uns, daß die Piegans und deren Verbündete etwa einen Mond zuvor ein Fort angegriffen hätten, welches an der Quelle des Südarmes des Missouri erbaut worden war. Die Darstellung, welche sie gaben, lautete, daß eine Anzahl freier Pelztierjäger den Missouri heraufgekommen war, um auf Biberfang zu gehen und in das Land der Snake-Indianer weiterzuziehen. Es hatte sie jedoch verlockt, auf Bisonjagd zu gehen und Trockenvorräte anzulegen. Also hatten sie ein Fort am genannten Flusse errichtet und waren beim Biberfang und auf der Jagd erfolgreich. Dabei dehnten sie ihre Jagdausflüge über die Grenzen der Vorsicht hinaus aus, und die Plains-Indianer vernahmen ihre Schüsse. Diese stetig wachsamen Menschen, welche auf alles achten, was vor sich geht, fanden vermittels ihrer Späher bald heraus, daß auf ihrem Lande ein festes Haus gebaut war. Etliche Jahre schon waren sie den Trappern feindlich gesinnt, denn diese hatten den Biber in ihrem Lande ausgerottet und mehrere von ihren Leuten erschossen. Der Verlust des Bibers hatte sie der Mittel beraubt, ihrem Mangel an verschiedenen Dingen vermittels des Handels abzuhelfen. Sie stellten einen starken Trupp auf und näherten sich dem Fort. Zuerst besetzten sie die Bollwerke, hieben dann zwei oder drei Palisaden um, wurden jedoch infolge eines heftigen Kugelfeuers aus dem Hause am Eindringen gehindert. Der Kampf setzte sich eine Weile fort, und die Indianer zogen sich zurück. Mein Berichterstatter sagte, er wäre unlängst dort gewesen und hätte an den Fenstern und den Palisaden noch die Einschläge der Kugeln vorgefunden. Unter den Pelztierjägern gab es zehn Tote, welche sie in einer Grube bestatteten, diese mit Steinen auffüllten und ein einzelnes Kreuz darauf setzten. Dann zogen sie sich zum Lager der Snake-Indianer zurück, wo sie in einem ausgehungerten Zustande eintrafen. Der mir dies erzählte, wußte nichts von ihren Verwundeten, noch kannte er die Verluste der Plains-Indianer. Diese hatten ihre Toten und Verwundeten zu den Einbäumen geschafft – vier davon beschrieb er als lang und etwa fünf Fuß breit –, in welchen die Indianer flußabwärts fuhren. Alle diese freien Pelztierjäger kommen, von der Vorstellung verblendet, die Indianer seien Feiglinge und sie selbst die tapfersten aller Männer. Dafür haben sie teuer bezahlt.

Während der verstrichenen vier Jahre habe ich gelegentlich Skizzen von den verschiedenen Teilen der kühnen und erhabenen Landschaft der Rocky Mountains angefertigt. Sie ergaben etwa 20 verschiedene Ansichten. Ein Teil davon zeigt die Ost- und die Westseite der Rocky Mountains, desgleichen den Mount Nelson, welcher in seiner würdevollen Ursprünglichkeit alleine steht. Ich glaube, meine Skizzen sind die einzigen Darstellungen, welche von diesen Bergen je gemacht wurden. Doch da Nordamerika ein unbekannter Teil der

Berge südlich des Saleesh oder Flathead Lake (Zeichnung von David Thompson)

Erde ist, insonderheit das Innere von Kanada, würde die Gesellschaft keine lithographische Veröffentlichung bezahlen.

Gegen den *13. März (1812)* war die Jahreszeit offenbar hinlänglich fortgeschritten, daß wir uns eine sichere Reise zum Oberen See erhoffen konnten, um dort die Felle gegen Handelswaren auszutauschen. Wir beteten, die gütige Vorsehung möge uns beschützen, bestiegen unsere Kanus und fuhren den Salish-Fluß hinab bis zu der Tragstelle zum Columbia River. Über diesen Weg beförderten nun die Pferde die Fracht der Kanus. Am Morgen des 20. März wurden wir gewahr, daß ein junger Mann einen kleinen Kessel und eins unserer besten Pferde gestohlen hatte. Am nämlichen Tage kamen wir zu drei Zelten und erzählten den Männern dort, was geschehen war, und wir bemerkten, daß dies der erste Diebstahl sei, welcher uns bei ihnen bekannt geworden

sei. Sie zeigten sich sehr betroffen darüber, daß einer
ihrer Leute einen Diebstahl begangen habe, und sagten,
er hätte sehr schlecht gehandelt, jedoch seien der Kessel
und das Pferd nicht ihr Eigentum, weshalb sie es ihm
nicht wegnehmen könnten. Sie würden uns aber sein
Zelt zeigen. Am Abend schlugen wir unser Lager auf,
und zwei Eingeborene kamen zu uns und verweilten die
ganze Nacht.

Früh am folgenden Morgen schickte ich zwei meiner
Männer mit den beiden Indianern, welche sie zu dem
Zelte des Diebes führten, sonst jedoch nichts taten. Die
Männer veranlaßten ihn, das Pferd und den Kessel her-
auszugeben, und bedachten ihn mit ein paar Fußtritten,
um ihn zu demütigen. Die Eingeborenen, welche von
diesem Diebstahle hörten, betrachteten ihn als Schande
für den Stamm, meinten aber, sie hätten kein Recht, ihn
zu bestrafen, dies sei Sache der Geschädigten.

Bis zum *22. April* waren wir damit beschäftigt, all die Felle, Nahrungsmittel und das Gepäck zu den Ilth-koyape-Fällen des Columbia River zu transportieren und zwei Kanus aus Zedernplanken und zwei aus Birkenrinde zu bauen. Mit den zwei Kanus, welche wir hier zurückgelassen hatten, standen insgesamt nun sechs Kanus zu unserer Verfügung. Am 22. beluden wir zwei Kanus mit je 25 Ballen, zwei mit je 20 Ballen und zwei mit je 16 Ballen, zusammengenommen also 122 Ballen, von welchen jeder 90 Pfund wog. Dazu kamen noch 300 Pfund Trockenvorräte und fünf Mann in jedes Kanu. So wollten wir den Columbia River hinauf bis zu der Tragstelle fahren, welche über die Rocky Mountains führt. Wir hatten gehofft, das Flußufer schneefrei vorzufinden, doch am 28. war der Schnee noch sechs Zoll hoch, und am folgenden Tage betrug seine Höhe vier Fuß; er war jedoch so fest, daß wir nur etwa vier bis sechs Zoll einsanken, wenn wir darauf gingen. Trotz des milden Wetters war eine solche Schneehöhe doch entmutigend, denn am Ende eines mühevollen Tages bildete der Schnee unsere Ruhestatt. Unsere Füße und Beine waren ganz taub, da wir die Kanus über die Stromschnellen hinaufziehen mußten. Doch hier gab es keine Hilfe: Wir mußten weitermarschieren.

Am *5. Mai* erreichten wir die Tragstelle über die Rocky Mountains. Fünf Männer waren in einem leichten Kanu den Fluß herabgekommen, um uns zu helfen. Hier überließ ich es nun den Mannschaften der jeweiligen Kanus, die Felle zu trocknen und alles wieder in die rechte Ordnung zu bringen, damit wir die Rocky Mountains überschreiten könnten, sobald die Schneelage es erlaube. Wir fertigten »Bärentatzen«, das sind grob hergestellte Schneeschuhe, für uns an, und dann brach ich mit drei Jägern auf, um auf die Ostseite der Rocky Mountains zu gelangen. Die Jäger wußten zu berichten, daß es am Columbia River selbst zwar keine Biber gebe, doch an all den Bächen und Strömen, welche in ihn hineinflossen, kämen sie reichlich vor. Und richtig entdeckten wir an einem Bache eine Biberfährte. Unter großen Mühen erstiegen wir die tief verschneiten Berge. Hoher Schnee, vermengt mit den von den Bäumen herabgefallenen Eiszapfen, erschwerte das Vorwärtskommen. Am 8. Mai erreichten wir den Paß. Auf der Ostseite hatten wir an einem sicheren Orte einen Fleischvorrat versteckt, von welchem unsere Versorgung abhing, fanden das Versteck jedoch von einem großen Grizzlybären aufgebrochen und verwüstet vor und mußten nun ohne Proviant weitermarschieren. Die milden Temperaturen lösen in den Bergen gewaltige Lawinen aus, welchen wir dank der gütigen Vorsehung entkamen. Auf dem Passe war dort, wo wir im vergangenen Jahr unsere Zelte aufgestellt und was meine Leute damals schon gefürchtet hatten, eine mächtige Lawine abgegangen, welche unseren vormaligen Zeltplatz gänzlich bedeckte. Hier hatte sie ihre ganze Kraft in bizarren Schneehaufen erschöpft, um die wir nun herumgingen. Früh am 11. Mai stießen die Männer, welche uns entgegengeschickt worden waren, mit drei Pferden zu uns und entlasteten uns von unserem Gepäck. Am selben Tage kamen wir beim Hause von Mr. William Henry an, welcher alles schön in Ordnung hatte.

Nun machten wir uns ans Werk, ein Kanu bereitzustellen. Wir fertigten Paddel, Stangen und sammelten Harz für die Reise, hatten jedoch keinen Proviant und waren des Pferdefleisches überdrüssig. Also entsandten wir die Jäger, und sie brachten vier Bergschafe, von den Amerikanern als »Big Horn« (Dickhornschaf) bezeichnet. Dies war für unseren augenblicklichen Bedarf ausreichend, und da wir uns nun im Lande der Bisons und Rothirsche befanden, hofften wir zuversichtlich, unsere

Flinten würden den künftigen Proviant herbeischaffen. Mit den Jägern ward vereinbart, daß sie die Leute mit Fleisch versorgten, und dies zu einem Tauschwerte von drei Biberfellen an beliebigen Waren für einen Bison oder Hirsch. Am *13. Mai* begannen wir unsere Fahrt nach Fort William am Oberen See und erreichten am 20. auf dem Athabasca-Flusse nach 340 Meilen bei starker Strömung die Einmündung des Sklaven-Flusses. Je tiefer wir kamen, desto mehr begann der Winter dahinzuschwinden, und einige Weiden trieben bereits ihre Knospen aus. Am Tage war die Temperatur erträglich, des Nachts herrschte jedoch strenger Frost. Infolge des Treibeises auf dem Flusse ward unsere Fahrt sehr verzögert, desgleichen verloren wir, wie üblich, Zeit durch meine Beobachtungen und Messungen, wann immer das Wetter es zuließ. Auf unserer Weiterfahrt am Beginne des Monats Juni schossen wir zahlreiche Schwäne, Gänse und Enten. Als wir sie untersuchten, fanden wir erst in ganz wenigen fertige Eier. Auf der Westseite der Rocky Mountains hingegen hatten alle diese Wasservögel in den ersten Tagen des März ihre Gelege bereits gebaut und zu brüten begonnen, was beweist, daß die Jahreszeit auf der Westseite derjenigen auf der Ostseite um volle drei Monate voraus ist. Am *4. Juni* gingen wir an Land, um zu jagen, und erlegten zwei Bisonbullen. Mir fiel auf, daß alle Bisons, welche sich mehr in den Wäldern aufhalten, viel größer werden als jene der Ebenen, und unsere beiden Bullen mußten, wenn sie feist würden, wohl wenigstens 2000 Pfund wiegen.

Am Abend des *6. Juni 1812* langten wir am alten Handelsposten Isle à la Crosse an, welcher für seinen guten Weißfisch, eine Eigentümlichkeit der nördlichen Seen dieses Kontinentes, berühmt ist. Nur ein Teil des Athabasca-Sees und ein kurzes Stück des Biber-Flusses waren eisfrei. Hier betrug die Dicke des Eises drei Fuß, und es

herrschte klirrende Kälte. Einer meiner armen Gefährten bemerkte, daß wir nun vom Anfang des Monats
März bis Juni gereist waren, im Verlauf der Reise jedoch
immer tiefer in den Winter geraten wären. Auch mir fiel
der Klimaunterschied stark auf, und ich mußte an die
künftige Kultivierung dieser Landstriche denken.

Doch sowie das Eis im See geschmolzen ist, verwandelt sich die Jahreszeit am nämlichen Orte innerhalb weniger Tage in einen schönen, warmen Sommer. Gerste,
Hafer und gelegentlich Weizen reifen, desgleichen die
bekannten Gemüsearten. Denn der See mildert die Fröste und die Kälte des August. Am Ufer standen 50 bis 60
kleine Kanus der Chipewyans, welche auf ihrem Wege
von den Felsregionen des kalten Nordens nach dem Süden schon bis hierher gelangt waren. Dieses Volk hat es
gelernt, kleine Kanus von Birkenrinde zu bauen, und es
ahmt in nahezu jeder Weise seine Nachbarn, die Nahathaway-Indianer, nach, welche ebenfalls gegen Süden
drängen.

Drei Tage warteten wir darauf, daß das Eis bräche, um
uns eine freie Durchfahrt zu gewähren. Am 9. endlich
war es soweit. Und früh am 10. *Juni* vermochten unsere
neun Kanus, von welchen jedes mit 25 Pelzballen von je
90 Pfund an Gewicht beladen war, ihre Fahrt anzutreten.
Am 13. ließ uns die Hoffnung, Eier zu finden, einige
grasbewachsene Inselchen absuchen. In den bereits fertigen Gelegen lagen jedoch noch keine Eier. Am Abend
des 17. *Juni* verspürten wir die ersten Stechmücken,
diese unerträgliche Plage und der Fluch aller Landstriche auf der Ostseite der Rocky Mountains. Und am
Abend darauf waren wir dank der gütigen Vorsehung
alle heil im Cumberland-Haus am Churchill River ver-
sammelt.

Die Route von hier bis zum Oberen See – über den
Winnipeg-See und den Regen-Fluß (Rainy River) – ist

ja bekannt. Am *12. Juli* erreichten wir Fort William, das Handelsdepot der Nordwest-Gesellschaft. Hier peinigten uns die größeren und kleinen Stechmücken etwas weniger. Litt ich schon darunter, so quälten sie meine Männer um so mehr, denn diese mußten schwer arbeiten und die Mücken dabei ertragen, und des Nachts vermochten sie kaum ruhig zu schlafen. Es half auch nichts, mit Rauch gegen die Mücken vorzugehen, denn sie konnten davon mehr aushalten als wir.

Am *15. Juli 1812* legte ein Schiff an und brachte die Nachricht, daß die Vereinigten Staaten Großbritannien den Krieg erklärt hatten, und es ward uns geraten, uns vorzusehen. Für uns alle sah die Lage sehr ernst aus, denn die gesamte Ware für die Gesellschaft lag noch hier, um nach Montreal befördert zu werden. Nun wurden alle Anstrengungen unternommen, den Abtransport der Felle zu beschleunigen, wobei uns die Männer nach Kräften unterstützten. Die Möglichkeit, gefangengenommen zu werden, ihre Familien nicht wiederzusehen und sich ihres Lohnes nicht erfreuen zu können, beunruhigte sie, und es war ihnen sehr daran gelegen, bald in Montreal anzukommen. Nur eine kurze Strecke mußten wir befürchten, in Gefangenschaft zu geraten: bei den Wasserfällen von St. Maries und auf der Straße zum Huron-See. Waren wir einmal auf diesem See, so wähnten wir uns sicher. Wir fuhren auch, dank der gütigen Vorsehung Gottes, unbehelligt den Ottawa River hinab, und in der Mitte des August trafen Männer und Felle unversehrt in Montreal ein.

Anhang
Erläuterungen, Maße und Gewichte

Antilope
→ Gabelantilope. Es handelt sich hier nicht um Antilopen, sondern um andere Wildarten wie etwa den Maultierhirsch, zuweilen auch den Gabelbock.

Beluga
→ Weißwal.

Bergschaf
Thompsons »mountain sheep« ist ein Dickhornschaf (Ovis canadensis).

Dollar (engl. dollar)
Die amerikanische Währungseinheit leitet sich vom deutschen »Taler« ab, wurde Landeswährung der USA zu der Zeit, als Thompson im amerikanischen Norden reiste, und später auch in Kanada eingeführt.

Elle (engl. yard, Abk. yd)
91,44 Zentimeter – entspricht 3 ft (= Fuß) oder 36 in (Zoll).

Faden (engl. fathom)
→ »Klafter«.

Fahrenheit (Abk. °F = Grad Fahrenheit)
Angloamerikanische Temperatureinheit; ein Grad Fahrenheit (1 °F) ist der 180ste Teil der Temperaturdifferenz zwischen Gefrierpunkt (32 °F) und Siedepunkt (212 °F). So entsprechen + 15 Grad Celsius (°C) 59 Grad Fahrenheit (°F).

Faktor
Verantwortlicher »Manager« in einer Handelsniederlassung.

Faktorei (engl. factory)
Größere Handelsniederlassung in Übersee, besonders in den britischen Kolonien; in diesem Sinne Bestandteil von Eigennamen, so etwa bei Thompson: »York Factory«.

Fichte
→ Nadelbäume.

Fort
Militärisch befestigte Handelsniederlassung, Kolonialstützpunkt; bei Thompson u. a. erwähnt: Fort Prince of Wales. → Handelsniederlassung.

Fuß (engl. foot, Plural: feet)
0,304 Meter – entspricht 12 in (= Zoll).

Gabelantilope
Antilocapra americana. In Einzelfällen bezieht sich Thompson auf dieses Tier, wenn er von »Antilopen« spricht. Sein äußerst großzügiger Umgang mit diesem Wort legt jedoch die Vermutung nahe, daß er auch verschiedene andere Wildarten damit meint, keinesfalls Antilopen, sondern z. B. den Maultierhirsch (Odocoileus hemionus).

Gallone (engl. gallon)
4,55 Liter.

Gouverneur
→ Statthalter. Kommandant eines Forts, höchster Amtsträger in der Handelsniederlassung.

Great Plains
Hochebenen auf der Ostseite der Rocky Mountains, erstrecken sich mit einer Breite von etwa 1000 Kilometern vom Mackenzie-Delta im Norden Kanadas über 5000 Kilometer hin nach Süden.

Guinee (eng. guinea)
Goldmünze, im Gebrauch von 1663 bis 1816, entsprach 21s (Schilling alter englischer Währung), Goldgewicht 7,77 Gramm. Der Name dieser wichtigsten englischen Goldmünze, die später durch den »Sovereign« ersetzt wurde, rührt von dem von der Guineaküste gebrachten Gold her.

Halbzoll (engl. half inch)
→ Zoll; etwa 1¼ Zentimeter.

Handelsniederlassung (engl. trading house)
Größerer britischer Handelsstützpunkt beispielsweise der
Hudson's Bay Company an der Künste der Hudson Bay. Anlauf-
stelle für die Versorgungsschiffe aus England, die wiederum
die dort zusammengetragenen Waren, besonders Felle, nach
England mitnahmen. Von hier aus Versorgung der Handelspo-
sten im Landesinneren. Befehligt von einem Statthalter oder
Gouverneur, oft als Fort militärisch befestigt. → Faktorei.

Handelsposten (engl. trading post)
Kleinere Niederlassung auf vorgeschobenem Posten im Landesinneren, kleine Ansiedlung aus einem oder mehreren
Blockhäusern, von wo aus der Handel mit den Eingeborenen
und Pelztierjägern im Auftrag der Handelsgesellschaft abge-
wickelt wurde. Versorgung und Warenaustausch mit den großen Niederlassungen an der Küste bzw. Hudson Bay. Nicht
alle Handelsposten waren ganzjährig besetzt. Oft als »House«
(Haus) bezeichnet.

Haus
Als Bestandteil eines Eigennamens (z. B. »Cumberland House«
oder »Kutenai-Haus«) Bezeichnung für eine kleine Ansiedlung, meist im Sinne eines Handelspostens oder auch Winter-
quartiers, im Landesinneren, bestehend aus einem oder mehreren Blockhäusern o. ä.

Indianer
Die Eingeborenen, von denen Thompson berichtet und die die
von ihm bereisten Gebiete bevölkerten, waren zum einen (im
Nordosten) Eskimos, zum anderen (nach Nordwesten, Westen
und Süden hin) Indianer der Völkergruppen der Athapasken
und Algonkin sowie Sioux. Dazu gehörten die Nahathaways,
die Chipewyans (Dinnie, Dene), die Mandan, die Stone-Indianer, die Kutenai, die Piegans, die Ojibway (Chippewa), die Salish – eben alle Stämme, die in seinen Berichten erwähnt werden. Näheres über die uneinheitliche Namensgebung in der
Einleitung.

Kiefer
→ Nadelbäume.

Klafter (engl. fathom)
1,83 Meter – entspricht 6 ft (= Fuß).

Landübergang
→ Tragstelle.

Laubbäume
Von Thompson auch »hard wood trees« genannt. Dazu zählt u. a. die Papierbirke (»white birch«, Betula papyrifera, Betula papyracea).

Logger
In der Hochseefischerei verwendete Schiffsart.

Meile (engl. mile)
1,609 Kilometer – entspricht 1760 yds (= Ellen); dies ist die sogenannte »statute mile«, die gesetzlich festgelegte Landmeile. Die »nautical mile« oder »sea mile«, also die Seemeile, entspricht 1,852 Kilometer. – »League«, die alte Wegmeile, betrug hingegen 2 bzw. 3 dieser geographischen Meilen, also 3,22 bzw. 4,83 Kilometer. Thompson bezieht sich gelegentlich darauf und spricht etwa von »leagues of the canoe men« (siehe Seite 183).

Morgen (engl. acre)
4047 Quadratmeter.

Nadelbäume (Fichte, Föhre, Kiefer, Tanne)
Thompsons Beschreibungen und Benennungen sind uneinheitlich und verworren. Mit »fir« meint er zumeist Fichte oder Tanne (»spruce« = Fichte, Rottanne), mit »pine« Kiefer bzw. Föhre. Weiterhin finden sich die Bezeichnungen »red fir« für Rottanne (Abies magnifica), »white fir« für Weißtanne (Abies oncolor), »red cedar« für Riesenlebensbaum (Thuja plicata, Thuja gigantea), »white cedar« für Lebensbaum (Thuja occidentalis), »white pine« für Weißkiefer (Pinus monticola).

Penny (Plural: pence), Pfund (engl. pound)
→ Schilling

Pfund (engl. pound, Abk. lb)
453,59 Gramm – entspricht 16 oz (= Unzen).

Pinte (engl. pint)
0,568 Liter – entspricht $\frac{1}{8}$ Gallone bzw. $\frac{1}{2}$ Viertel (engl. quart).

Quadratfuß (engl. square foot)
0,836 Quadratmeter – entspricht 144 square inches (→ Zoll).

Rentier
→ Rotwild.

Rotwild
Thompson spricht zumeist von »deer« (also Rotwild), wenn er eigentlich verschiedene Rentierarten meint, die er jedoch auch andernorts als »rein deer« bezeichnet. Ausdrücklich auf Rotwild, insbesondere den Rothirsch, bezieht er sich an den selteneren Stellen, wo er »red deer« schreibt.

Scheffel (engl. bushel)
36,37 Liter.

Schilling (engl. shilling, Abk. s)
Münz- und Währungseinheit in England vom 14. Jahrhundert bis 1971. 1 Pfund Sterling (£) = 20 Schilling (s oder sh) = 240 Pence (d), also war $\frac{1}{12}$ Schilling = 1 Penny. → Guinee.

Schneehuhn
→ Waldhuhn. Thompson liefert keine klaren Begriffsunterscheidungen.

Schneeziege
Thompsons »mountain goat« ist keine echte Ziege, sondern eher eine mit der Gemse verwandte Ziegenantilope (Oreamnos americanus).

Seemeile (engl. sea mile, nautical mile)
→ Meile. Im nautischen Zusammenhang bedeutet »League« analog 3 Seemeilen, also etwa 5,5 Kilometer.

Statthalter
Repräsentant der Krone oder der Handelsgesellschaft, dem die Leitung einer Handelsniederlassung übertragen worden war. → Gouverneur.

Tonne (engl. ton)
1016,05 Kilogramm – entspricht 2240 lbs (= Pfund).

Tragplatz
→ Tragstelle.

Tragstelle (engl. portage / carrying place)
Die Wasserwege (Bäche, Flüsse, Seen) waren das eigentliche, lebenswichtige Verkehrsnetz im wilden und unwegsamen Norden Amerikas – »Wege«, die nur in der eisfreien Jahreszeit mit dem Kanu befahren werden konnten. Da sich Wasserfälle, Stromschnellen oder Engpässe zumeist nicht befahren ließen, ging man davor ans Ufer, trug dort die Kanus und alles Reisegut zu Land an den gefährlichen Passagen vorbei. Aber auch Landübergänge von einem Wasserweg zum anderen (wo sich diese so nah wie möglich waren) mußten bewältigt werden, wenn die geplante Reiseroute eine andere Richtung nahm als das gerade befahrene Gewässer. Die Wegverbindung zwischen zwei Gewässern und die Überwindung von Stromschnellen an ganz bestimmten und bekannten Stellen wurden als »Portage« bezeichnet. Hier entwickelten sich auch Treffpunkte und Handelsposten für den Verkehr mit den Indianern, beispielsweise Grand Portage (siehe Seiten 181, 189f.).

Treidel
Zugtau, mit dem ein Boot vom Ufer aus stromaufwärts gezogen wird.

Unze (engl. ounce, Abk. oz)
28,35 Gramm.

Waldhuhn
Gattung der Rauhfußhühner, Unterfamilie der Hühnervögel mit befiederten Läufen. Dazu auch: Schneehuhn, Moorschneehuhn u. a.

Weißkopf-Seeadler
Greifvogel mit etwa 2,50 Meter Flügelspannweite, horstet in Amerika, Wappentier der USA.

Weißwal
Belugawal, Art der Gründelwale der Nordmeere.

Zoll (engl. inch)
2,54 Zentimeter.

Literatur

David Thompson: Niederschrift der grundlegenden
                    Aufzeichnungen in den Reisejahren
                    1784–1812.

David Thompson: Niederschrift der darauf gestützten
                    Ausarbeitung in und bei Montreal in
                    den Jahren 1840–1848.

David Thompson: Erstausgabe des bis dahin unveröf-
                    fentlichten Manuskripts unter Be-
                    rücksichtigung der grundlegenden
                    Aufzeichnungen:
                    DAVID THOMPSON'S NARRA-
                    TIVE OF HIS EXPLORATIONS IN
                    WESTERN AMERICA 1784–1812
                    Edited by J.B.Tyrrell. The Champlain
                    Society, Toronto 1915/16.
                    (Mit Abbildungen, Zeichnungen und
                    Karten David Thompsons; Arbeits-
                    grundlage für die vorliegende
                    deutschsprachige Ausgabe.)

J.B.Tyrrell: Documents Relating to the Early Hi-
                    story of Hudson Bay. Toronto 1931.

George Bryce: The Remarkable History of the Hud-
                    son's Bay Company. London 1900.

George Catlin: Illustrations of the Manners, Customs
                    and Condition of the North Ameri-
                    can Indians. London 1866.

Henry Ellis: A Voyage to Hudson's Bay by the
                    Dobbs Galley and California in the
                    Years 1746 and 1747. London 1748.

Samuel Hearne:	Abenteuer im arktischen Kanada. Auf der Suche nach der Nordwest-Passage 1769–1772. Deutsch von Johann Reinhold Forster, herausgegeben von Volker Matthies. Reihe: Alte abenteuerliche Reiseberichte. Edition Erdmann, Tübingen 1981. (Siehe Erwähnung auf S. 70 des vorliegenden Buches.)
Thomas E. Mails:	Dog Soldiers, Bear Men and Buffalo Women. A Study of the Societies and Cults of the Plains Indians. Prentice-Hall Inc., Englewood Cliffs, N.J. 1973.
Thomas Pennant:	Thiergeschichte der Nördlichen Polarländer. Leipzig 1787.
E. E. Rich:	The Fur Trade and the Northwest to 1857. Toronto 1967.

Bildnachweis

G. Catlin, Illustrations of the Manners, Customs and Condition of the North American Indians. London 1866, Band I: Frontispiz, S. 277, 285

H. Ellis, A Voyage to Hudson's-Bay. London 1748: S. 13, 40/41, 43, 54/55, 103, 255

J. Franklin, Narrative of a Journey to the Shores of the Polar Sea in the Years 1819–22. London 1823: S. 186/187

E. E. Rich, The Fur Trade and the Northwest to 1857. Toronto 1967: S. 203, 277

Stielers Handatlas. 1829: Vorderer Vorsatz, hinterer Vorsatz

J. B. Tyrrell, David Thompson's Narrative. Toronto 1916: S. 22/23, 252/253, 340/341

J. B. Tyrrell, Samuel Hearne, A Journey from Prince of Wales' Fort in Hudson's Bay to the Northern Ocean in the Years 1769–72. Toronto 1911: 45, 133, 147, 155

J. B. Tyrrell, Documents relating to the Early History of Hudson Bay. Toronto 1931: 61, 91, 161